MANESSE BIBLIOTHEK DER WELTGESCHICHTE

MARGARETHA VON VALOIS
IM ALTER VON ETWA 30 JAHREN
GEMÄLDE VON UNBEKANNTER HAND
(MUSÉE DE BLOIS)

Geschichte der Margaretha von Valois

Gemahlin Heinrichs IV.
Von ihr selbst beschrieben

Nebst Zusätzen und Ergänzungen
aus andern französischen Quellen

Übersetzt von Dorothea Schlegel
Zusammengestellt und mit einer Vorrede versehen
von Friedrich Schlegel

Herausgegeben und mit einem Nachwort versehen
von Michael Andermatt

MANESSE VERLAG

ZÜRICH

INHALT

Vorrede

von Friedrich Schlegel

Die Zeit, in welche uns diese Memoiren versetzen, ist keine sehr entfernte, aber doch ist sie bei weitem nicht so bekannt, als sie es zu sein verdiente. Denn es enthält jene durch den Namen der Bluthochzeit so furchtbar ausgezeichnete und verworrne, ihrem Zusammenhange und innern Triebfedern nach schwer zu ergründende Epoche in mehr als einer Rücksicht den Keim und die Erklärung sogar der neuesten Begebenheiten.

Wer sich diese deutlich zu machen strebt, dessen Nachdenken wird natürlich auf den Charakter der französischen Nation geleitet. Ein Bedürfnis, welches durch die sogenannte, alles nur auf den gegenwärtigen Zweck und Zustand beziehende Staatengeschichte gar nicht befriedigt werden kann; mehr durch die Memoiren, besonders die älteren, wiewohl auch hier eigne Benutzung und Beurteilung erfordert wird. Über den Nationalcharakter aber, dessen interessanteste Entwicklungsepoche die gegenwärtigen eben dadurch merkwürdigen Memoiren betreffen, sei es erlaubt, folgende allgemeine Erinnerung voranzuschicken.

Man irrt, wenn man, wie es gewöhnlich geschieht, den Charakter der Nation so ganz als ein menschliches Naturprodukt betrachtet, das man nur eben so in seiner aus mannigfaltigen Eigenschaften unauflöslich bestehenden Einheit auffassen, in seiner allmählichen Entstehung verfolgen, aus seinem innern Zusammenhang erklären könne, wie andre nach aller Charakteristik dennoch unbegreiflich scheinende Individuen der organischen Welt. Zwar gibt es Nationen wie einzelne Menschen, deren Charakter fast gar nicht durch Absicht und Willkür modifiziert, sondern nur ein reines Produkt ihrer eigentümlichen Natur zu sein scheint. Aber nicht mit allen ist dies der Fall, und in der Geschichte keiner Nation ist die absichtliche Behandlung ihrer Sitten und ihrer Denkart so sichtbar als in der der französischen; mit keiner Nation hat man wohl je so willkürliche Veränderungen und äußerst gewagte Versuche vorgenommen als mit dieser; zuerst unter Ludwig XIV., da man ihr in der Mitte der äußersten Geschmacklosigkeit eine Bildung und Kunst andichten wollte; und dann wieder während der Revolution, da man ihr mit der äußersten Gewaltsamkeit eine Freiheit zu erschaffen suchte.

So notwendig es nun ist, bei der Geschichte einer solchen Nation die Hauptaufmerksamkeit auf die lenkenden Absichten zu wenden, und so natürlich das Interesse diese Richtung nimmt, so darf es doch auch nicht übersehen werden, daß der Naturcharakter einer Nation trotz jener absichtlichen Umbildung dennoch immer seine Rechte behauptet; und oft gerade dann, wenn die Willkür am gewaltsamsten zu Werke geht, gleichsam die innersten verborgensten Triebfedern und Eigenschaften des natürlichen Charakters hervorgetrieben und sichtbar werden.

Die Anwendung auf die Revolution gibt sich von selbst, und gewiß wird der Leser der gegenwärtigen Memoiren mehr als einmal nicht bloß an die Schreckenszeit erinnert und zur Parallele aufgefordert werden, sondern auch manches finden, was die neuern Begebenheiten der Zeitgeschichte durch jene ältern wirklich erklärt. Und nicht bloß von dem Terrorismus und den Intrigen der Revolution, auch von der seichten und steifen Eitelkeit, welche die Zeit Ludwigs des XIV. bezeichnet, wird man überall Spuren finden.

Nicht so anziehend können diese Memoiren sein als die von der Johanna d'Arc, welche wir vor einem Jahre den Lesern vorgelegt haben, in der Überzeugung, daß die authentische Darstellung einer ebenso einzigen als herrlichen Erscheinung ohne weitere Beziehung ein allgemeines Interesse haben müsse. Ungleich belehrender aber können die Memoiren der Margaretha von Valois für denjenigen sein, der sie mit Aufmerksamkeit liest.

Die Geschichte der Johanna kann nur noch den Eindruck machen wie ein Gedicht; so ganz fremd ist sie der jetzigen Zeit, daß selbst die Möglichkeit eines solchen Enthusiasmus auf diesem Boden zweifelhaft erscheinen muß. Die Epoche aber, in welche Margaretha uns einen so tiefen Blick tun läßt, liegt unsrer Zeit näher. Die Geschichte dieses brutalen Karl IX., dieser ruchlosen Katharina von Medici, alle diese eitlen und kleinen Menschen, unter denen Heinrich IV. als ein großer Mann erscheinen konnte; diese allgemeine Verwirrung, diese offenbaren Greuel, innre Schlechtigkeit und Niedrigkeit in den engen Raum zusammengedrängt; das ist wie ein verworren-verschlungenes, aber sich selbst deutlich aussprechendes Bild, wo alle die unwürdigen Intrigen, die uns jemals hier zum Unheil und zur Eitelkeit ersonnen wurden, in einen Brennpunkt zusammentreffen, so wie auch alle die Entsetzlichkeiten, wodurch die Geschichte dieser Nation, selbst in den neuesten Zeiten noch, das Erstaunen der Beobachter erregte.

Den Verstand und Stil der Margaretha wird das Buch selbst am besten kennen lehren. Auch werden ihre Memoiren wie ihre Geschichte es deutlich machen, warum diese Königin, mit so großen Ansprüchen geboren, mit dieser ausgezeichneten Bildung und allbewunderten Schönheit, ebenso talentvoll und verführerisch wie ihre Jugendfreundin Maria

Stuart und nur auf eine andre Art auch ebenso unglücklich; warum sie mit allen diesen Vorzügen be-
gabt, dennoch keine größere Rolle in der Geschichte
gespielt hat.

AUS DER NOTIZ DER FRANZÖSISCHEN HERAUSGEBER, NEBST EINIGEN ZUSÄTZEN AUS DER LEBENSBESCHREIBUNG VON MONGEZ [1]

Margaretha von Valois ward im Jahre 1552 am 14. Mai geboren; ihr Vater, Heinrich II., hatte eben die drei Bistümer Metz, Toul und Verdun erobert. Einige französische Schriftsteller haben diese Epoche als eine der ruhmwürdigsten der französischen Monarchie angeführt; hätten sie die Kette von Übeln, welche für die Nation aus ihr entsprang, in Betracht zu ziehen gewürdigt, so möchte sich ihr Enthusiasmus wohl abgekühlt haben. Aus den Denkmälern lernen wir, daß die Vereinigung von Metz, Toul und Verdun ihren Wert hundertfach so wohl durch den Anwachs der öffentlichen Schuldenlast als durch die Verwüstung mehrerer Provinzen und durch die Ströme Bluts bezahlt wurden, die bis zum Frieden von Cateau-Cambrésis nicht zu fließen aufhörten.

Margaretha war das achte Kind Heinrichs II. mit Katharina von Medici; einen Sohn und zwei Töchter ungerechnet, die als Kinder starben, waren es der Dauphin, nachmals Franz II., Karl IX., Heinrich III., der Herzog von Anjou, der 1584 starb, Elisabeth, Gemahlin Philipps II. von Spanien, und Claudia, Gemahlin des Herzogs von Lothringen, welche dem

Hause Valois einen dauernden Besitz der Krone Frankreichs versprachen. Aber von allen diesen Nachkommen erreichte Margaretha allein das fünfzigste Jahr ihres Lebens; keiner von denen, welche die Krone Karls des Großen trugen, hinterließ rechtmäßige Erben, und das Reich fiel Heinrich IV. zu, der bei seiner Geburt siebzehn Häupter fand, die zwischen ihm und der Krone standen.

Die ersten Jahre ihres Lebens brachte Margaretha im Schloß von St. Germain-en-Laye zu, wo sie mit großer Sorgfalt erzogen ward; ihre Talente sowohl als ihre Lernbegierde entsprachen dieser sorgfältigen Erziehung. Die Königin Johanna d'Albret, Mutter Heinrichs IV., ausgenommen, gab es keine Prinzessin ihrer Zeit, die so ausgebreitete Kenntnisse besessen hätte. Mit ihr wurden zu St. Germain ihre beiden Schwestern Elisabeth und Claudia erzogen und die Königin Maria Stuart. Zwischen dem Schicksale dieser Fürstin und dem der Margaretha ist eine gewisse Ähnlichkeit, welche schon in ihrer Kindheit und in ihrer ersten Erziehung sichtbar ist. Ihre gemeinschaftliche Erzieherin war Frau von Curton, eine sehr tugendhafte verdienstvolle Frau, die bei sieben Königinnen dasselbe ehrenvolle Amt bekleidet hatte.

Ein Jahr nach Margaretha ward Heinrich von Bourbon, Prinz von Navarra, geboren. Als er vier Jahre alt war, führte ihn der König von Navarra, sein Vater, nach Amiens, wo er ihn Heinrich II. vorstellte; er war so artig und so munter, daß der König Heinrich beschloß, ihn mit dem Dauphin Franz zusammen erziehen zu lassen. Er umarmte und liebkoste ihn und fragte ihn, ob er sein Sohn sein wollte? Der kleine Prinz antwortete in seiner Béarnschen Landessprache, indem er auf den König von Navarra zeigte: «Quet es lo seigne Pay»; dieser ist mein Herr Vater! Heinrich II. fand Vergnügen an seiner Art zu sprechen und sagte: «Nun wenn du nicht mein Sohn sein willst, möchtest du denn wohl mein Schwiegersohn werden?» «O bé!» O ja, rief der Prinz lebhaft. Und von da an ward zwischen den beiden Höfen die Vermählung der Margaretha und des Prinzen von Navarra beschlossen; unter glücklichen Vorbedeutungen, wie man damals glaubte.

Er ward also zu Vincennes mit dem Dauphin erzogen und alsdann nach dem Kollegium von Navarra geführt, wo er seine erste Jugend mit dem Herzog von Anjou und dem Prinzen von Joinville, nachmaligem Herzog von Guise, verlebte. Alle drei hießen Heinrich und erhielten dieselbe Erziehung; ihr Leben aber ward in der Folge von sehr verschiedenen und außerordentlichen Begebenheiten angefüllt, die einzig in der Geschichte von Frankreich bleiben.

Die vergiftete Luft des Hofes, an dem Margaretha zu leben bestimmt war, mußte jede Sorgfalt der tugendhaften Erzieherin vernichten. Dieser Hof, Katharina von Medici an seiner Spitze, war bekanntlich die Bühne der Verderbtheit, die Schule aller Laster und jedes Verbrechens. Wahr ist es, daß dieses Übel seinen Ursprung schon früher, unter der Regierung Franz' I., genommen hatte. Franz I., der mit dem Beinamen eines Vaters der Wissenschaften beehrt wurde, hatte durch sein Beispiel die Männer an seinem Hofe gewöhnt, keine Achtung für die guten Sitten zu haben. Als Katharina von Medici an diesen Hof kam, fand sie das Laster regierend an der Seite des Throns unter dem Namen der Herzogin von Estampes. Der schlauen Italienerin konnte es nicht entgehen, daß man dem Götzen des Tages schmeicheln müsse, um dem Monarchen zu gefallen, und sie machte diese Regel zur Grundlage ihres Betragens; bald fand sie Gelegenheit, sie bei einem Gegenstande anzuwenden, der ihr weit näher anging. Ihr Gemahl, der Dauphin Heinrich, erklärte sich öffentlich als Ritter der Diana von Poitiers; die geschmeidige Katharina teilte sogleich die Gunst ihres Gemahls mit ihr. Heinrich II. wechselte während seines ganzen Lebens zwischen seiner Gemahlin und seiner Geliebten; aber nach seinem Tode rächte Katharina sich und verschaffte ihrer Nebenbuhlerin die Überzeugung, daß man ihr nicht ungestraft das Herz des Gemahls rauben durfte.

Katharina verstand es sehr wohl, die Macht der Schönheit geltend zu machen, und diese war eine der geheimen Triebfedern ihrer Reichsverwaltung.

Es ist bekannt, daß sie nie anders als umringt von einer glänzenden Schar aufblühender Schönheiten erschien, welche gewöhnlich die Schwadron der Königin-Mutter genannt wurden. Der strenge Admiral Coligny sagte darüber mit Recht: «Keine verlorne Schlacht ist so verderblich als der Einfluß dieser Schönheiten!» Dies Mittel der Verderbnis wandte Katharina dann sehr oft zur Ausführung ihrer Projekte an.

Nachdem die guten Sitten zugrunde gerichtet waren, fehlte nichts mehr, jeden Grundsatz von Ehre und Rechtlichkeit bei den Franzosen zu vernichten, als sie in den Lehren Machiavels einzuweihen. Früher schon hatte Ludwig XI. diese abscheuliche Lehre wirklich in Ausübung gebracht; sein Nachfolger aber, der den Namen Vater des Volks wohl verdiente, weil er nur durch die Gesetze regierte, war die Ursache, daß man die Regierung jenes Tiberius und alle seinesgleichen bald vergaß. Ludwig XII., Gemahl der Anna von Bretagne, führte die Franzosen wieder zur Ehre an und gab ihnen den freien Sinn und die edlen feinen Sitten ihrer Anherrn wieder. Katharina von Medici war es aufbehalten, das Werk Ludwigs XI. wieder zu erneuen. So wie er, führte sie die Kunst, die Menschen zu *regieren*, einzig darauf zurück, sie zu *verunreinigen*; diesem Grundsatze ordnete sie alles andre unter; Heuchelei, Lügen und Meineid wurden in Frankreich einheimisch; die Nation, in

den Verbrechen sogar inkonsequent und leichtsinnig, ergriff sehr bald die Frevel aller Art, als die üblichen Mittel etwas zu erreichen.

So war der herrschende Geist an Karls IX. Hof, als
alle Augen auf Margaretha gerichtet waren, deren
Reize sich eben zu entfalten anfingen. Wenn ihr in
ihrem Porträt nicht geschmeichelt wurde, so hat in
der Tat die Natur wohl nie ein schöneres Geschöpf
geformt. Sie hatte etwas Erhabenes und wahrhaft
Königliches in ihrem ganzen Wesen; sehr lebhafte
Farben, sehr schöne schwarze Haare, und mit einem
sanften liebeschmachtenden Blick, mit einem reichen vollen Wuchs und einem majestätischen Gang
verband sie die Kunst, sich auf das vorteilhafteste
und geschmackvollste zu kleiden, und ein sehr
anmutiges Wesen, eine gewisse einschmeichelnde
Gabe, jedem zu gefallen, die man wohl fühlt, aber
nicht zu beschreiben vermag. Mit ihrer Schönheit,
ihrer Anmut, mit ihrem Geist und ihrem Gefühl
hätte Margaretha auch die strenge Tugend einer Heiligen verbinden müssen, um den schädlichen Ein-
flüssen des bösen Beispiels und den Täuschungen der
Verführung entgehen zu können. Kaum war sie in
der Welt aufgetreten, so war sie auch schon in den
Schlingen der Eitelkeit eingefangen; sie wollte gefallen, ohne bestimmt zu wissen wem; sie war Kokette,
ohne sich weiter etwas dabei zu denken. Unbeson-
nenheiten dieser Art gaben ihren Verleumdern Ver-

anlassung, die Zusammenkunft in Bayonne als die
Epoche ihrer ersten Liebeshändel mit dem jungen
d'Entragues und mit Charins anzugeben. *Le Divorce
Satyrique*[2], *la Confession de Sancy* und *le Baron de Foe-
neste* setzen diese Liebesgeschichten der Margaretha
zu jener Zeit. Wir zeigen diese Quellen an, als die
einzigen, die diese Sagen enthalten, damit man weiß,
welches Zutrauen man ihnen schenken darf; denn sie
gehören zu den Haufen Satiren und Libellen aller
Art, welche sowohl die unzufriedenen Katholiken als
die unzufriedenen Protestanten gegen Margaretha
und gegen alles, was Heinrich IV. angehörte, verbreiteten; auch berechtigt uns ihre zu große Jugend,
jene Aussage zu bezweifeln; Margaretha war damals
noch nicht dreizehn Jahre alt. Man suchte sie in der
Folge durch solche beschimpfende Anklagen zu un-
terdrücken, um sie durch eine völlige Verunglimpfung von dem Throne auszuschließen, zu dem sie berechtigt war. Es gibt keine verunehrendere Verleumdung, als ihren nachmaligen Unordnungen einen
solchen frühreifen Ursprung zuzuschreiben. Das
Stillschweigen der Geschichte über diese Beschuldigung ist ein Zeugnis dagegen. Man darf das Privatle-
ben der Margaretha erst vier Jahre nach der Zusammenkunft zu Bayonne in Betracht ziehen; von dieser
Zeit erst erhielt sie an Karls IX. Hof eine politische
Existenz. Bis dahin drehten sich ihre Beschäftigun-
gen oder vielmehr ihre Ergötzlichkeiten in einem be-

ständigen Kreis von Spielen, Jagd und Putz, und sie war völlig unbekannt mit den Ränken der Hofintrige, obgleich sie wie im Mittelpunkte derselben lebte. Ihr Bruder, der Herzog von Anjou, welcher nachmals unter dem Namen Heinrich III. regierte, übernahm es, sie darin einzuführen. Es war ihm wichtig, einen Agenten bei Katharina zu haben, auf dessen Anhänglichkeit er rechnen dürfte, während er sich abwesend und an der Spitze der Armeen befand. Zu dieser Rolle nun hatte er seine Schwester Margaretha ausersehen, und diese ward der Kanal der Korrespondenz zwischen ihm und seiner Mutter. Wer mit der Geschichte jener Zeit nicht unbekannt ist, wird wissen, was Margaretha in dieser Schule lernen konnte; obgleich die Lehrzeit nur sehr kurz war, so sehen wir doch an dem nachmaligen Betragen der Schülerin, welche Fortschritte sie unter den beiden Vorstehern ihrer politischen Erziehung machte.

Memoiren
der
Margaretha von Valois

Erstes Buch

AN BRANTÔME[3]

Weil Ihr Werk so voll ist von meinem Lobe, so kann
ich es nicht so loben, als ich sonst wohl hätte tun
müssen; denn jetzt würde man mein Lob als ein blo-
ßes Selbstlob ansehen, und man würde von mir wie
vom Themistokles denken, daß ich diejenigen am
meisten schätze, die mich am meisten bewundern. Es
ist ein ganz gewöhnlicher Fehler der Frauen, daß sie
sich im Lobe, auch im unverdienten, zu sehr gefallen.
Damit kann ich aber nicht übereinstimmen und
möchte am liebsten in diesem Stücke gar nicht zu
meinem Geschlechte gezählt werden. Demungeachtet kann ich nicht anders als stolz sein, daß ein so ge-
ehrter Mann mein Bildnis mit so reichem Pinsel zu
entwerfen würdigte, wenngleich der Schmuck der
Malerei bei weitem die Vortrefflichkeit der darge-
stellten Figur übertrifft. Besaß ich einst auch wirklich
einige von den Zügen, so wie Sie sie zeichneten, so
sind sie längst durch meine Leiden bis auf die leiseste
Erinnerung zerstört, so daß, als ich mich in Ihrer
Darstellung spiegeln wollte, es mir wie der alten Frau
von Rendan erging, die sich nach ihres Mannes Tod
lange nicht im Spiegel besehen hatte; als sie nun nach

langer Zeit zufällig in einer Gesellschaft sich im Spiegel erblickte, fragte sie verwundert: «Wer ist denn diese?»

Meine Freunde behaupten mir zwar das Gegenteil, aber ihr Zeugnis ist mir verdächtig; ihre Augen sind von der Zuneigung geblendet. Am Ende würden Sie, glaube ich, ganz meiner Meinung sein und den Vers von Du Bellay sagen, den ich so oft anführe: *C'est chercher Rome en Rome, et rien de Rome en Rome ne trouver.* So wie man aber gern von der Zerstörung Trojas, von der Größe Athens oder von andern mächtigen Städten in ihrer höchsten Blüte liest, obgleich die Überreste so gering sind, daß man kaum noch den Platz erkennen kann, wo sie ehemals gestanden, eben so ergötzen Sie sich damit, eine Schönheit zu beschreiben, von der es weder einen Überrest, noch sonst irgend ein Zeugnis gibt, als eben Ihre Beschreibung. Natur und Schicksal haben um die Wette ihre ganze Macht um mich aufgeboten; keinen schicklichern Gegenstand hätten Sie wählen können, um den Streit der beiden Mächte zu beschreiben. Von dem, was die Natur getan, waren Sie Augenzeuge und bedürfen darüber keines weiteren Unterrichts. Meine Schicksale aber können Sie nur durch fremde Berichte erfahren haben, die doch niemals zuverlässig sind; denn oft werden sie entweder durch übelgesinnte oder auch übelunterrichtete Leute gegeben, und weder Bosheit noch Unwissenheit sind wahrhaft. Darum denke ich, wird es Ihnen nicht unangenehm sein, diese Geschichte von einer Person zu erhalten, die am besten unterrichtet ist und die zugleich das größte Interesse hat an der Wahrheit der Darstellung. Ich ward auch noch durch einige Bemerkungen bestimmt, die ich Gelegenheit hatte bei einigen Irrtümern, die sich in ihrem Werke finden, zu machen. Nämlich da, wo Sie von Pau sprechen und von meiner Reise nach Frankreich; auch wo vom Marschall von Biron die Rede ist; von Agen, auch von dem Abzug aus dem Ort des Marquis von Canillac.

Ich werde also meine Memoiren aufzeichnen, die um ihrer unverfälschten Wahrheit willen wohl verdienten, daß ich ihnen den Namen Geschichte beilegte; eine solche bedürfte aber einer sorgfältigen Ausarbeitung, zu der ich weder die Fähigkeit noch die gehörige Muße habe.

Die vorhergegangenen Vorfälle, nebst denen der letzten Zeit, zwingen mich, mit der Zeit des Königs Karl[4] anzufangen; auch ist es das erste, dessen ich mich als merkwürdig in meinem Leben entsinnen kann. So wie die Erdbeschreiber, wenn sie bis zur letzten Grenze ihres Wissens zurückgegangen, sagen: jenseits findet sich nichts als Sandwüste, unbewohntes Land und unschiffbares Meer, – so will auch ich sagen: rückwärts ist nichts als die Leere der ersten Kindheit, in der wir von der Natur allein geleitet

mehr ein Pflanzenleben als ein menschliches, von der
Vernunft regiertes Leben führen. Diese überflüssi-
gen Untersuchungen will ich gern denen überlassen,
die meine Kindheit erzogen und leiteten. Vielleicht
findet man auch unter meinen ersten kindlichen
Handlungen einige, welche ebenso des Aufschrei-
bens würdig wären als die des Themistokles oder
Alexanders; da der eine sich vor den Pferden eines
Wagenführers niederwarf, der sich durch des Kna-
ben Bitten nicht wollte abhalten lassen, durch eine
enge Straße zu fahren, in der jener sich ein Spiel errichtet hatte; und der andre, der die Preise der Wett-
rennen verachtete, wenn er sie nicht über Könige davon getragen. So könnte auch wohl die Antwort zu
diesen bemerkenswerten Zügen gehören, die ich
dem Könige, meinem Vater, wenige Tage vor jenem
entsetzlichen Stoße[5] gab, welcher Frankreich die
Ruhe und unserm Hause sein Glück nahm. Ich war
damals vier oder fünf Jahre alt[6], als mein Vater mich
auf seinen Knieen haltend und mit mir spielend zu
mir sagte: ich sollte wählen, welcher von den beiden,
die damals im Zimmer waren und mit mir spielten,
mir ergeben sein sollte: der Prinz von Joinville, nachmals der große und unglückliche Herzog von Guise[7],
oder der Marquis von Beaupreau, Sohn des Prinzen
La Roche-sur-Yon, den die Natur mit so außer-
ordentlichem Verstande begabte, daß er den Neid
des Schicksals auf sich zog; in seinem vierzehn-

ten Jahre entriß der Tod ihn dem Ruhme und den Kronen, die den Tugenden und dem hohen Edelmute, welche aus seinem Verstande hervorleuchteten, bestimmt waren. Auf meines Vaters Frage sah ich beide an und wählte den Marquis. «Warum diesen?» fragte mein Vater, «er ist nicht so schön als der Prinz von Joinville»; dieser war blond und von heller Farbe, der Marquis aber war braun von Haar und Gesicht. «Weil er klüger ist», antwortete ich meinem Vater, «und weil der andere immer Meister sein will und keinen Tag ruht, bis er irgend jemand Schaden zugefügt.» Wie richtig ich ihn damals beurteilt, haben wir seitdem gesehen.

So auch der Widerstand, den ich getan, meinen Glauben zu erhalten, da der ganze Hof von Ketzerei angesteckt war; bei dem Colloquium von Poissy, den gebieterischen Überredungen vieler Herren und Damen bei Hofe, sogar meinem Bruder von Anjou, nachmaligem König von Frankreich[8], der in der Kindheit dem unglücklichen Hugenottenwesen nicht widerstehen konnte. Dieser drang unaufhörlich in mich, daß ich die Religion verändern sollte, warf meine Gebetbücher ins Feuer und gab mir an deren Stelle die Psalmen und Gebetbücher der Hugenotten. Ich überlieferte diese aber sogleich meiner Hofmeisterin, der Frau von Curton; diese war durch die Gnade Gottes eine Katholikin geblieben. Sie führte mich oft zu dem guten Kardinal von Tournon, der mich mit seinem Rat darin bestärkte, alles zu erdulden, um nur meinen Glauben zu erhalten; auch versah er mich immer wieder mit neuen katholischen Gebetbüchern und Rosenkranz, wenn mein Bruder von Anjou sie verbrannt hatte. Die vertrauten Freunde von diesem, die mich zu verderben unternommen hatten, schalten mich und begegneten mir zornig, wenn sie diese Dinge immer wieder bei mir antrafen; sie nannten es bloße Kinderei und Albernheit, sagten, ich hätte keinen Verstand und würde immer so dumm bleiben wie meine Hofmeisterin. Mein Bruder von Anjou fügte dann noch die Drohung hinzu, daß die Königin, meine Mutter, mir die Rute würde geben lassen. Dieses redete er aber nur so, ganz ohne Grund, denn die Königin Mutter wußte nichts davon, daß er in solche Irrtümer geraten war; im Gegenteil, sie bestrafte, als sie es erfahren, sowohl ihn als seinen Hofmeister, ließ sie aufs neue in der Religion unterrichten und zwang sie, den wahren heiligen alten Glauben unsrer Väter zu bekennen, von dem sie selbst sich nie entfernt hatte.

Ganz in Tränen zerfließend, zu denen man in einem Alter von sieben bis acht Jahren sehr leicht geneigt ist, antwortete ich meinem Bruder auf seine Drohungen, daß er mich peitschen, ja daß er mich könnte umbringen lassen, wenn er es wollte: ich würde alles Ersinnliche eher erdulden, als mich in die Verdammnis zu stürzen.

Manche Antworten, manche Zeichen der Entschlossenheit und der reifen Beurteilung möchten
noch aufgefunden werden können; ich überlasse aber
diese Untersuchungen ungestört andern und fange
meine Memoiren von der Zeit an, da ich in das Gefolge der Königin Mutter kam, um es nicht wieder zu
verlassen; denn gleich nach dem Kolloquium von
Poissy[9], als die Kriege begannen, wurden wir Kleinen, mein Bruder von Alençon und ich[10], nach Amboise gesendet, wohin sich auch alle Damen des Landes mit uns zurückzogen; auch Ihre Tante, Frau von
Dampierre[11], die damals viel Freundschaft für mich
hatte, welche sie mir bis an ihren Tod erhielt; und
Ihre Cousine, Frau von Retz, die damals die glückliche Nachricht erhielt, das Schicksal habe ihr in der
Schlacht bei Dreux die Gunst erzeigt, ihren ersten
Mann, Herrn von Annebaut, von ihr zu nehmen, der
es in jeder Rücksicht nicht verdiente, eine so göttliche Frau zu besitzen. Mit Ihrer Cousine stand ich
damals aber noch nicht in dem genauen Verhältnis,
das noch jetzt fortwährt und gewiß ewig dauern
wird[12]. Die Freundschaft Ihrer Tante für mich fing
aber schon damals an; ihr hohes Alter und meine
Kindheit stimmten wohl für einander. Es ist in der
Art der alten Leute, die kleinen Kinder zu lieben; so
wie es dem blühenden Alter, in dem Ihre Cousine
damals stand, ganz natürlich ist, die lästige Einfalt
der Kinder zu hassen und zu verachten.

Dort blieb ich nun bis zur großen Reise [13]; damals
nahm die Königin Mutter mich zu sich an ihren Hof,
den ich seitdem nicht wieder verließ. Diese Reise
aber beschreibe ich auch nicht; ich war zu jung, als
daß ich mir besonderer Umstände davon erinnern
könnte. Außer der Erinnerung im ganzen ist mir das
Übrige wie ein Traum verflogen. Sie und andre, die
damals im reifern Alter und verständig genug waren,
alles zu bemerken, mögen von der Pracht reden, die
bei diesen Gelegenheiten erschien. So wie zu Bar le
Duc bei der Taufe meines Neffen, des Prinzen von
Lothringen; zu Lyon bei der Ankunft des Herzogs
und der Herzogin von Savoyen; zu Bayonne bei der
Zusammenkunft meiner Schwester, der Königin
von Spanien, der Königin Mutter und des König
Karls, meines Bruders [14]. Gewiß vergessen Sie nicht
das kostbare Fest und das Ballett zu beschreiben, das
meine Mutter, die Königin, auf der Insel [15] gab, wie
auch den Saal, den die Natur eigentlich dazu bestimmt zu haben schien, indem sie mitten auf jener
Insel eine große ovalförmige Wiese mit den höchsten
Bäumen umgab, in deren Schatten die Königin Mutter rings umher große Nischen anbringen ließ und in
jeder dieser Nischen eine Tafel für zwölf Personen.
Am Ende dieses Saals erhob sich die Tafel für die
königlichen Personen auf vier Stufen von Rasen. Alle
diese Tafeln wurden von Schäfern und Schäferinnen
bedient, die in Atlas und Goldstoff, in verschiedenen

Truppen und nach den verschiedenen Trachten aller
französischen Provinzen gekleidet waren; wie man
von Bayonne nach dieser Insel in kostbar verzierten
Gondeln und Kähnen fuhr, von Tritonen und Meer-
göttern umgeben, die auf Hörnern bliesen und
schöne Verse sangen. Bei der Landung auf der Insel,
während man auf den dazu gemachten Rasen nach
dem Saale ging, tanzten von beiden Seiten des Wegs
auf schönen Wiesen jene Schäfer und Schäferinnen,
jeder Trupp die eigentümlichen Tänze seiner Provinz; die aus Poitou mit der Schalmei; die Provenzalen ihre Volte mit den Pauken; aus Bourgogne und
Champagne mit der kleinen Oboe, der Geige und
dem Tambour; die Bretonen das Passe-pied und den
fröhlichen Branle-Tanz; und so fort jede Provinz ihre
eigentümlichen Tänze und ihre Musik. Wie nach dieser Ergötzlichkeit und nachdem die Tafel aufgehoben, ein großer helleuchtender Felsen von Satyrn her-
eingetragen wurde, auf diesem Felsen erschienen
Nymphen, die mit ihrer Schönheit und ihrem reichen
Schmuck glänzender strahlten als die künstlichen
Lichter, von denen der Felsen erleuchtet war; wie
dann diese Nymphen herabstiegen und ein Ballett
tanzten, dessen vollkommne Schönheit das neidische
Glück nicht ertrug und darum einen entsetzlichen
Sturm mit Regen und Ungewitter erhob; wie hierauf
die Unordnung, als man sich in der Nacht auf den
Kähnen zurückbegeben mußte, den folgenden Mor-

gen eben so viel Stoff zum Lachen gab, als das Fest
selber Zufriedenheit verbreitet hatte. So werden Sie
auch die Pracht aller Einzüge in allen Hauptstädten
des ganzen Königreichs, dessen Provinzen sie be-
suchten, gewiß nicht zu beschreiben unterlassen [16].

König Karl, mein Bruder, und die Königin Mutter
waren einige Jahre nach der großen Reise zu Paris.
Die Hugenotten hatten den Krieg wieder angefangen [17], als ein Edelmann, den mein Bruder von Anjou, nachmaliger König von Polen, sendete, zu Paris
anlangte und dem Könige die Nachricht brachte,
mein Bruder von Anjou habe die Armee der Hugenotten dahin gebracht, daß er hoffen dürfe, sie in wenigen Tagen zu einer Schlacht zu zwingen; er ersuche
daher um die Ehre, sie vorher noch einmal sehen zu
dürfen, damit, wenn das Schicksal, aus Neid über
seinen früh erworbenen Ruhm, an jenem von ihm
ersehnten Tage, nachdem er seinem Könige, der Religion und dem Staate einen so wichtigen Dienst
geleistet, sein Grab mit dem Triumph seines Sieges
vereinigen wollte, er die Welt zufriedener verließe,
wenn er die Überzeugung erlangt, der König, sein
Bruder, und die Königin Mutter seien mit der Ausführung des Auftrags, mit welchem sie ihn beehrt,
vollkommen zufrieden, welches ihm alsdann noch
ruhmvoller sein würde, als die Trophäen seiner beiden ersten Siege. – Urteilen Sie, ob diese Worte nicht
das Herz einer so gütigen Mutter bewegen mußten,

die nur für ihre Kinder lebte und die zu jeder Stunde
ihr Leben für das ihrer Kinder und für die Erhaltung
ihrer Staaten zu opfern bereit war und die besonders
diesen Sohn zärtlich liebte. Sie entschloß sich, schnell
zu ihm zu reisen; der König begleitete sie sowie ihre
gewöhnlich sie begleitenden Frauen, Frau von Retz,
Frau von Sauve und ich. Auf Flügeln der mütter-
lichen Liebe getragen, legte sie den Weg von Paris
nach Tours in drei und einem halben Tag zurück,
welches nicht ohne große Beschwerde und viele lä-
cherliche Unfälle geschah, besonders für den armen
Kardinal von Bourbon, der sie nie verließ, der aber
weder Laune noch körperliche Beschaffenheit zu
dergleichen Hofdienst hatte. Zu Plessis lès Tours befand sich mein Bruder von Anjou an der Spitze aller
Offiziere seiner Armee; in Gegenwart dieser Blüte
der Fürsten und Herren aus ganz Frankreich hielt er
dem Könige eine Anrede, worin er ihm über alles, was
er ausgeführt hatte, Rechenschaft gab. Diese Rede
war mit solcher Kunst und so vieler Beredsamkeit
abgefaßt und mit solchem guten Anstande gesprochen, daß er die Bewunderung aller Anwesenden erhielt, um so mehr, da seine große Jugend die Würde
und Wichtigkeit seiner Worte hob, die mehr einem
alten graubärtigen Heerführer zukamen, als der sech-
zehnjährigen Jugend, in welcher er schon die Lor-
beern von zwei gewonnenen Schlachten um seine
Stirn gewunden hatte; dazu die Schönheit, die jeder

Handlung Anmut verleiht und die mit seinem guten Glück sich um die Wette beeiferte, ihn zu verherrlichen. Was meine Mutter dabei empfand, die ihn so einzig liebte, läßt sich nicht beschreiben, so wenig als die Trauer des Vaters der Iphigenia je dargestellt werden konnte. Bei einer jeden andern als bei ihr, aus deren Seele die Klugheit niemals wich, hätte man den Ausbruch der unmäßigen Freude in jedem Augenblick wahrgenommen; sie aber mäßigte mit Besonnenheit jede ihrer Bewegungen und zeigte, daß ein Verständiger nichts tut, was er nicht tun will. Ohne sich bei Freudensbezeugungen und Lobsprüchen zu verweilen, die ein so vollkommner und geliebter Sohn wohl verdient hätte, ergriff sie sogleich die Punkte seiner Rede, welche die Kriegsvorfälle betrafen, um mit den dabei gegenwärtigen Fürsten und Herren darüber zu Rate zu gehen, damit sie einen ordentlichen Entschluß fassen und die nötigen Vorkehrungen, den Krieg fortzuführen, treffen könnten. Zu dem Ende mußte man sich einige Tage an dem Orte aufhalten. Einen dieser Tage, als die Königin Mutter mit einigen Fürsten im Garten spazieren ging, bat mich mein Bruder von Anjou, daß ich mit ihm in einer andern Allee gehen möchte; dort hielt er mir folgende Rede: «Schwester, unsre gemeinschaftliche Erziehung verbindet uns nicht weniger als unsre Verwandtschaft; auch wirst du es wohl immer erkannt haben, daß ich zu dir immer vorzugsweise vor

allen andern Geschwistern die stärkste Zuneigung
hatte, so wie ich auch bemerkt, daß du mir gleiche
Freundschaft schenktest. Bis hierher wurden wir
absichtslos, bloß von natürlicher Zuneigung, zu diesem Verein geleitet, ohne daß unsre Verbindung uns
einen andern Nutzen schaffte als das bloße Vergnügen, uns zu unterhalten. Dies ziemte der Kindheit
wohl, wir sind aber jetzt nicht mehr Kinder und dürfen nicht länger als solche leben. Du siehst nun die
großen und rühmlichen Ämter, zu denen Gott mich
ausersehen und zu denen die Königin, unsre vortreffliche Mutter, mich gebildet. Dich liebe ich über alles
auf der Welt, und du sollst dich jeder Macht, jeder
Größe, die mir zu Teil wird, mit mir erfreuen. Du
hast, so wie ich dich kenne, Verstand und Beurteilung
genug, um mir bei der Königin Mutter zu dienen.
Zur Erhaltung meines jetzigen Glücks ist es notwendig, daß sie mir gnädig bleibt, denn sie ist meine vorzüglichste Stütze; darin, befürcht' ich nun, möchte
meine Abwesenheit mir schädlich sein, und doch hält
mein Posten und der Krieg mich in beständiger Entfernung. Der König, unser Bruder, bleibt dagegen
beständig bei ihr, schmeichelt ihr und ist ihr überall
gefällig; in der Folge kann mir dieses schädlich werden; denn der König, unser Bruder, wächst heran,
und sein Mut möchte sich wohl nicht immer mit der
Jagd belustigen lassen; wenn er ehrgeizig wird, so
könnte er am Ende die Tierhetze mit der Menschen-

hetze vertauschen wollen und mir die Stelle als Lieutenant des Königs, die er mir übertragen, wieder
nehmen und seine Armeen selber kommandieren;
dieses könnte aber nicht ohne meinen völligen Untergang geschehen, denn ehe ich diesen Fall erdul-
dete, würde ich lieber den grausamsten Tod wählen.
Ich habe auf ein Mittel gedacht, mich von dieser
Furcht zu befreien, und finde es notwendig für mich,
daß eine Person, die mir ganz ergeben und von meiner Partei ist, die Königin Mutter beständig umgebe.
Niemand, das weiß ich, ist dazu fähiger als du, denn
du bist mein anderes Ich. Du hast alle erforderlichen
Verdienste, Verstand, Überlegung und Treue, wenn
du die Gefälligkeit für mich haben willst, auch die
gänzliche Unterwürfigkeit hinzuzufügen; denn ich
muß dich bitten, beständig um die Königin Mutter
zu sein; beim Lever, im Kabinett [18], beim Schlafenge-
hen, kurz den ganzen Tag unausgesetzt. Dadurch
wird sie dahin gebracht, sich dir mitzuteilen, da ich
mit ihr von deinen Fähigkeiten sprechen und von
dem Troste und von der Hülfe, die sie dadurch erlangen mag, und sie ersuchen werde, dir nicht länger als
einem Kinde zu begegnen, sondern dich in meiner
Abwesenheit wie mich selber zu behandeln. Sie wird
es auch sicher tun. Sprich mit ihr mit eben dem Zutrauen und derselben Sicherheit, als ob du zu mir re-
detest; glaube mir, es wird sie sehr erfreuen, und für
dich ist es ein großes Glück, ihr Vertrauen zu besit-

zen; auf diese Weise kannst du für dich wie für mich
viel tun, und ich werde dir nächst Gott die Erhaltung
meines Lebens verdanken.»

Welche neue Sprache für mich, die ich bis jetzt
ganz ohne Absicht gelebt, an nichts denkend als an
Tanzen und Jagen, sogar ohne Begierde zu gefallen
oder mich zu schmücken; ich war zu jung dazu, war
auch unter solchem Zwang bei der Königin Mutter
erzogen worden, daß ich nicht allein mir nie ge-
traute, sie anzureden, sondern wenn sie mich nur an-
blickte, so bebte ich aus Furcht, ihr durch irgend
etwas mißfallen zu haben. Es fehlte wenig, so hätte
ich meinem Bruder dasselbe geantwortet, was Mo-
ses dem Herrn bei der Erscheinung des brennenden
Dornbusches: «Wer bin ich? mein Herr, sende, welchen du senden willst!»

Ich fand jedoch in mir, was ich vorher nicht geahn-
det hatte; Kräfte wurden in meinem Innern durch
seine Worte erregt, die ich nie gekannt, obgleich ich
mit ziemlichem Mut geboren ward. Als ich von dem
ersten Erstaunen zu mir selber gekommen war, so
gefielen mir die Worte meines Bruders wohl, und in
dem Augenblick fühlte ich mich wie verwandelt und
als ob ich höher stände als bisher. Ich erhielt Zutrauen zu mir selber und antwortete ihm: «Mein
Bruder, verleiht Gott mir ebenso die Fähigkeit und
die Kühnheit, mit der Königin Mutter zu sprechen,
wie ich den guten Willen habe, dir in dem zu dienen,

was du von mir verlangst, so zweifle nicht, daß du nicht allen Nutzen und jede Befriedigung davon ziehst, welche du dir davon versprichst. Ich werde sie so beständig umgeben, daß du es wohl einsehen wirst, wie ich dein Wohl jedem Vergnügen in der Welt vorziehe. Du tust auch sehr wohl daran, Zutrauen zu mir zu haben, denn niemand auf der Welt liebt und ehrt dich so als ich. Sei gewiß, daß es, wenn ich bei der Königin Mutter bin, ebenso gut ist, als ob du selber bei ihr wärst, und nur für dich werde ich bei ihr sein.»

Ich fühlte diese Worte besser, als ich sie auszusprechen vermochte. Der Erfolg bezeugte es; denn die Königin rief mich, als wir von da abgereist waren, zu sich in ihr Kabinett, wo sie mir folgendes sagte: «Dein Bruder hat mich von eurem Gespräch unterrichtet. Er hält dich nicht mehr für ein Kind; auch ich will dich länger nicht so halten. Es wird mir eine Freude sein, mit dir wie mit deinem Bruder reden zu können. Du mußt immer um mich sein und darfst dich nicht fürchten, ganz frei mit mir zu sprechen, denn es ist mein ausdrücklicher Wille.»

Meine Seele fühlte etwas bei diesen Worten, was sie bis dahin nie gefühlt hatte: eine so unaussprechliche Zufriedenheit, daß ich mich dünkte, es wäre alles, was ich bis dahin genossen, nur ein Schatten dieses Glücks; die Vergangenheit mit den Freuden der Kindheit, Tanzen, Jagen und die jugendlichen

Gespielinnen kamen meinen Augen verächtlich vor, als eitle, törichte Dinge. Ich gehorchte dem mir so werten Befehl der Königin Mutter, und jeden Tag war ich die erste bei ihrem Lever und die letzte, wenn sie zu Bette ging. Sie beehrte mich manchmal zu zwei, drei Stunden lang mit ihrem Gespräch, und durch die Gnade Gottes war sie so sehr mit mir zufrieden, daß sie mich nicht genug gegen ihre Frauen zu rühmen wußte. Ich sprach beständig von meinem Bruder mit ihr, und dieser ward wieder so treulich von allem, was vorging, benachrichtigt, als er es nur immer verlangen konnte.

In dieser glücklichen Lage blieb ich einige Zeit bei der Königin Mutter, während welcher die Schlacht bei Montoncourt geliefert ward. Mit der Nachricht dieser Schlacht ließ mein Bruder von Anjou, der nur darnach trachtete, selber bei der Königin Mutter zu sein, ihr sagen, er ginge nun St. Jean d'Angely zu belagern, wo die Gegenwart des Königs und der Königin Mutter notwendig sein würde. Sie, die mehr noch als er darnach verlangte, ihn zu sehen, beschloß sogleich hinzureisen; sie nahm niemand mit als ihr gewöhnliches Gefolge, zu welchem auch ich gehörte. Ich ging mit außerordentlich großer Freude und ahndete das Unglück nicht, welches das Schicksal mir bereitete. Meine unerfahrne Jugend genoß arglos den Augenblick der Wohlfahrt, den sie ewig dauernd wähnte. Aber das neidvolle Geschick dul-

dete die Dauer meiner glücklichen Lage nicht; dies
feindselige Wesen bereitete mir ebensoviel Verdruß,
als ich mir Freuden gedacht hatte, weil ich meinem
Bruder mit solcher Treue gedient. Seitdem dieser
von mir entfernt war, hatte er den von Guast[19] bei
sich und war so von ihm besessen, daß er nur durch
seine Augen sah und durch seinen Mund redete. Dieser Mensch, der zum Schlechthandeln geboren war,
hatte den Verstand meines Bruders völlig eingenommen und geblendet und ihn mit tausend tyrannischen
Grundsätzen angefüllt: daß man niemand lieben, niemand trauen müsse als sich selber; daß man auch
niemand, selbst seine Geschwister nicht, an seinem
Glück müsse teilnehmen lassen, und andre schöne
machiavellische Vorschriften dieser Art, die er sich in
den Kopf setzen ließ und sie sogleich bei unsrer Ankunft in Ausübung brachte. Nach den ersten Begrü-
ßungen fing meine Mutter gleich von meinem Lobe
an und erzählte ihm, wie treulich ich ihm bei ihr gedient. Er gab ihr kalt zur Antwort: Es wäre ihm recht
lieb, daß es ihm so wohl gelungen sei, da er mich
darum gebeten – aber die Klugheit erlaube nicht, daß
man sich zu jeder Zeit derselben Mittel bediene; was
in einer Stunde nützlich sei, könne in der nächsten
Stunde schädlich werden. Sie fragte ihn nach dem
Grund dieser Äußerung, worauf er denn, da er sah,
daß es eben der rechte Augenblick war, die Maschine
zu meinem Ruin anzulegen, sagte: daß ich anfinge

sehr schön zu werden, daß der Herzog von Guise sich
um mich bewerbe und daß seine Oheime darnach
trachteten, mich mit ihm zu vermählen; sobald ich
also Neigung zu ihm bekäme, so wäre sehr zu fürchten, daß ich alles, was sie mir anvertraute, ihm mitteilen würde. Der Ehrgeiz dieses Hauses sei ihr wohl
bekannt, und sie wisse, wie sehr es dem unsrigen immer entgegen gewesen. Es würde also ratsam sein,
daß sie nicht mehr von Geschäften mit mir rede und
daß sie nach und nach sich von mir zurückzöge und
mich entferne[20]. Ich sah noch denselben Abend die
Veränderung, die dieser verderbliche Rat bei ihr her-
vorbrachte. Ich sah, daß sie sich in Gegenwart meines Bruder mit mir zu reden scheute, und obgleich
sie, während sie mit ihm sprach, mir drei- oder viermal befahl, mich zu Bette zu legen, wartete ich dennoch, bis er aus dem Zimmer war; dann näherte ich
mich ihr und flehte sie an, mir zu sagen, ob ich unwissend das Unglück gehabt hätte, ihr Mißfallen zu
erregen? Anfangs wollte sie es mir verbergen, endlich aber sagte sie: «Meine Tochter, dein Bruder ist
verständig; was ich dir jetzt sagen werde, beabsichtigt nichts als Gutes, du mußt ihm deswegen nicht
übelwollen.» Hierauf erzählte sie mir alles, was er ihr
gesagt, und verbot mir, in Gegenwart meines Bruders wieder mit ihr zu sprechen. So wie die ersten
Worte ihrer Gnade mich mit Freude erfüllt hatten, so
war ein jedes dieser Worte mir wie ein Dolchstich ins

Herz. Ich unterließ nichts, um ihr meine Unschuld darzutun: wie ich von dieser ganzen Sache nie ein Wort gehört und wie, wenn der Herzog von Guise diese Absicht haben und mir etwas davon sagen möchte, ich es ihr sogleich mitteilen würde[21]. Es war aber alles umsonst; der Eindruck, den die Worte meines Bruders auf sie gemacht hatten, war so groß, und sie war so ganz davon eingenommen, daß weder Vernunft noch Wahrheit Raum bei ihr fanden. Da sagte ich ihr: Mein Gefühl bei dem Verlust meines Glücks sei weniger schmerzhaft, als es bei der Erlangung desselben freudenvoll gewesen wäre. «Mein Bruder», sagte ich, «raubt es mir, nachdem er es mir gegeben; und ebenso wie er es mir ohne mein Verdienst erlangen ließ, da er mir ein Lob erteilte, dessen ich nicht wert war, so entzieht er es mir auch wieder ohne meine Schuld und wegen einer leeren Einbildung.» Sie möchte versichert sein, setzte ich hinzu, daß die Erinnerung von dem, was mein Bruder mir zugefügt, ewig in meinem Gedächtnisse bleiben würde. Darüber ward sie sehr erzürnt und verbot mir, ihn jemals etwas davon merken zu lassen.

Von diesem Tage an verminderte sich ihre Gunst täglich gegen mich, ihrem Sohne zu gefallen, der ihr Abgott war und dem sie alles, was er verlangte, zugestand.

Der Gram, der mein Herz preßte und alle Kräfte meiner Seele unterdrückte, gab auch meinem Körper eine größere Empfänglichkeit für die Eindrücke der Epidemien, welche damals bei der Armee herrschten. Ich ward nach einigen Tagen sehr krank, an einem damals stark umgehenden hitzigen Scharlachfieber. Chappellain und Castelan, die beiden Ärzte des Königs und der Königin, waren zu gleicher Zeit davon weggerafft worden, als ob das Übel erst die Schäfer entfernen wollte, um die Herde desto leichter zu erlangen. Wenige nur, die von dieser Krankheit befallen waren, kamen davon.

Die Königin Mutter, welcher die Ursache meiner Krankheit zum Teil wohl bekannt war, unterließ nichts, mir Hülfe zu schaffen; ohne die Gefahr der Ansteckung zu scheuen, blieb sie selbst immer bei mir. So sehr sie dadurch mein Übel erleichterte, so sehr ward es durch die Verstellung meines Bruders vermehrt. Nachdem er einen solchen Verrat gegen mich verübt und sich so undankbar bezeigt hatte, kam er weder Nacht noch Tag von meinem Bette fort und wartete mich so dienstfertig, als lebten wir in der größten Freundschaft. Ich konnte ihm seine Heuchelei nur durch meine Seufzer vorrücken, so wie Brutus dem Nero, der ihn hatte vergiften lassen; nur auf diese Weise konnte ich ihm zu verstehen geben, daß meine Krankheit mehr seiner übeln Behandlung als der Bösartigkeit der Luft zuzuschreiben sei. Gott erbarmte sich meiner und rettete mich aus dieser Gefahr. Nach vierzehn Tagen, als die Armee aufbrach, ward ich in einem Tragsessel fortgebracht; jedesmal beim Nachtlager fand ich den König Karl, der sich nebst allen angesehenen Hofleuten die Mühe gab, mich mit dem Sessel bis an mein Bett zu tragen.

So kam ich krank an Körper, kränker aber noch an der Seele von St. Jean d'Angely nach Angers, wo ich zu meinem Unglück den Herzog von Guise und seine Oheime fand. Mein Bruder von Anjou war ebensosehr über ihre Gegenwart, die seine List beschönigte, erfreut, als ich in Angst war, meine Leiden vergrößert zu sehen. Er fing auch sogleich an, seinen Plan auszuspinnen; täglich kam er zu mir und brachte den Herzog von Guise mit, den er sehr zu lieben vorgab. Oft umarmte er ihn dann und sagte, damit der Herzog diesen Gedanken auffassen sollte: «Wollte Gott, du wärst mein Bruder!» Der Herzog von Guise schien ihn nicht zu verstehen, aber ich verstand diese Bosheit sehr wohl und verlor fast ganz die Geduld darüber, sie ihm nicht vorrücken zu dürfen. Zu eben der Zeit sprach man von einer Vermählung mit mir und dem Könige von Portugal, der durch Gesandte um mich anhalten ließ. Ich schmückte mich auf Befehl der Königin Mutter, um diese Gesandte zu empfangen; mein Bruder hatte ihr aber glauben gemacht, ich wollte diese Vermählung nicht, und sie sprach noch denselben Abend mit mir darüber, in der Absicht, irgend einen Grund zum

Zank in meinen Antworten zu finden. Ich sagte ihr aber: Mein Wille hatte immer von dem ihrigen abgehangen, und alles, was ihr gefalle, sei ich bereit zu tun. Darauf sagte sie in einem zornigen Ton, auf den sie sehr wohl vorbereitet war: Ich sagte ihr nicht die Wahrheit, sie wüßte es bestimmt, daß der Kardinal von Lothringen mich beredet habe, seinen Neffen zu heiraten. Darauf bat ich sie, die Heirat mit dem Könige von Portugal sogleich zu schließen, damit sie von meinem Gehorsam überzeugt würde[22].

Jeden Tag sagte man ihr etwas Neues, um sie gegen mich aufzubringen und um mich zu quälen, lauter Erfindungen aus von Guast seiner Fabrik, so daß ich nie Ruhe haben durfte. Von einer Seite verhinderte der König von Spanien meine Heirat mit dem Könige von Portugal, von der andern diente der Herzog von Guise zum Vorwand, mich beständig zu verfolgen, obgleich weder er noch seine Anverwandte mit mir redeten und er schon seit einem Jahre eine Verbindung mit der Prinzessin von Porcian suchte. Da diese Heirat aber immer wieder aufgeschoben wurde, so beschuldigte man ihn unaufhörlich, daß er nach mir trachte. Endlich fiel mir ein, mich an meine Schwester, die Herzogin von Lothringen, die alles in dem Hause vermochte, zu wenden. Ich schrieb ihr und bat sie, es dahin zu bringen, daß der Herzog von Guise den Hof verlasse und sich eilig mit seiner Geliebten, der Prinzessin von Porcian, vermähle;

dabei stellte ich ihr vor, wie man diese Erfindung mit mir zu meinem Verderb und zum Verderb des Herzogs von Guise und seines ganzen Hauses geschmiedet habe. Meine Schwester sah dies auch sehr wohl ein; sie kam sogleich an den Hof, beschleunigte jene Vermählung und befreite mich dadurch von diesen Verleumdungen. Meine Feinde mußten schweigen, und ich fand endlich Ruhe[23].

Der König von Spanien[24] unterdessen, gegen dessen Absicht es ist, wenn die Seinigen eine Verbindung außer seinem Hause suchen, brachte es dahin, daß die Unterhandlungen mit dem Könige von Portugal abgebrochen wurden, und es ward nicht weiter davon geredet[25]. Nach einigen Tagen sprach man von der Heirat mit mir und dem Prinzen von Navarra, der jetzt unser tapfrer, großer König ist[26]. Die Königin Mutter sprach bei der Tafel zuerst mit Herrn von Méru davon, denn die Montmorencys hatten zuerst davon geredet. Nach der Tafel sagte er mir, die Königin Mutter habe es ihm aufgetragen, mit mir davon zu sprechen. Ich erwiderte darauf: Es sei ganz überflüssig, mit mir zu reden, ich hätte keinen andern Willen als den ihrigen; doch flehte ich sie an, zu bedenken, daß ich eine gute Katholikin sei und daß es mich schmerzen würde, einen Gemahl zu haben, der sich zu einem andern Glauben bekennte.

Die Königin Mutter ließ mich zu sich in ihr Kabinett kommen. Hier sagte sie mir: Die Herren von

Montmorency hätten ihr diese Verbindung angetragen, sie wollte nun meine Meinung darüber hören. Darauf gab ich dieselben Worte zur Antwort: Ich hätte keinen Willen als den ihrigen, nur möchte sie erwägen, daß ich eine Katholikin sei. Das Gerede davon ward immer stärker; dann kam die Königin von Navarra, seine Mutter, an den Hof, und die Verbindung ward noch vor ihrem Tode beschlossen[27]. Einige Monate nachher kam der Prinz von Navarra, von da an König von Navarra genannt. Er war in Trauer um seine Mutter, und achthundert Edelleute, die ihm folgten, gleichfalls in Trauerkleidern[28]. Er ward vom Könige und dem ganzen Hof sehr ehrenvoll empfangen, und unsre Vermählung ward nach wenigen Tagen mit solchem Pomp und solcher Festlichkeit vollzogen, als vorher noch bei keiner meines Ranges. Der König von Navarra und sein Gefolge hatten die Trauer- gegen sehr reiche und kostbare Kleider vertauscht; der ganze Hof war in kostbarem Schmuck, wie Sie wohl wissen und wie Sie es am besten beschreiben können[29]. Ich trug die königliche Krone, den großen blauen Mantel, dessen Schleppe drei Prinzessinnen nachtrugen, und den kleinen Hermelin-Mantel. Der ganze Kronschmuck umstrahlte mich. Es waren, wie es bei den Vermählungen der Töchter der Könige von Frankreich gebräuchlich ist, Gerüste errichtet und mit Goldstoff behangen, von dem bischöflichen Palaste an bis zur Kirche Notre-

Dame. Unten erdrückte sich das Volk, um den Zug des Brautpaars und des ganzen Hofs über diese Gerüste zu sehen. An der Kirche empfing uns der Kardinal von Bourbon und sagte die dabei üblichen Worte. Dann gingen wir bis zur Tribüne, welche das Schiff vom Chor absondert. Hier waren zwei Stufen, die eine führte zum Chor, die andre durch das Schiff hinaus, über die der König von Navarra aus der Kirche ging[30].

Das Schicksal gönnt den Sterblichen kein dauerndes Glück. Diese festlichen Freuden wurden in Leiden und Schrecken verkehrt, durch die Verwundung des Admirals[31], wodurch die Partei der neuen Religion aufs äußerste beleidigt und ganz zur Verzweiflung gebracht wurde[32]. Der ältere Pardaillan und einige andre Anführer der Hugenotten redeten in einem Tone mit der Königin Mutter, der ihr üble Absichten befürchten ließ. Es ward nach dem Rat des Herzogs von Guise und meines Bruders, des Königs von Polen, nachmaligen Königs von Frankreich, der Beschluß gefaßt, ihnen zuvorzukommen. Diesem pflichtete aber König Karl keineswegs bei; er schätzte die Herren Rochefoucauld, Téligny, La Noue und einige andre Häupter der neuen Religion, die er in Flandern zu nutzen dachte. Ich habe ihn selber sagen hören, daß sie Mühe gehabt hatten, seine Einwilligung zu erlangen, und er würde sie nie gegeben haben, wenn man ihm nicht hätte zu verstehen gege-

ben, daß es die Sorge für den Staat und für sein Leben
so erfordere. Da er Maureverts Angriff auf den Admiral erfuhr (wie er nämlich aus dem Fenster nach
ihm geschossen, in der Absicht ihn zu töten; er ward
aber nur in der Schulter verwundet), war er überzeugt, Maurevert habe diesen Streich auf Anstiften
des Herzogs von Guise ausgeführt, der sich an dem
Admiral rächen wollte, weil dieser auf eben diese
Weise den Vater des Herzogs von Guise durch Poltrot hatte ermorden lassen; und er, der König Karl,
geriet deshalb in eine solche Wut gegen den Herzog
von Guise, daß er darauf schwur, er solle es entgelten. Der König würde ihn gewiß haben in Verhaft
bringen lassen, hätte er sich nicht den ganzen Tag
über verborgen gehalten. Niemals war es der Königin
Mutter so schwer geworden, dem Könige begreiflich zu machen, daß es zum Wohl des Staates geschehen wäre, wegen der schon erwähnten Neigung, die
er zu dem Admiral, zu La Noue und zu Téligny trug;
er schätzte ihren Geist und ihre Tapferkeit; er, als ein
so mut- und geistvoller Fürst, schätzte nur die Personen, bei denen er dieselben Eigenschaften wahr-
nahm. Obgleich sie dem Staate sehr schädlich waren,
so wußten diese Füchse sich so gut zu verstellen, daß
sie ganz das Herz des vortrefflichen Fürsten gewan-
nen, indem sie ihn hoffen ließen, dem Staate zu seiner
Vergrößerung nützlich zu werden, indem sie ihm
gute ruhmwürdige Unternehmungen auf Flandern

vorschlugen, die fähig waren, diese große königliche
Seele zu reizen. Wie ihm auch die Königin Mutter
vorstellen mochte, daß der Mord, den der Admiral
an des Herzogs Vater hatte verüben lassen, den Sohn
entschuldige, wenn er selbst Rache suche, wo er
keine Gerechtigkeit erlangen könnte[33]. Auch daß der
Mord des Admirals an Charry, Feldzeugmeister der
Leibgarde des Königs, einem so tapfern Manne, der
dem König Karl so treulich während seiner Minderjährigkeit gedient, eine solche Strafe wohl verdiene[34]. Diese Worte mußten den König Karl überzeugen, daß die Königin Mutter Charrys Tod nicht
vergessen hatte; dennoch war er vom Schmerz wegen des Verlustes der Personen, die ihm einst, wie er
glaubte, nützlich sein konnten, so ganz hingerissen
und so ganz betäubt, daß er gar nicht daran dachte,
seine leidenschaftliche Begierde, ihnen Recht widerfahren zu lassen, zu mäßigen oder zu ändern; unaufhörlich befahl er, den Herzog von Guise aufzusuchen
und in Verhaft zu nehmen; er wollte durchaus diese
Tat nicht unbestraft lassen.

Da endlich Pardaillan durch seine Drohungen bei
der Abendtafel der Königin Mutter die übeln Gesin-
nungen der Hugenotten verriet und sie einsah, wie
die Dinge durch diese Begebenheit so weit gediehen
waren, daß die Hugenotten den König und sie selbst
angreifen würden, wenn sie ihnen nicht noch in derselben Nacht zuvorkäme, so entschloß sie sich, dem

Könige die Gefahr, in welcher er sich befände, und die wahren Umstände der ganzen Sache bekannt machen zu lassen, und zwar durch den Marschall von Retz, denn sie wußte, daß der König es von diesem, als seinem Vertrautesten und Begünstigtsten, am besten aufnehmen würde. Der Marschall ging noch denselben Abend um neun oder zehn Uhr zu dem König in sein Kabinett, wo er ihm sagte: Er könne als sein treuer Diener ihm die Gefahr nicht verhehlen, wenn er in seinem Vorsatz beharren sollte, den Herzog von Guise zur Rechenschaft zu ziehen; er müsse endlich wissen, daß der Herzog von Guise nicht allein an dem Angriff des Admirals Schuld sei, sondern daß auch der König von Polen, der nachmals König von Frankreich ward, und die Königin Mutter mit von der Partie wären. Der große Schmerz der Königin Mutter bei Charrys Ermordung wäre ihm bekannt; mit großem Rechte fühle sie sich gekränkt, weil sie zu derselben Zeit wenige Diener habe, die nur von ihr abhingen; denn wie der König wohl wisse, wäre während seiner Minderjährigkeit ganz Frankreich in Parteien geteilt gewesen, die Katholiken für den Herzog von Guise und die Hugenotten für den Prinzen Condé; beide trachteten darnach, ihm die Krone zu rauben, deren Erhaltung er nächst Gott allein der Wachsamkeit und der Klugheit der Königin Mutter verdanke, und in dieser Bedrängnis hätte niemand als Charry ihr treulich beigestanden;

damals hätte sie, wie der König wohl wisse, geschworen, seine Ermordung zu rächen. Auch sähe
sie ein, daß der Admiral dem Staate äußerst verderblich sei, daß er keinen andern Vorsatz habe, als
Frankreich in Verwirrung zu stürzen, und das unter
dem Schein, dem Könige in Flandern zu dienen. Ihr
Vorsatz sei gewesen, den Admiral, diese Pest des Königreichs, allein hinwegzuräumen; zum Unglück
habe Maurevert sein Ziel verfehlt, und die Hugenotten wären so in Verzweiflung geraten, daß sie nicht
allein sich an dem Herzog von Guise, sondern auch
an der Königin Mutter und an seinem Bruder, dem
Könige von Polen, rächen wollten; und da sie sogar
wähnen, er, der König habe Anteil daran, haben sie
beschlossen, noch in derselben Nacht die Waffen zu
ergreifen, so daß Se. Majestät sich in großer Gefahr
befänden, sowohl von seiten der Hugenotten als der
Katholiken um des Herzogs von Guise willen.

Der König Karl, mein Bruder, der stets sehr vernünftig und der Königin Mutter gehorsam war, der
als ein aufrichtig katholischer Fürst wohl einsah,
worauf es ankam, faßte den Entschluß, sich mit der
Königin Mutter zu vereinigen, sich ihrem Willen zu
fügen und seine Person von den Katholiken gegen
die Hugenotten beschützen zu lassen, obgleich unter
unaufhörlichem Bedauern, Téligny, La Noue und
Herrn von la Rochefoucauld nicht retten zu können.
Er begab sich zur Königin Mutter, ließ den Herzog

von Guise und die andern katholischen Fürsten und
Anführer kommen und beschloß mit ihnen, noch in
derselben Nacht das Blutbad der St. Barthélemy zu
veranstalten[35]. Sogleich ward auch Hand an das
Werk gelegt, die Straßen gesperrt, Sturm geläutet,
und jeder eilte nach der gegebnen Ordre nach dem
ihm angewiesenen Quartier, zum Admiral und zu
den andern Hugenotten. Der Herzog von Guise
stand bei der Wohnung des Admirals; Besme, ein
deutscher Edelmann, ging zu ihm hinauf, erstach ihn
und warf den Leichnam seinem Herrn, dem Herzog
von Guise, aus dem Fenster zu[36]. Mir hatte man
nichts von allem dem gesagt; ich sah alles in großer
Bewegung; die Hugenotten in Verzweiflung wegen
der Verwundung des Admirals; die Herren von
Guise sich ängstlich in den Ohren zischelnd und in
Besorgnis, daß man sie zur Rechenschaft fordern
würde. Die Hugenotten hielten mich als eine Katholikin für verdächtig, und die Katholiken, weil ich
einen Hugenotten geheiratet hatte, so daß keiner mir
etwas sagte, bis auf den Abend, da ich beim Zubettgehen der Königin Mutter neben meiner Schwester,
der Herzogin von Lothringen, saß, die sehr niedergeschlagen war, die Königin Mutter, nachdem sie mit
jemand leise gesprochen hatte, mich erblickte und
mir befahl, mich zu Bette zu legen. Da ich mich nun
verneigte und weggehen wollte, ergriff meine
Schwester mich am Arm und rief, indem sie sehr

weinte: «Mein Gott, Schwester, geh nicht hin!» worüber ich heftig erschrak. Die Königin Mutter merkte es, rief meine Schwester zu sich und verbot ihr sehr zornig, mir etwas davon zu sagen. Meine Schwester stellte ihr vor: man möchte mich doch nicht so als Opfer hinschicken; sie würden sich, wenn sie etwas entdecken sollten, gewiß an mir rächen. Darauf antwortete ihr die Königin Mutter: «Wenn es Gottes Wille ist, wird ihr nichts Übels geschehen.» Wie es aber auch sei, müßte ich doch gehen, um ihnen keinen Verdacht zu geben.

Ich sah, daß sie miteinander stritten, konnte aber kein Wort verstehen. Darauf befahl sie mir noch einmal sehr hart, zu Bette zu gehen. Meine Schwester, die in Tränen schwamm, wünschte mir gute Nacht, ohne mir weiter etwas sagen zu dürfen, und ich ging vor Furcht bebend, ohne zu wissen, was ich zu fürchten hätte. So bald ich in meinem Kabinett war, betete ich zu Gott, daß er mich in seinen Schutz zu nehmen würdig halten möchte und daß er mich beschütze; ich wußte aber weder gegen was, noch gegen wen. Darauf befahl mir der König, mein Gemahl, daß ich mich zu Bette legen sollte. Ich gehorchte, fand aber sein Bett umringt von dreißig bis vierzig Hugenotten, die ich noch nicht kannte, weil ich erst so kurze Zeit vermählt war [37]. Die ganze Nacht durch redeten sie zu mir vom Admiral; sie faßten den Entschluß, mit Anbruch des Tages zum Könige zu gehen, um

Genugtuung zu fordern, und im Falle daß man ihnen
solche nicht gebe, sie sich selber zu verschaffen. Mir
lagen noch immer die Tränen meiner Schwester am
Herzen, und ich konnte vor Furcht nicht einschlafen,
ohne doch zu wissen worüber. So verging die Nacht,
keiner tat die Augen zu. Mit Tagesanbruch sagte der
König, mein Gemahl, er wolle Ball spielen, bis der
König Karl aufwache, dann wollte er sogleich zu ihm
und Genugtuung fordern. Darauf verließ er mein
Gemach, und seine Edelleute folgten ihm. Da ich
sah, daß der Tag angebrochen war, meinte ich, die
Gefahr, von welcher meine Schwester gesprochen,
sei vorüber; der Schlaf überwältigte mich, ich befahl
daher meiner Amme, die Türe zu verschließen, damit ich ruhig schlafen könnte[38]. Nach einer Stunde,
nachdem ich fest eingeschlafen war, pochte jemand
mit Händen und Füßen an die Tür und rief: «Navarra, Navarra!» Meine Amme meinte, es sei der
König, mein Gemahl, und lief schnell hinzu, ihm die
Türe zu öffnen. Es war ein Edelmann, namens
Léran, der von einem Degenstoß über den Ellbogen
und von einer Hellebarde in den Arm verwundet
war; er drängte sich mit vier Häschern, die ihn ver-
folgten, in mein Zimmer und warf sich auf mein
Bett, um sich zu retten. Da ich alle diese Menschen
sah, die sich über mich herwarfen, flüchtete ich in
den Gang hinter meinem Bette, er aber mir nach, indem er sich fest an mich klammerte. Ich kannte den

Mann gar nicht und wußte nicht, ob er in der Absicht gekommen war, mir Leides zu tun, oder ob die Häscher ihm oder mir etwas tun wollten. Wir schrieen beide und waren einer so erschrocken als der andre. Gott gab es, daß Herr von Nançai, Hauptmann von der Garde, dazu kommen mußte; er konnte sich des Lachens nicht erwehren, als er mich in diesem Zustand erblickte, obgleich er mich bedauern mußte; er schimpfte auf die Häscher wegen ihrer Unschicklichkeit, jagte sie hinaus und überließ mir das Leben des armen Menschen, der mich immer noch festhielt. Ich ließ ihn in mein Kabinett bringen und seine Wunden verbinden; hier blieb er bis zu seiner völligen Heilung. Während ich ein anderes Hemd anzog, weil er mich ganz blutig gemacht hatte, erzählte mir Herr von Nançai, was eben vorging, und versicherte mir, der König, mein Gemahl, wäre in dem Zimmer des Königs, wo ihm nichts Leides geschähe. Darauf ließ er mich einen Schlafrock überwerfen und führte mich in das Zimmer meiner Schwester, der Herzogin von Lothringen. Mehr tot als lebend kam ich dorthin; indem ich in den Vorsaal trat, dessen Türen ganz offen standen, ward ein Edelmann, namens Bourse, der sich vor den Häschern retten wollte, nur drei Schritte von mir, von einer Hellebarde durchstoßen. Ich fiel ohnmächtig hin. Herr von Nançai hielt mich in seinen Armen; es war mir, als träfe der Stoß uns beide. Nachdem ich mich ein wenig erholt hatte, ging ich in das kleine Schlafzimmer meiner Schwester. Kaum war ich da, als Miossans, der erste Edelmann des Königs, meines Gemahls, und Armagnac, sein erster Kammerdiener, mich daselbst aufsuchten, um mich zu bitten, daß ich ihnen das Leben retten möchte. Ich ging sogleich hin und warf mich zu den Füßen des Königs und der Königin Mutter, sie darum zu bitten; sie gestanden es mir auch zu[39]. Nach fünf oder sechs Tagen sahen es die Urheber dieser Tat ein, daß sie ihrer hauptsächlichen Absicht eigentlich zuwider gehandelt, weil sie es nicht so gegen die Hugenotten hatten, als vielmehr gegen die Prinzen von Geblüt; man war also mißvergnügt darüber, daß der König, mein Gemahl, und der Prinz Condé verschont geblieben waren[40]. Da man nun einsah, daß niemand Hand an ihn legen würde, solange ich seine Gemahlin bliebe, so spannen sie einen andern Faden. Sie beredeten die Königin Mutter, meine Ehe müsse getrennt werden. In dieser Absicht rief sie mich am Morgen eines Festtages zu sich, als wir eben zur Beichte gehen wollten, und beschwor mich, ihr die Wahrheit zu sagen, ob der König, mein Gemahl, nicht unvermögend sei? Dann, sagte sie, wenn er das ist, so wäre es ein Mittel, die Ehe aufheben zu lassen. Darauf bat ich inständigst, zu glauben, daß ich mich gar nicht auf diese Frage verstände (auch konnte ich in Wahrheit damals wie jene Römerin sagen, die ihrem Manne, als er ihr vorwarf, sie

habe es ihm nie gesagt, daß er einen übelriechenden
Atem habe, antwortete: sie hätte geglaubt, alle Männer hätten einen solchen Atem, weil sie vorher nie
einem andern Manne nahe gekommen wäre); wie
dem aber auch sein möge, so wollte ich doch in dem
Stande bleiben, in den sie selbst mich gesetzt. Ich argwohnte es gleich, daß man mich nur deshalb von ihm
scheiden wollte, um ihm einen bösen Streich zu spielen[41].

Bald darauf begleiteten wir den König von Polen
bis nach Beaumont[42]. Ehe er Frankreich verließ, ließ
er kein Mittel unversucht, mich seine Undankbarkeit
vergessen zu machen und wieder mit mir auf den
freundschaftlichen Fuß zu kommen, auf welchem
wir sonst gewesen waren; er verlangte sogar, eh er
von mir Abschied nahm, ich sollte ihm Freundschaft
zuschwören[43].

Seine Entfernung und die Krankheit des Königs
Karl, welche beinahe zu eben der Zeit erfolgte,
weckte wieder den Geist der beiden Parteien im Kö-
nigreiche und die verschiedenen Projekte im Staate.
Die Hugenotten hatten nach dem Tode des Admirals
den König, meinen Gemahl, und meinen Bruder,
den Herzog von Alençon, beredet (den sie vor der St.
Barthélemy durch die Hoffnung gewonnen hatten,
ihn in Flandern zu etablieren), eine Schrift zu unter-
schreiben, durch welche sie sich verpflichteten, den
Admiral zu rächen und sich, sobald der König und

die Königin Mutter wieder nach Frankreich kommen würden, durch die Champagne davon zu machen, wo sie alsdenn Truppen zu ihrem Empfange
in Bereitschaft finden sollten. Herr von Miossans,
ein katholischer Edelmann, erfuhr diese Unternehmung, die dem Könige seinem Herrn nachteilig war;
er teilte sie mir mit, um diese Sache zu hintertreiben,
die sowohl ihnen als dem Staate so schädlich hätte
werden können. Ich ging sogleich zum Könige und
zur Königin Mutter und sagte ihnen, daß ich ihnen
etwas sehr Wichtiges mitzuteilen hätte, ich würde es
aber nur unter der Bedingung entdecken, daß sie mir
das Versprechen gäben, denjenigen, die ich nennen
würde, nicht zu schaden, sondern Mittel anwenden
müßten, der Sache abzuhelfen, ohne sich weiter
etwas merken zu lassen. Ich entdeckte ihnen hierauf,
daß mein Gemahl und mein Bruder morgen zu den
Hugenotten entfliehen wollten, von denen sie mit
Truppen erwartet würden, um der Verbindung willen, welche sie wegen des Admirals eingegangen; ich
bat sie, ihren Kindern zu verzeihen, weil sie wegen
jener Verbindung sehr zu entschuldigen wären, und
ihnen irgend ein Hindernis in den Weg zu legen,
ohne sich aber weiter etwas merken zu lassen. Die
Sache ward so vorsichtig geführt, daß sie durchaus
nicht entwischen konnten, und doch wurden sie
nicht gewahr, woher ihnen die Verhindrung kam.
Wir kamen nach St. Germain, wo wir uns wegen der

Krankheit des Königs sehr lange aufhielten. Während-
demm suchte mein Bruder, der Herzog von Alençon, sich mir angenehm zu machen, und bemühte
sich sehr um meine Freundschaft, so wie ich sie für
meinen Bruder, den König Karl, immer hatte; denn
bis dahin hatten wir uns nur wenig gesehen, und wir
waren gar nicht sehr vertraut, weil er selten bei Hofe
und beständig entfernt war gehalten worden. Durch
seine Unterwürfigkeit, Anhänglichkeit und zärtliche
Zuneigung ward ich auch bewogen, ihn zu lieben,
und entschlossen, mich seiner Angelegenheiten anzunehmen. Doch immer nur unter der einzigen Bedingung, daß es nie etwas meiner Pflicht gegen meinen Bruder, den König Karl, sein dürfte, den ich
über alles ehrte. Das Wohlwollen des Herzogs von
Alençon gegen mich ward nie unterbrochen und
dauerte bis an seinen Tod.

Da nun die Krankheit des Königs Karl immer zu-
nahm, hörten die Hugenotten nicht auf, etwas Neues
hervorzusuchen, um den König, meinen Gemahl,
und meinen Bruder, den Herzog von Alençon, vom
Hofe zu entfernen; und diesesmal erfuhr ich es nicht
so wie das erstemal. Gott aber gab es zu, daß die Königin Mutter selber das Feuer entdeckte, als es eben
ausbrechen wollte, indem die Truppen der Hugenotten an demselben Tage in St. Germain eintreffen sollten. Wir mußten um zwei Uhr nach Mitternacht auf-
brechen und den König Karl in eine Sänfte schaffen,

um eiligst nach Paris zu gehen. Die Königin Mutter
nahm meinen Bruder und den König, meinen Gemahl, zu sich in ihren Wagen und behandelte sie nicht
so sanft als das erstemal, denn sie wurden nach Vincennes gebracht, wo sie nicht fortkonnten. Das Übel
ward auch immer ärger dadurch, daß der König unaufhörlich Berichte erhielt, die seinen Argwohn und
Unmut vergrößerten; worin ihn, wie ich glaube,
auch die List derjenigen, die den Ruin unsers Hauses
wünschten, sehr zu bestärkten suchte. Dieser Argwohn ging so weit, daß die Marschälle von Montmorency und von Cossé nach Vincennes ins Gefängnis
gebracht wurden, La Molle und der Graf Coconnas
aber es mit ihrem Leben bezahlen mußten[44]. Es ging
so weit, daß man eine Kommission vom Parlaments-
hof sandte, um meinen Bruder und den König, meinen Gemahl, zu verhören. Dieser hatte niemand um
sich, der ihm hätte raten können; er gab mir also Befehl, schriftlich aufzusetzen, was er zu antworten
habe, um weder sich noch andere in Schaden oder in
Verlegenheit zu bringen. Mit Gottes Hilfe brachte
ich diese Schrift auch so gut zu Stande, daß er völlig
damit zufrieden und die Herren von der Kommission
sehr verwundert waren, ihn in so guter Fassung zu
sehen[45]. Da ich nun sah, daß durch den Tod des La
Molle und des Grafen Coconnas die Beschuldigungen
gegen sie so gehäuft wurden, daß man für ihr Leben
zu fürchten hatte, entschloß ich mich (ungeachtet

daß ich mich so gut bei dem Könige stand und er mich über alles liebte), dennoch mein ganzes Glück aufs Spiel zu setzen, um ihnen das Leben zu retten. Ich bedachte, wie ich immer mit meiner Kutsche ein- und ausführe, ohne daß die Wachen hinein sahen noch meinen Frauen ihre Masken abnehmen ließen, ich wollte also einem von den beiden Frauenkleider anziehen und ihn in meinem Wagen mit hinaus nehmen; beide konnten nicht mitgehen, sie wurden zu genau bewacht, auch war es hinlänglich, daß einer nur frei war, um dem andern das Leben zu sichern. Aber sie konnten sich nicht darüber vereinigen, welcher von ihnen zurückbleiben sollte, jeder wollte lieber mit hinausgehen, und darum konnte aus der ganzen Sache nichts werden. Gott wendete ein Mittel an, sie zu befreien, das sehr zu meinem Unglück gereichte; denn er nahm mir den König Karl[46], die Stütze und die Sicherheit meines Lebens; ein Bruder, von dem ich nie anderes als Gutes genossen, der mich bei den Verfolgungen meines Bruders von Anjou zu Angers immer warnte, mir riet und half. Kurz, in ihm verlor ich das Größte, was ich zu verlieren hatte[47]. Nach diesem für Frankreich sowohl als für mich traurigen Fall gingen wir dem Könige von Polen nach Lyon entgegen[48]. Er war immer noch von dem von Guast eingenommen, und so hatten dieselben Ursachen immer noch dieselben Wirkungen. Er hatte diesen verderblichen Geist in Frankreich zu-

rückgelassen [49], um seine Partei zu erhalten, weil er auf
meinen Bruder von Alençon eifersüchtig war, dessen
Einigkeit mit dem Könige, meinem Gemahl, ihm
Verdacht einflößte; da er nun mich als das Band und
das Mittel ansah, das ihre Freundschaft erhielt, so hielt
er es für das sicherste Mittel, sie zu veruneinigen,
wenn man einerseits suchte Mißhelligkeit zwischen
mich und den König, meinen Gemahl, zu bringen und
hernach es dahin zu bringen, daß Frau von Sauve, der
sie beide aufwarteten, sie einer auf den andern eifersüchtig mache. Dieser abscheuliche Anschlag, die
Quelle und der Ursprung so vieles Verdrusses, so
vieler Widerwärtigkeiten und Übel, welche ich und
mein Bruder seitdem erlitten haben, ward mit eben
so großem Eifer und so vieler List ausgeführt, als er
verderblich ausgedacht war.

Viele halten dafür, daß Gott die Großen in besondern Schutz nehme und daß er den Seelen in welchen
er irgend eine nicht gewöhnliche Vortrefflichkeit
hervorleuchten macht, durch gute Geister insgeheim
die guten oder bösen Begebenheiten, welche ihnen
zugedacht sind, verkündigen lasse; so wie man bei
der Königin Mutter, die wohl hiezu gerechnet werden darf, bei verschiedenen Gelegenheiten bemerken
konnte. So hat sie die Nacht vor jenem unglücklichen Turniere geträumt, daß der König, mein Vater, ins Auge verwundet würde, wie auch wirklich
geschehen; da sie erwachte, bat sie ihn zu wiederhol-

ten Malen, an diesem Tage nicht zu turnieren und sich bloß mit Zusehen zu vergnügen. Aber das unausweichbare Schicksal gönnte dem Reiche nicht so viel Gutes, daß der König diesem Rate gefolgt hätte. Nie verlor sie eins ihrer Kinder, ohne daß sie nicht eine große Flamme erblickte, wobei sie denn immer gleich ausrief: «Gott behüte meine Kinder!» Aber den Augenblick darauf hörte sie dann immer die betrübende Nachricht, die ihr durch die Flamme schon war angezeigt worden. Zu Metz war sie an der Pest schwer krank, welche sie in den Nonnenklöstern aufraffte, deren es eine große Anzahl in dieser Stadt gab, welche davon angesteckt waren und die sie besuchte; sie ward aber auf eine wunderbare Weise für den Staat erhalten, der ihrer noch so sehr bedurfte, durch die Sorge ihres Arztes, des Herrn Castelan, der damals als ein neuer Äskulap einen ausgezeichneten Beweis seiner vortrefflichen Kunst ablegte. Da sie nun im Fieber phantasierte und der König Karl, mein Bruder, meine Schwester und mein Bruder von Lothringen, viele Herren vom Staatsrat, Prinzessinnen und viele Damen um ihr Bette standen, ihr beistanden und sie wie ohne Hoffnung nicht einen Augenblick verlassen wollten, rief sie aus ihren Fieberträumen, als ob sie die Schlacht bei Jarnac vor sich sähe: «Seht, sie fliehen, mein Sohn siegt! – O mein Gott! hebt meinen Sohn auf, er liegt auf der Erde! Seht ihr nicht den Prinzen von Condé dort an der Hecke tot

liegen?» Alle Anwesenden glaubten, es sei eine Fie-
berphantasie, da sie nichts im Kopfe hatte, als meinen
Bruder, der, wie sie wußte, eben eine Schlacht liefern
mußte. Aber in der darauffolgenden Nacht, als Herr
von Losse ihr diese Nachricht eiligst als sehr uner-
wartet brachte und sich mit seiner Eil ein großes Verdienst erworben zu haben glaubte, sagte sie ihm: «Ihr
seid sehr überlästig, mich darum aus dem Schlafe zu
wecken; ich wußte es schon. Habe ich es nicht vorge-
stern gesehen?»

Da erkannte man es denn, daß es kein Fiebertraum
gewesen, sondern ein besonderes Zeichen, das Gott
den seltnen berühmten Personen sendet. Die Geschichte liefert uns so manches Beispiel davon bei
den alten Heiden; so wie das Gespenst, das Brutus
gesehen und viele andre, die ich nicht anführen will,
da es meine Absicht nicht ist, diese Memoiren auszu-
schmücken, sondern wahr zu erzählen und schnell zu
endigen, damit Sie sie desto früher erhalten. Solcher
göttlichen Eingebung kann ich mich nicht wert achten, um aber nicht undankbar die große Gnade zu
verschweigen, die Gott mir erzeigt, welche ich mein
Leben lang bekennen will und soll, um ihm dafür zu
danken; und damit ein jeder die Wunder seiner Allmacht und Güte und die Barmherzigkeit, welche er
mir erzeigt, preise; so will ich gestehen, daß ich niemals mich einer merkwürdigen Begebenheit nähere,
sie sei nun traurig oder fröhlich, ohne daß ich nicht

vorher im Traume oder sonst auf irgendeine Weise davon benachrichtigt würde; und ich kann wohl den Vers sagen: «Mein Unglück und mein Glück weissagt mir selbst mein Geist.»

Diese Erfahrung machte ich wieder bei der Ankunft des Königs von Polen, da die Königin Mutter ihm entgegen gegangen war. Während sie sich umarmten und sich gegenseitig bewillkommten, überfiel mich, obgleich man im Gedränge vor Hitze fast erstickte, ein solcher Schauder, daß der, welcher mich führte, es bemerkte. Ich hatte viel Mühe, es zu verbergen, als der König, nachdem er die Königin Mutter verlassen, zu mir kam und mich begrüßte. Diese Vorbedeutung ging mir tief ans Herz. Es vergingen jedoch noch einige Tage, eh der König den Haß und den übeln Willen merken ließ, den der arglistige Guast in ihm gegen mich durch den Bericht erregt hatte, daß ich seit dem Tod des Königs und während seiner Abwesenheit die Partei des Herzogs von Alençon genommen und ihm die Zuneigung des Königs, meines Gemahls, zugewendet habe. Da sie nun immer eine Gelegenheit zu erschleichen suchten, um nach der genommenen Abrede den Herzog von Alençon und den König, meinen Gemahl, zu vereinigen, indem sie erst mich mit meinem Gemahl entzweiten und hernach sie wieder unter einander auf Frau von Sauve eifersüchtig zu machen, so paßten sie es einmal ab, da die Königin Mutter einen Nachmit-

tag wegen eines wichtigen Geschäftes in ihrem Kabinett war und Ihre Cousinen, Frau von Nevers und
von Retz, die Fräulein von Bourdeille und von Sur-
gères mich baten, mit ihnen in der Stadt herumzufahren; worauf Fräulein von Montigny, die Nichte von
Fräulein von Uzès sagte, daß die Abtei St. Peter ein
sehr schönes Frauenkloster sei, und wir entschlossen
uns hinzufahren; sie bat uns, mitfahren zu dürfen,
weil sie eine Tante dort habe, die sie besuchen
möchte, und man nicht eingelassen würde, wenn
man nicht mit einer großen Dame käme. Wir nahmen sie mit, und als wir in den Wagen stiegen, der
von uns sechsen, nebst der Frau von Curton, die
mich allenthalben begleitete, ganz voll war, kamen
Liancourt, der erste Stallmeister des Königs, und Camille und hängten sich an den Schlag von Thorignys
Wagen, wo sie sich, so gut als es angehen wollte,
festhielten; da sie immer von sehr heitrer Laune waren, scherzten sie und sagten, sie wollten auch die
hübschen Nonnen sehen. Die Gegenwart der Fräulein von Montigny, welche uns allen fremd, und der
Männer, die Vertraute des Königs waren, betrachtete ich als eine Veranlassung der göttlichen Vorsehung, um mich vor der bösen Verleumdung zu
schützen, die man erdachte. Mein Wagen war an der
Vergoldung und an dem gelben, reich mit Silber
besetzten Samt, womit er ausgeschlagen war, sehr
kenntlich; da wir ausgestiegen und in das Kloster ge-

gangen waren, erwartete er uns auf dem Platze, auf welchem viele Edelleute wohnten. Während wir uns in dem Kloster aufhielten, kam der König über diesen Platz, um Quélus zu besuchen, der gerade krank war; es war niemand in seinem Gefolge als der König, mein Gemahl, von O und der dicke Ruffé. Da der König meinen Wagen auf dem Platz halten sah, wendete er sich zu dem Könige, meinem Gemahl, und sagte: «Sehet, da steht der Wagen eurer Frau, und hier wohnt Bidé (derselbe, der seitdem Ihrer Cousine aufgewartet hat), er ist krank, ich wette, sie ist bei ihm.» Er schickte den dicken Ruffé hin, der als ein Freund von Guast ein sehr taugliches Instrument zu solcher Bosheit war, um nachzusehen, ob es wahr sei. Da nun Ruffé nichts fand und er doch der Absicht des Königs durch die Wahrheit nicht entgegen handeln wollte, sagte er laut, so daß der König, mein Gemahl, es hören mußte: «Die Vögel waren drin, sind aber ausgeflogen.» Dies gab nun genug Stoff zur Unterhaltung während ihres Rückwegs. Der König, mein Gemahl, zeigte hierbei die Güte und Einsicht, die ihn nie verläßt; er verwünschte im Herzen diese Bosheit und beurteilte sehr richtig, zu welchem Zwecke man sie anwenden wollte. Der König eilte, um früher als ich zurückzukommen, damit er der Königin Mutter die Erfindung mitteilen und mir eine Beschimpfung bereiten könnte; er behielt auch Zeit genug, es auszuführen, eh ich kam, und die Königin

Mutter, halb weil sie es glaubte, halb diesem Sohne zu gefallen, den sie vergötterte, sprach heftig mich tadelnd darüber in Gegenwart ihrer Damen. Da ich nun zurückkam, ging ich mit allen, die mich begleitet hatten, auf mein Zimmer, ohne etwas von allem dem zu ahnden. Sobald der König, mein Gemahl, mich kommen sah, fing er an zu lachen und sagte: «Geht zu der Königin Mutter, ich bin gewiß, ihr kommt verdrüßlich genug zurück.» Ich fragte, warum? und was es gäbe? «Ich werde Euch gewiß nichts davon sagen», erwiderte er, «es sei Euch genug, daß ich es nicht glaube, es sind lauter Erfindungen, uns zu entzweien, um dadurch euren Bruder von mir zu entfernen.» Da ich nichts mehr von ihm erfahren konnte, ging ich zur Königin Mutter. Im Saal begegnete ich dem Herzog von Guise; er war eben nicht unzufrieden mit dem Zwist, den er in unserm Hause ausbrechen sah; er als ein vorsichtiger Mann hoffte die Trümmer aus dem Schiffbruche zu sammeln. «Ich erwartete Euch hier», sagte er, «um Euch zu benachrichtigen, daß die Königin Mutter sehr aufgebracht gegen Euch ist.» Darauf erzählte er mir die ganze Geschichte, die er durch von O erfahren hatte; dieser, als der Freund Ihrer Cousine, hatte es dem Herzog in der Absicht hinterbracht, damit er uns die Nachricht davon brächte. Darauf ging ich in das Zimmer der Königin Mutter, sie war nicht darin, aber ich fand die Herzogin von Nemours, die andern

Prinzessinnen und alle Damen darin, die mir zu-
riefen: «O Gott, gnädige Frau! die Königin Mutter ist
sehr gegen Euch aufgebracht, es ist nicht ratsam, daß
Ihr jetzt zu ihr hinein geht.» «Nein», rief ich, «hätte
ich getan, wessen der König mich bei ihr anklagte, so
würde ich ihr ausweichen; ich bin aber ganz unschuldig und muß sie sprechen, um sie darüber aufzuklä-
ren.» Drauf ging ich zu ihr in das Kabinett, das bloß
mit einer hölzernen Wand abgeteilt war, so daß man
draußen alles hören konnte, was innen gesprochen
ward. Sobald sie mich erblickte, warf sie Feuer und
Flammen und alles, was ein ungemäßigter Zorn nur
eingeben kann, gegen mich aus. Darauf versuchte ich
ihr die Wahrheit vorzustellen, wie wir zehn bis zwölf
Personen gewesen, und bat sie, sich darnach zu erkundigen und nicht etwa meinen Freundinnen zu
glauben und denen, die mir vertraut seien, sondern
die Fräulein von Montigny sollte sie fragen, die in gar
keiner Verbindung mit mir stehe, und Liancourt und
Camille, die Vertrauten des Königs. Sie hatte aber
kein Ohr für Recht oder Vernunft und wollte gar
nichts hören, es sei nun, daß sie von dieser Lüge
überzeugt war, oder jenem Sohne zu gefallen, den sie
aus Neigung, aus Pflicht, von Hoffnung oder von
Furcht verleitet, anbetete, und hörte nicht auf zu
schreien, zu zanken und zu drohen. Da ich ihr nun
sagte, sicher habe der König mir diesen Dienst geleistet, geriet sie noch heftiger in Zorn und bestand dar-

auf, daß einer ihrer Kammerdiener mich im Vorbei-
gehen dort gesehen hätte. Sie ward nur immer heftiger gereizt, da sie merkte, daß diese grobe schlechte
Hülle von mir als solche genommen ward und daß
ich mich vom Könige unendlich beleidigt hielt. Alles
das ward von den Personen im äußeren Zimmer
deutlich gehört. Da ich nun mit dem Verdruß hinaus
und auf mein Zimmer ging, rief der König, mein Gemahl, mir entgegen:

«Nun ist es nicht so, wie ich sagte? Grämt euch
aber nicht darum», fügte er hinzu, da er meine Betrübnis sah, «Liancourt und Camille werden sich
beim Zubettgehen des Königs bei ihm einfinden und
ihm das Unrecht, das euch geschehen, vorstellen; ich
bin gewiß, morgen wird die Königin Mutter sehr
mit der Aussöhnung beschäftigt sein.» «Mein König», erwiderte ich darauf, «ich habe durch diese
Verleumdung eine zu öffentliche Beschimpfung erlitten, als daß ich dem, der sie verursachte, verzeihen
könnte; und doch ist diese Beschimpfung noch ein
geringer Schaden gegen den, den sie mir zuzufügen
gedachten, indem sie, um mich ganz unglücklich zu
machen, mich mit Euch veruneinigen wollten.»
Darauf sagte er: «Gott sei Dank, es ist ihnen nicht
gelungen!» «Ja», erwiderte ich, «Gott und eurem
guten Gemüte sei es gedankt! Laßt uns aber aus diesem Übel etwas Gutes ziehen; es möge uns beiden
zur Warnung dienen, damit wir die Augen offen hal-

ten gegen die List, welche der König anwenden
wird, uns zu entzweien; denn wir können überzeugt
sein, da er einmal diese Absicht hatte, daß er es nicht
dabei bewenden lassen, sondern nicht Ruhe halten
wird, bis er die Freundschaft zwischen Euch und
meinem Bruder zerstört hat.» Mein Bruder kam
dazu, und ich ließ sie aufs neue sich unverbrüchliche
Treue schwören; welchen Schwur aber kann die
Liebe nicht vereiteln? –

Tages drauf kam ein italienischer Bankier, der
meinen Bruder bediente, zu ihm und bat ihn, den
König, meinen Gemahl, mich und andre Prinzessinnen und Damen bei ihm in seinem schönen Garten in
der Stadt zu Mittag zu essen. Da ich nun immer die
Ehrfurcht gegen die Königin Mutter beobachtet
hatte, solange ich bei ihr war, sowohl im verheirate-
ten als im unverheirateten Stande, nirgend hinzuge-
hen, ohne Urlaub von ihr zu nehmen, so ging ich
auch dieses Mal in den Saal, als sie von der Messe
zurückkam, und bat sie um Erlaubnis, zu dem Gastmahl gehen zu dürfen. Sie sagte darauf ganz laut und
öffentlich: Ich könnte hingehen, wo es mir beliebe,
es sei nicht ihre Sorge! Ihnen und allen, die meinen
stolzen Geist kannten, überlasse ich es zu beurteilen,
ob ich diese Beschimpfung fühlte! Während wir bei
dem Gastmahl waren, ging der König zur Königin
Mutter, nachdem er mit Liancourt und Camille und
mit Fräulein von Montigny geredet und den Irrtum

eingesehen hatte, worin er durch Ruffés Bosheit geraten war. Er war jetzt ebenso bemüht, diesen Irrtum wieder gut zu machen, als er vorher ihn schnell gefaßt und verbreitet hatte. Er gestand der Königin Mutter die Wahrheit und bat sie, es auf jede Weise wieder gut zu machen, damit ich ihm nicht feind bliebe; denn da er meine Einsicht kannte, fürchtete er, ich möchte mich zu einer Zeit eben so gut zu rächen wissen, als er mich zu beleidigen verstand. Als wir zurück von dem Gastmahl kamen, geschah, was der König, mein Gemahl, prophezeiht hatte. Die Königin Mutter ließ mich zu sich in ihr Kabinett neben dem Kabinett des Königs rufen, hier sagte sie: «Ich weiß jetzt die Wahrheit von allem, und du hast mir freilich nichts anders als die Wahrheit gesagt. Mein Kammerdiener hat gelogen, er ist ein schlechter Mensch, ich werde ihn fortjagen.» Da sie mir nun ansah, daß ich mich davon gar nicht betrügen ließ, war sie auf jede Weise bemüht, meine Meinung zu ändern, daß es nämlich der König sei, der mir den übeln Dienst erzeigt. Er war in seinem Kabinett und hörte, wie sie durchaus meine Meinung nicht ändern konnte und wie sie nichts bei mir ausrichtete; er trat also zu uns herein, machte mir eine Menge Entschuldigungen, wie man ihn mit dieser falschen Beschuldigung betrogen, und gab mir alle Genugtuung und jede Versicherung der Freundschaft, die ich verlangen konnte[50].

Nachdem wir einige Zeit zu Lyon zugebracht, reisten wir nach Avignon[51]. Da Guast dergleichen Verleumdungen nicht mehr ersinnen durfte und ich mich hütete, durch irgend eine meiner Handlungen eine Blöße zu geben, so daß er mich durch Eifersucht mit meinem Gemahl hätte veruneinigen oder die Freundschaft zwischen ihm und meinem Bruder hätte wankend machen können, schlug er einen andern Weg ein; nämlich er gewann Frau von Sauve, so daß sie sich völlig von ihm regieren ließ; sie folgte in allem seinen Lehren, die nicht weniger schädlich sind, als die man in der *Celestina*[52] findet. Sie brachte die Liebe meines Bruders und des Königs, meines Gemahls (die erst gemäßigt war und sanft, wie gewöhnlich bei so jungen Personen), zu einer solchen Heftigkeit, daß sie Ehrgeiz, Pflicht und jede andre Absicht vergaßen und ihnen nichts so wichtig ward, als diese Frau zu gewinnen; und endlich wurden sie so eifersüchtig auf einander, daß, obgleich Frau von Sauve auch vom Herzog von Guise, von Guast, von Souvray und von vielen andern noch gesucht ward, die alle mehr als jene von ihr geliebt wurden, sie sich doch gar nicht um alle diese bekümmerten, sondern einer fürchtete immer nur den andern. Um ihr Spiel noch besser zu führen, beredete diese Frau den König, meinen Gemahl, daß ich eifersüchtig sei und deshalb meinen Bruder bei ihr zu unterstützen suchte. Wie leicht glaubt man nicht alles, was ge-

liebte Personen sagen! Der König, mein Gemahl,
glaubt ihr, entfernt sich von mir und verbirgt sich
mehr vor mir als vor jeden andern, welches er bis
dahin nie getan; denn er hatte mir immer von seiner
Phantasie für sie aufrichtig, wie zu einer Schwester
gesprochen, weil er wohl wußte, daß ich auf keine
Weise eifersüchtig auf ihn war und daß ich nichts
wünschte als seine Zufriedenheit. Da ich nun sehen
mußte, daß, was ich am meisten gefürchtet, nun
doch eingetroffen war, daß ich nämlich sein Wohlwollen verloren, indem er nicht mehr freimütig mit
mir redete wie bisher (Mißtrauen aber und Mangel an
Freimütigkeit ist der Ursprung allen Hasses zwischen
Verwandten wie zwischen Freunden), und da ich
nun wußte, daß, wenn ich die Neigung meines Bruders zur Frau von Sauve abwenden könnte, würde
ich den Grund von Guast seiner Intrige untergraben,
wandte ich alles an, meinen Bruder von ihr abzuzie-
hen. Bei jedem andern, dessen Seele nicht so verblen-
det von Leidenschaft und nicht so in den Netzen der
List verstrickt gewesen wäre, hätte ich etwas ausrichten können; mein Bruder, der zu niemand so viel Zutrauen hatte als zu mir, konnte dies doch nie über sich
gewinnen, zu meinem Heil wie zu seinem, so mächtig waren die Reize dieser Circe und der teuflische
Geist des Guast, der sie unterstützte; anstatt meinen
Rat zu benutzen und meinen Bitten zu folgen,
brachte mein Bruder jedes meiner Worte der Frau

von Sauve wieder zu. Was kann man wohl dem geliebten Gegenstande verhehlen? Aus Wut gegen
mich diente sie dem Guast in seinen Absichten nur
um desto eifriger, und um sich an mir zu rächen,
nahm sie den König, meinen Gemahl, immer mehr
gegen mich ein, so daß er sich immer mehr von mir
entfremdete und gar nicht mehr mit mir sprach. Er
kam immer sehr spät von ihr nach Hause, und des
Morgens ganz früh mußte er sich auf ihren Befehl,
um zu verhindern, daß er mit mir spreche, beim
Lever der Königin Mutter einfinden, wo sie zugegen
sein mußte; den ganzen übrigen Tag blieb er bei ihr.
Eben so eifrig war mein Bruder um sie bemüht, und
jedem bildete sie ein, er wäre allein und besonders
von ihr geliebt; so ward der Zwist durch die Eifersucht bis zu unserm Verderben befördert.

Nach einem langen Aufenthalt zu Avignon und
einer Reise durch die Champagne und Bourgogne
begaben wir uns nach Reims zur Vermählung des
Königs[53] und von da nach Paris, währenddem es immer bei dem alten blieb. In Paris kam mein Bruder
näher mit Bussy[54] zusammen und achtete ihn so
hoch, als seine Tapferkeit es wert war. Mein Bruder
und ich waren immer zusammen, und er hatte allen
den Seinigen befohlen, mich nicht weniger als ihn zu
ehren und mir zu gehorchen; sie gehorchten mit
Freuden und waren mir ebenso als ihm zugetan; da
nun Bussy viel um meinen Bruder war, so war er

auch natürlich viel bei mir. Ihre Tante sagte mir darüber, die schöne Einigkeit zwischen meinem Bruder
und mir erinnerte sie an die Zeit des Herzogs von
Orléans, meines Oheims, und der Herzogin von Savoyen, meiner Tante; Guast der Pilz gab ihr aber eine
sehr verkehrte Auslegung und benutzte es als ein
schönes Mittel zu seinem Zweck. Durch Frau von
Sauve hatte er sich in der Gunst des Königs, meines
Gemahls, eingeschlichen und suchte ihn nun zu bereden, daß Bussy mein Liebhaber sei; da er nichts damit ausrichtete, denn die Leute des Königs, meines
Gemahls, die mich stets umgaben, waren Zeugen
meines Betragens, das auf keine Weise Anlaß zu
einem Argwohn der Art gab, so wandte er sich an
den König, der leichter zu überreden war, teils weil
er meinem Bruder und mir nicht wohl wollte, unsre
Einigkeit war ihm verdächtig und verhaßt; teils weil
er Bussy haßte, der zuerst ihm zugehörte und ihn
verlassen hatte, um meinem Bruder zu dienen. Diese
Eroberung Bussys vergrößerte sowohl den Ruhm
meines Bruders als den Neid unsrer Feinde; denn
Bussy war der erste seiner Zeit an Ruhm, an Tapferkeit, an Verstand und Anmut; darum auch viele
meinten, wenn man wie eine Sekte der Philosophen
an die Seelenwanderung glauben wollte, so könnte
man gewiß annehmen, daß Bussy von der Seele Ihres
tapfern Bruders, von Hardelay, belebt würde.

Der König ließ sich von Guast seiner Verräterei

einnehmen und bat die Königin Mutter, mit dem
Könige, meinem Gemahl, darüber zu sprechen, und
suchte sie, wie zu Lyon, gegen mich aufzubringen.
Aber sie wies ihn zurück und sagte: «Ich weiß nicht,
wer die Anhetzer sein mögen, die euch dergleichen in
den Kopf setzen. Meine Tochter ist sehr unglücklich,
in dieser schlechten Zeit geboren zu sein. Zu meiner
Zeit sprach man frei mit jedermann, und alle rechtlichen Leute im Gefolge des Königs, Eures Vaters,
der Dauphin und der Herzog von Orléans, eure
Oheime, waren gewöhnlich bei Eurer Tante, der
Prinzessin Margaretha, oder bei mir im Zimmer,
ohne daß je ein Mensch daran zu tadeln fand. Bussy
sieht meine Tochter in eurer, in ihres Gemahls Gegenwart in ihrem Zimmer und in Gegenwart aller
Leute ihres Gemahls und vor der ganzen Welt; es geschieht weder im geheim noch bei verschloßnen Türen; Bussy ist von Stande und der erste bei eurem
Bruder, was ist dabei weiter zu denken oder zu reden? Wißt ihr irgend sonst noch etwas darüber außer
durch Klätscherei? Ihr waret Schuld, daß ich ihr zu
Lyon einen Schimpf antat, den sie, fürcht' ich, nie
vergessen wird.» Der König war ganz erschrocken
und sagte: «Gnädige Frau, ich sage nichts, als was die
andern sagen!» – «Wer sind diese andern?» erwiderte
sie, «mein Sohn, das sind Leute, die Euch mit den
eurigen veruneinigen wollen.» Der König entfernte
sich; darauf erzählte sie mir alles und fügte hinzu:

«Du bist in einer erbärmlichen Zeit geboren!» Sie rief darauf Ihre Tante, Frau von Dampierre, zu sich und unterhielt sich mit ihr von der anständigen Freiheit und den Ergötzlichkeiten ihrer Zeit, in welcher sie nicht wie wir den Verleumdungen so ausgesetzt waren. Da Guast sah, daß die Mine aufgedeckt war und nicht gezündet hatte, wandte er sich an einige Edelleute, die damals im Gefolge des Königs, meines Gemahls, waren, bis dahin Gefährten von Bussy und seine Freunde, nun aber seine Feinde aus Neid wegen seines Ruhms und seiner Beförderung. Diesem neidischen Haß fügten sie noch den unbedachtsamen Eifer für ihren Herrn zu, oder besser, sie verdeckten ihren Neid unter diesem Vorwand, und eines Abends, als er spät von seinem Herrn kam und nach Hause gehen wollte, lauerten sie ihm auf, um ihn zu ermorden; da die rechtlichen Leute aus meines Bruders Gefolge ihn gewöhnlich begleiteten, wußten jene es also, daß sie ihn nicht ohne eine Begleitung von fünfzehn oder zwanzig ehrlichen Leuten antreffen würden; und obgleich er wegen der Wunde an seinem rechten Arm, die er einige Tage zuvor in dem Gefecht mit St. Phal erhielt, keinen Degen trug, seine Gegenwart allein schon hinreichend wäre, den Mut seiner Begleiter zu verdoppeln; sie beschlossen also, ihn mit zwei- bis dreihundert Mann anzugreifen, und hofften, die Nacht würde diesen Meuchelmord mit ihrem Schleier verdecken. Guast, der das Leibregiment kommandierte, gab ihnen Soldaten; sie stellten sich in fünf oder sechs Haufen eingeteilt in der nächsten Straße, die zu seiner Wohnung führte, und überfielen ihn, als er durchgehen wollte; zugleich löschten sie alle Lichter und Fackeln aus. Nach einer Salve aus ihren Büchsen und Pistolen, die hinreichend hätte sein können, ein ganzes Regiment anzugreifen, kamen sie miteinander ins Handgemenge. Sie suchten nur immer ihn in der Finsternis nicht zu verfehlen, denn er war an einer colombinefarbnen Schärpe kenntlich, in welcher er seinen verwundeten Arm trug (sehr zu ihrem Glück, da sie sonst seine Schwere wohl hätten empfinden sollen). Der kleine Haufen, der ihn umgab, hielt sich gut; trotz des unerwarteten Anfalls und des Schreckens der Nacht verloren sie weder den Kopf noch den Mut; sie gaben ebenso große Beweise der Tapferkeit als der Treue für ihren Freund, den sie, indem sie sich glücklich durch-schlugen, nach seiner Wohnung brachten, ohne einen Mann zu verlieren, außer einen Edelmann, der mit ihm erzogen war und der auch wegen einer Wunde seinen Arm in einer colombinefarbnen Schärpe trug, nur war diese nicht so reich gestickt als jene. War es nun die Dunkelheit oder die blinde Wut der Meuchelmörder, die den Befehl hatten, auf die colombinefarbne Schärpe zu fallen, genug, der ganze Haufen warf sich auf den armen Edelmann, den sie für Bussy hielten, und er blieb für tot auf der Straße

liegen. Ein italienischer Edelmann meines Bruders,
der dabei war, lief gleich nach dem ersten Angriff
zurück ins Louvre, kam ganz blutig in das Schlafzimmer meines Bruders, der schon zu Bette war, und
schrie: «Man ermordet Bussy!» Mein Bruder wollte
sogleich hin; zum Glück hatte ich mich noch nicht zu
Bette gelegt, und da ich ganz nahe bei meinem Bruder wohnte, hatte ich schon den Menschen gehört,
wie er noch auf der Treppe diese entsetzliche Nachricht ausrief. Ich lief sogleich zu meinem Bruder, um
ihn am Ausgehen zu verhindern, und da ich sah, daß
sein gerechter Schmerz ihn so außer sich selbst
brachte, daß er, ohne sich zu bedenken, in die größten Gefahren stürzen könnte, um sich zu rächen,
schickte ich zur Königin Mutter, damit sie kommen
und ihn zurückhalten möchte. Wir konnten ihn nur
mit vieler Mühe halten. Die Königin Mutter stellte
ihm vor, er dürfe unmöglich allein, unbegleitet in der
Nacht ausgehen; Guast sei vielleicht boshaft genug,
es eigentlich so zu veranstalten, daß er herausgehe,
um ihn dann in irgend ein Unglück zu stürzen. In
seiner Verzweiflung hatten alle diese Reden keine
Kraft; aber sie brauchte ihr Ansehen, hielt ihn fest,
befahl der Wache an der Türe, ihn nicht hinaus zu
lassen, und blieb bei ihm, bis die wahre Nachricht
kam. Bussy, welchen Gott auf wunderbare Weise aus
dieser Gefahr errettete, war gar nicht bestürzt wegen
dieser Begebenheit, seine Seele war keiner Furcht

fähig, er war dazu geboren, der Schrecken seiner
Feinde, der Ruhm seines Herrn und die Hoffnung
seiner Freunde zu sein. Sobald er glücklich in seiner
Wohnung angelangt war, dachte er daran, was sein
Herr leiden würde, wenn diese Nachricht so unzu-
verläßig zu ihm käme; er fürchtete, es möchte ihn so
weit bringen, daß er sich selbst in die Netze seiner
Feinde stürze, so wie es ohne Zweifel auch würde
geschehen sein, wenn die Königin Mutter ihn nicht
daran verhindert hätte. Er sendete daher gleich einen
der Seinigen, der die umständliche und wahrhafte
Nachricht an meinen Bruder bringen mußte. Sobald
es Tag ward, kam er selber ohne Furcht vor seinen
Feinden so mutig und fröhlich auf das Louvre, als
käme er von einem Turnier. Mein Bruder, ebenso
voll Freude ihn wieder zu sehen als voll Ärger und
Begierde sich zu rächen, zeigte es genugsam, wie
sehr er die Beleidigung fühlte, da man ihn des tapfer-
sten und würdigsten Dieners berauben wollte, den je
ein Fürst gekannt, und daß Guast den Bussy angefal-
len, bloß weil er nicht an ihn selber reichen konnte.
Die Königin Mutter, die einsichtsvollste und verständigste aller Frauen, sah die Wichtigkeit dieser
Begebenheit sogleich ein und sah voraus, daß ihre
beiden Söhne sich endlich darüber entzweien könnten; sie riet also meinem Bruder, um allen Vorwand
aus dem Wege zu räumen, daß er Bussy auf einige
Zeit vom Hofe entfernen sollte. Auf meine Bitten

willigte mein Bruder auch sogleich ein, denn wäre er
geblieben, so hätte Guast ihn immer ins Spiel ge-
mischt und ihn zu seinen verderblichen Absichten als
Decke gebraucht. Bussy, der keinen Willen hatte als
den seines Herrn, reiste ab, begleitet von den bravsten Edelleuten an meines Bruders Hofe.

Der König, mein Gemahl, hatte zu derselben Zeit
in einer Nacht eine sehr heftige Ohnmacht, die wohl
über eine Stunde lang dauerte (sie war, glaube ich,
eine Folge von Ausschweifungen mit Frauen, denn
ich hatte bis dahin nie dergleichen an ihm bemerkt);
ich kam ihm während dieses Zufalls zur Hilfe, wie
meine Pflicht es erforderte; darüber war er so zufrieden mit mir, daß er es gegen jedermann rühmte, wobei er sagte, daß, wenn ich es nicht zuerst gemerkt
hätte und ihm zur Hilfe gekommen wäre, so würde
er haben sterben müssen. Da Guast nun merkte, daß
er mir darum besser begegnete und auch daß seine
Freundschaft mit meinem Bruder wieder lebhafter
ward, von der er mich immer als die Ursach ansah,
und meinte, ich sei ihnen (was man bei allen Dingen
in der Welt, am deutlichsten aber bei den entzwei ge-
schnittenen Schlangen wahrnimmt) ein gewisser natürlicher Balsam, der die getrennten Teile wieder zu-
sammenfügt und vereinigt, verfolgte er immer seine
verderbliche Absicht und suchte neue Erfindungen
zu schmieden. Er setzte dem Könige in den Kopf, der
seit einigen Tagen, gleichfalls auf die Veranstaltung

des Guast, eine der Fräuleins der Königin, seiner ge-
salbten, tugendhaften guten Fürstin, fortgeschickt
hatte, die sie sehr liebte, die mit ihr auferzogen war,
sie hieß Changi; er sollte es dahin bringen, daß der
König, mein Gemahl, dasselbe an mir täte und die,
welche ich am meisten liebte, sie hieß Thorigny,
fortschicken möchte, ohne andre Ursache, als daß
man den jungen Prinzessinnen keine Fräuleins lassen
müßte, auf welche sie so großes Vertrauen setzen.
Der König ließ sich von diesem schlechten Menschen
bereden und sprach mehreremal mit meinem Gemahl darüber; dieser antwortete ihm: er würde mir
damit einen grausamen Verdruß zufügen; ich liebte
die Thorigny nicht ohne Grund; denn außer daß sie
mit der Königin von Spanien, meiner Schwester,
und mit mir von Kindheit auf zusammen erzogen
wäre, hätte sie viel Verstand, und ihm selber hätte sie
während seiner Gefangenschaft zu Vincennes sehr
gedient; er würde undankbar sein, wenn er es ihr je
vergessen könnte, er habe ja selbst gesehen, daß Se.
Majestät vormals viel von ihr gehalten haben. Auf
diese Weise lehnte er es also immer ab; aber Guast
ließ nicht ab, in den König zu dringen; es ging so
weit, daß dieser dem Könige, meinem Gemahl, sagen mußte, er würde ihm nie gewogen sein, wenn er
nicht den andern Tag die Thorigny fortschickte. Er
war also gegen seinen Willen und mit Verdruß dazu
gezwungen, wie er seitdem mir gestanden, mich

darum zu bitten und es mir zu befehlen. Das war mir
so bitter und schmerzte mich so tief, daß ich meine
Tränen nicht zurückhalten konnte; ich stellte ihm
vor, daß nicht die Entfernung dieser werten Person,
die mir von Kindheit an treu gedient, mich allein
schmerze; da man es aber wisse, wie sehr ich sie liebe,
würde ihre plötzliche übereilte Entfernung meinem
guten Rufe sehr schaden. Da meine Entschuldigungen nichts galten, wegen des Versprechens, welches
er dem Könige gegeben, mir diesen Verdruß zu machen, so mußte sie noch denselben Tag fort; sie begab sich zu einem ihrer Anverwandten, Herrn von
Chastelas.

Ich war so beleidigt von dieser unwürdigen Behandlung, der so viele der Art vorausgegangen waren, daß ich meinem gerechten Schmerz nicht widerstehen konnte; aller Klugheit beraubt und ganz
meinen Gefühlen hingegeben, hatte ich nicht mehr
so viel Gewalt über mich, die Freundschaft des Königs, meines Gemahls, zu suchen, und da Guast und
Frau von Sauve ihn von einer Seite von mir entfern-
ten und ich von der andern nichts tat, ihm näher zu
kommen, so redeten und schliefen wir nicht mehr
miteinander.

Zweites Buch

Nach einiger Zeit, als die treuen Anhänger des Königs, meines Gemahls, ihm hatten die Arglist zu erkennen gegeben, mit welcher man ihn ins Verderben stürzen wollte, indem man ihn von mir und von meinem Bruder zu entfernen suche, um ihn, wann er von allen denen getrennt sei, auf die er am meisten rechnen könne, dann zu verlassen und sich nicht weiter um ihn zu kümmern; wie denn auch der König wirklich anfing ihn zu vergessen und nicht auf ihn zu achten; brachten sie es dahin, daß er mit meinem Bruder sprechen mußte, der nach Bussys Abreise seine Lage eben nicht gebessert fühlte, denn Guast ließ ihn täglich irgend eine neue Unwürdigkeit erfahren. Da sie es nun überlegten, daß sie beide zu einer Klasse an diesem Hofe gehörten, der eine so ungünstig angesehen wie der andre, daß Guast allein alles regierte, daß sie bei ihm erbetteln mußten, was sie beim Könige erlangen wollten, daß sie mit Verachtung abgewiesen wurden, wenn sie etwas forderten, daß, wenn sie sich einen treuen Diener erwürben, er sogleich von allen Seiten angefeindet und angefochten würde; so beschlossen sie sich wieder zu vereinigen, den Hof zu verlassen, ihre Freunde und Diener zu versammeln und dann vom Könige eine anständigere Behandlung und eine ihrem Stande angemeßnere Lage zu verlangen. Mein Bruder hatte bis dahin seine Apanage nicht erhalten können und mußte sich von einigen Pensionen zu unterhalten suchen, die nur selten, und wenn es Guast gelegen war, ausgezahlt wurden. So auch hatte der König, mein Gemahl, von seinem Gouvernement in der Guyenne gar keinen Nutzen, er durfte weder dorthin noch sonst nach einem seiner Länder. Als sie unter sich die Sache beschlossen hatten, erzählte es mir mein Bruder und bat mich, da er mit dem Könige, meinem Gemahl, nun wieder gut stände, mich doch auch wieder mit ihm auszusöhnen und alles Vergangene zu vergessen; der König, mein Gemahl, habe ihm gesagt, wie sehr er alles bereue; er sähe es jetzt ein, daß unsre Feinde schlauer gewesen wären als wir, er sei nun entschlossen, mir wieder zugetan zu sein und mehr zu meiner Zufriedenheit beizutragen; er wünsche und bäte mich, ihn zu lieben und ihn in seiner Abwesenheit in seinen Angelegenheiten zu unterstützen.

Es war beschlossen, daß mein Bruder zuerst in einem Wagen, so gut es anginge, entfliehen sollte, der König, mein Gemahl, aber sollte ihm einige Tage nachher, unter dem Vorwande einer Jagd, nachfolgen. Sie bedauerten es, mich nicht mitnehmen zu können, doch waren sie insofern ruhig über mich,

daß man mir nichts Unangenehmes erzeigen könnte,
sobald sie einmal draußen sein würden. Sie gaben
auch bald die Beweise, wie ihre Absicht gar nicht sei,
Frankreich zu beunruhigen, sondern nur sich eine ihrem Stande angemessene Lage und Sicherheit zu verschaffen, denn sie waren während dieser Händel gar
nicht ohne Besorgnis wegen ihres Lebens, sei es, daß
dies wirklich in Gefahr war oder daß die, welche den
Fall und den Untergang unsres Hauses wünschten,
sie unaufhörlich mit Warnungen und Winken der Art
in Unruhe setzten, um sich es hernach zu Nutze zu
machen und im Trüben zu fischen [55].

Auf den Abend [56], kurz vor dem Nachtessen des
Königs, hüllte mein Bruder sich in einen fremden
Mantel und ging zu Fuß, in Begleitung eines Menschen, den niemand kannte, bis zu dem Tor St. Honoré; hier fand er seinen Kammerherrn Simier mit
einem Wagen, den er von einer Dame geliehen hatte;
in diesem fuhr er bis zu einigen Häusern, eine Viertelstunde von Paris; hier erwarteten ihn Reitpferde,
und einige Stunden von dort, auf dem vorher bestimmten Ort, fand er zwei- bis dreihundert seiner
Leute zu Pferde.

Man merkte seine Entweichung nicht vor neun
Uhr des Abends. Der König und die Königin Mutter
fragten mich, warum er nicht mit ihnen zu Abend
gegessen? ob er etwa krank sei? Ich sagte, ich hätte
ihn seit dem Nachmittag nicht gesehen; drauf schick-

ten sie nach seinem Zimmer, um sich nach ihm zu erkundigen, er war nicht auf seinem Zimmer; sie befahlen, ihn in den Zimmern der Damen zu suchen, die er zu besuchen pflegte; man sucht im Schloß, in der Stadt, er ist nirgend zu finden. Nun wird der Lärm heiß; der König wird zornig, heftig, droht, schickt nach allen Prinzen und Herren des Hofes, gebietet ihnen, zu Pferde zu steigen und ihm meinen Bruder tot oder lebendig wieder zu bringen; schreit, er gehe nur, um gegen den Staat Krieg zu führen, den Staat zu zerstören, aber er würde ihm wohl weisen, was es für eine Narrheit sei, einen so mächtigen König anzugreifen! Viele der Herren lehnten diesen Auftrag ab, zeigten dem Könige die Wichtigkeit desselben; ihre Schuldigkeit sei es, ihr Leben zu geben für alles, was zum Dienste des Königs gehöre; gegen den Bruder des Königs aber könnten sie nicht gehen, weil sie wüßten, daß der König es ihnen am Ende schlechten Dank wissen würde. Er könne sicher sein, daß sein Bruder nichts unternehmen würde, was Sr. Majestät mißfallen oder seinem Staate schädlich sein könnte; ihnen dünke es gut, daß, bevor er so strenge Maßregeln gegen ihn ergreife, er zu ihm senden und ihn fragen lassen sollte, was ihn fortzugehen bewogen habe? Einige der Herren nahmen es an und machten sich bereit, zu Pferde zu steigen. Sie konnten aber doch mit der möglichsten Eil erst mit Tagesanbruch fertig werden, so daß sie meinen Bruder nicht mehr einholten und unverrichteter Sache zurück kamen.

Der König zeigte nach dieser Entweichung meines Bruders dem Könige, meinem Gemahl, eben kein besseres Gesicht; er begegnete ihm auf die alte gewöhnliche Weise, das heißt, er bekümmerte sich nicht um ihn. Dies bestätigte seinen Entschluß. Nach einigen Tagen nahm er unter dem Vorwand einer Jagd die Flucht[57]. Ich war den Morgen nach der Abreise meines Bruders ganz krank von den Tränen, welche ich die Nacht durch vergossen hatte. Das Gesicht war mir angeschwollen, und ich ward vom Fieber und von den Schmerzen einige Tage lang im Bette gehalten. Während dieser Krankheit sah ich den König, meinen Gemahl, gar nicht bei mir, es sei nun, daß er mit seiner nahen Abreise beschäftigt gewesen war oder daß er sich in den letzten Tagen nicht von seiner Geliebten, der Frau von Sauve, entfernen wollte; genug, er fand keine Zeit mich zu sehen und kam nach seiner Gewohnheit immer erst um ein oder zwei Uhr ins Schlafzimmer; da wir nun jeder in einem besondren Bette schliefen, so hörte ich ihn nicht kommen, und da er wieder, eh ich erwachte, aufstand, um sich, wie ich schon gesagt, beim Lever meiner Frau Mutter einzufinden, wo Frau von Sauve immer dabei sein mußte, so vergaß er das Versprechen, das er meinem Bruder gegeben, und reiste ab, ohne mir Lebewohl zu sagen[58]. Doch unterließ der

König nicht, mich in Verdacht zu haben, als wäre ich Schuld an seiner Flucht; er war rasend zornig auf mich; ohne die Königin Mutter, die ihn zurückhielt, hätte er in seinem Grimm mein Leben nicht verschont; da er aber nicht das Ärgste tun konnte, indem sie es verhinderte, befahl er, man solle mich wenigstens bewachen, damit ich dem Könige, meinem Gemahl, nicht folgte und damit auch niemand zu mir käme, durch den ich jenem könnte Nachricht geben lassen. Die Königin Mutter, die alles nur gern in der Güte ausrichten wollte und froh, seine erste Hitze gedämpft zu sehen, sagte ihm: sie fände das sehr gut, sie wollte aber selber zu mir gehen und mich vorbereiten, damit ich diese Behandlung nicht zu hart fände; daß diese Erbitterungen nicht immer so bleiben könnten, daß alles von verschiedenen Seiten betrachtet werden könnte; diese erste wäre nun die traurige und erschreckliche; würde erst die andre herausgekehrt, die ruhiger sei und angenehmer, so würde man andern Rat pflegen. Dann würde man vielleicht meiner bedürfen; eben so, wie es der Klugheit gemäß sei, mit seinen Freunden so umzugehen, als könnten sie einst unsre Feinde werden, so müßte man auch seine Feinde so behandeln, daß sie einst unsre Freunde werden könnten! Diese Vorstellungen brachten es bei dem Könige so weit, daß er mir nichts zu Leide tat (wie er eigentlich gern wollte). Guast erfand etwas, woran er unterdessen sein Gift ausließ.

Um mir das unangenehmste, das sich erdenken ließ,
zu erzeigen, schickte er Leute nach dem Hause des
Chastelas, des Vetters der Thorigny, die sie, unter
dem Vorwande sie zum Könige zu bringen, in dem
Fluß ersäufen sollten, von dem das Haus nicht entfernt lag. Chastelas, der sich nichts vermutete, ließ
sie frei in sein Haus ein; sogleich fingen die stärksten
unter ihnen an, ihren Auftrag ohne alle Vernunft
oder Schonung auszuführen, sie ergriffen die Thorigny, banden sie und sperrten sie ein. Während sie auf
ihre Pferde warten mußten, bis sie ausgeruht und ge-
füttert hatten, sahen sie sich auf keine Weise vor,
nach der Franzosen Art, und füllten sich die Hälse
mit dem Besten, was im Hause war. Chastelas ließ
sie machen, was sie wollten, auf Unkosten seiner
Vorräte, um seiner Anverwandten nur Zeit gewinnen zu lassen; er dachte, Zeit gewonnen, alles gewonnen, und hoffte, Gott würde vielleicht das Herz
des Königs lenken, daß er seinen Befehl widerrufe,
um mich nicht so schmerzlich zu kränken. Chastelas
durfte nichts zu ihrer Befreiung unternehmen, obgleich er Leute genug dazu hatte. Ich wußte nichts
von allem dem, aber Gott wendete die Betrübnis von
mir ab und sendete unerwartete Hilfe zur rechten
Zeit, besser als ich hätte tun können, wenn ich etwas
davon gewußt.

Einige Diener aus Chastelas' Hause waren aus
Furcht vor den Trabanten geflohen, die im Hause

wirtschafteten, als ob sie es plündern wollten; eine Viertelstunde davon führte Gott Laferte und Avantigny, beides Kammerherrn meines Bruders, ihnen entgegen, die mit ihren Haufen, wohl zweihundert Reiter, zur Armee meines Bruders stoßen wollten. Laferte erkannte unter den Bauern einen von Chastelas' Leuten, der ganz bestürzt und betrübt war, und fragte ihn was ihm fehle? ob einer von den Soldaten ihm etwas zu Leide getan habe? Nein, sagte der Mann, die Ursache seiner Bestürzung sei, daß er seinen Herrn in Not gelassen habe, man wolle seine Anverwandte fortführen. Sogleich beschlossen Laferte und Avantigny, mir diesen großen Dienst zu leisten und die Thorigny zu befreien; sie dankten Gott, daß er ihnen eine so schöne Gelegenheit gegeben, mir ihre Ergebenheit zu bezeigen. Sie eilten mit ihren Haufen nach Chastelas' Hause und kamen grade noch zur rechten Zeit in dem Moment an, als die Soldaten eben die Thorigny auf ein Pferd binden wollten, um sie in den Fluß zu werfen. Sie ritten alle mit gezognen Schwertern in den Hof und riefen: «Haltet ein, Schurken, geschieht ihr ein Leides, so seid ihr des Todes!» Sie hauten auf sie ein, jene flohen und ließen ihre Gefangene zurück, die vor Schrecken und Freude halb tot war. Nachdem sie Gott und ihren Befreiern gedankt, fuhr sie in dem Wagen ihrer Muhme Chastelas, von ihrem Vetter und den Haufen jener rechtlichen Männer begleitet, zu meinem

Bruder, der sehr vergnügt war, eine Person, die ich so liebte, bei sich zu haben, da er mich selber nicht bei sich sehen konnte. Sie blieb die ganze Zeit der Gefahr über bei ihm und ward so gut behandelt und gehalten als bei mir.

Während der König das schöne Geschäft mit der Thorigny verrichtete, kam die Königin Mutter, die davon nichts wußte, zu mir in mein Zimmer, wo ich mich eben ankleidete; ich wollte, obgleich noch nicht frei von Schmerzen, kränker aber noch an Seele als an Körper, diesen Tag zum ersten Mal wieder mein Zimmer verlassen, um zu sehen, was auf diese Vorfälle in der Welt vorginge; denn ich war beständig in Sorge, man möchte etwas gegen meinen Bruder oder gegen den König, meinen Gemahl, unternehmen. «Mein Kind», redete die Königin Mutter mich an, «du hast nicht nötig, dich heute anzukleiden! Ich bitte dich, sei nicht verdrießlich über das, was ich dir zu sagen habe. Du hast Einsicht genug, gewiß, du kannst es nicht tadeln, daß der König sich von deinem Bruder und deinem Gemahl für beleidigt hält; und da er die Verbindung zwischen Euch dreien weiß und dich, meine Tochter, als die Mitwisserin ihrer Flucht hält, daß er dich als Geisel zurückzubehalten beschlossen hat. Er weiß, wie sehr dein Gemahl dich liebt, und kann kein teureres Unterpfand von ihm haben als dich. Er hat aus dieser Ursache befohlen, daß du Wache haben sollst, damit du nicht von deinem Zimmer kannst. Auch geschieht es mit darum, weil die Räte dem Könige vorgestellt, daß, wenn du frei unter uns umhergehen dürftest, du alles, was man gegen deinen Bruder und gegen deinen Gemahl beschließen würde, ihnen wieder berichten möchtest. Ich bitte dich, nimm es nicht übel auf, wills Gott, soll es nicht lange dauern. Sei auch nicht traurig, wenn ich nicht oft zu dir komme, um dem Könige keinen Verdacht zu geben, sei aber versichert, daß man dir keine Art des Mißvergnügens zufügen soll, ich werde sicher nichts der Art zugeben, und ich werde alles anwenden, um Frieden zwischen Euren Brüdern zu stiften.» Darauf stellte ich ihr vor, wie man mir Unrecht täte. Ich wollte es nicht verleugnen, sagte ich ihr, daß mein Bruder mir immer seine gerechten Ursachen zum Mißvergnügen mitgeteilt; der König, mein Gemahl, aber habe, seitdem er mir die Thorigny genommen, nicht mit mir geredet, ja er habe mich während meiner Krankheit nicht besucht und mir kein Lebewohl gesagt vor seiner Abreise. Darauf erwiderte sie: «Das sind kleine Neckereien zwischen Mann und Frau, aber man weiß wohl, daß er mit Liebesbriefchen dein Herz wieder erobern wird; und wenn er dich dann zu ihm zu kommen bittet, so gehst du hin, und eben das will mein Sohn, der König, verhindern.»

Sie verließ mich hierauf, und ich blieb einige Monate in dieser Lage, ohne daß irgend ein Mensch, nicht einmal meine vertrautesten Freunde es wagten, zu mir zu kommen [59]. An den Höfen ist das Unglück immer einsam, das Glück hat aber ein reiches Gefolge; die besten Freunde stehen der Verfolgung bei! – Der einzige Crillon, der Brave, verachtete alle Verbote und Ungnaden und besuchte mich fünf oder sechs Mal. Die Höllenhunde vor meiner Türe, die mich bewachen sollten, hatten eine solche Furcht vor ihm, daß sie ihm den Eingang nie verwehrten.

Währenddem war der König, mein Gemahl, in seinen Provinzen angelangt und hatte seine Freunde und Diener versammelt. Sie zeigten ihm, wie Unrecht er getan, daß er abgereist sei, ohne von mir Abschied zu nehmen; ich hätte Einsichten, sagten sie, könnte ihm sehr nützlich sein, und er müsse durchaus mich wieder zu gewinnen suchen, er sollte also, sobald die Sachen wieder friedlicher würden, es dahin bringen, daß ich wieder zu ihm käme. Er war von seiner Circe, Frau von Sauve, entfernt, also leicht zu überreden; ihre Reize hatten durch die Abwesenheit die Macht verloren. Er schrieb mir einen sehr verbindlichen Brief, worin er mich bat, alles Vergangene zu vergessen; er liebe mich und wollte es mehr als jemals beweisen, wie sehr er mich liebe. Er befahl mir auch, ihn von allem, was um mich vorging, zu benachrichtigen, besonders was meine Lage und die meines Bruders beträfe; denn sie waren von einander entfernt, obgleich sie als Freunde gemeinschaftlich handelten; mein Bruder war in der Gegend der Champagne und mein Gemahl war in Gascogne. Diesen Brief erhielt ich während meiner Gefangenschaft, er gab meinem Herzen Trost und Erleichterung. Die Notwendigkeit, Mutter der Erfindung, half mir, daß ich von dieser Zeit an, obgleich die Wache Befehl hatte, mich nicht schreiben zu lassen, sehr oft an ihn schrieb und immer Mittel fand, meine Briefe an ihn gelangen zu lassen. Mein Bruder erfuhr meine Verhaftnehmung einige Tage nachher; er würde, aus Verdruß darüber, sicher einen schrecklichen Krieg angefangen haben, zu dem er alle Mittel besaß, denn er hatte damals eine schöne Armee, und die Völker hätten die Leiden ihrer Fürsten tragen müssen, wenn die Liebe zu seinem Vaterlande meinen Bruder nicht zurückgehalten hätte. Er schrieb an die Königin Mutter, man würde ihn zur Verzweiflung treiben, wenn man fortführe, mich so zu behandeln. Sie, aus Furcht, der Krieg würde so erbittert werden, daß ihr kein Mittel bleiben würde, wieder Frieden zu stiften, zeigte dem Könige die Wichtigkeit dieses Krieges, und sie fand ihn aufgelegt, ihren Gründen Gehör zu geben; sein Zorn wurde etwas gedämpft, da er erfuhr, in welcher Gefahr er sich befände; er war vom Könige, meinem Gemahl, und den Hugenotten, die schon verschiedene gute Orte eingenommen hatten, in Gascogne, in der Dauphine, Languedoc und Poitou angegriffen; von meinem

Bruder, mit einer großen Armee vom bravsten Adel
Frankreichs, in der Champagne[60]. Dazu noch die
Erinnerung, daß er damals, als mein Bruder entflo-
hen war, niemand von allen den Prinzen und Herrn
gegen ihn ins Feld kriegen konnte, sie fürchteten alle,
den Finger zwischen zwei Mühlsteine zu stecken.
Kurz, nach reiflicher Überlegung lieh der König den
Vorstellungen der Königin Mutter ein geneigtes Ohr
und bat sie, sich für den Frieden zu verwenden. Sie
entschloß sich sogleich, zu meinem Bruder zu reisen,
und stellte dem Könige vor, wie notwendig es sei,
daß ich mitreise; das wollte aber der König durchaus
nicht zugeben, weil er mich als Geisel zurückbehal-
ten wollte. Sie reiste also ohne mich und ohne mir
etwas davon zu sagen. Da mein Bruder sie ohne mich
kommen sah, erklärte er ihr sein gerechtes Mißvergnügen, sowohl wegen der üblen Behandlung, die er
bei Hofe erfahren, als wegen der Beschimpfung, die
ich erhielt, da man mich gefangen hielt und die Thorigny, um mich zu beleidigen, grausam mißhandelt
hatte; er erklärte, nie etwas von Frieden anhören zu
wollen, bis ich Genugtuung erhalten hätte und er
mich frei und vergnügt sähe. Mit dieser Antwort
kam die Königin Mutter zurück, und sie erklärte
dem Könige: daß, wenn er den Frieden wolle, so
müßte sie wieder zu meinem Bruder zurückkreisen,
käme sie aber ohne mich, so wäre ihre Reise gewiß
wieder unnütz, und das Übel würde hernach eher

schlimmer als besser; ja man müßte mich sogar erst völlig zufriedenstellen, ehe sie mich hinführte, ich würde sonst dort mehr schaden als nützen. Man müßte befürchten, daß ich nicht wieder mit ihr zurückreisen, sondern zu meinem Gemahl würde gehen wollen; ich müßte also zuerst sogleich von der Wache befreit werden, und man müsse suchen, mir das Geschehene vergessen zu machen. Der König fand alles gut und war mit allem zufrieden. Sie schickte sogleich nach mir, ließ mich holen und sagte: Sie hätte es so weit gebracht, daß man sich zum Frieden neige; der Friede wäre das Wohl des Staates, nach welchem ich so wohl als mein Bruder immer gestrebt hätten; jetzt könnte nun ein für meinen Bruder so vorteilhafter Frieden geschlossen werden, daß er sicher zufrieden sein und nichts mehr nach der Tyrannei des Guast oder andern schlechten Umgebungen des Königs zu fragen haben würde. Sie selber würde ich außerdem von einem tödlichen Verdruß befreien, wenn ich etwas beitragen wollte, den König und meinen Bruder auszusöhnen; sie wäre in der schmerzlichen Verlegenheit, daß jeder Sieg einer ihrer Söhne über den andern ihr tödliche Angst verursache; sie bat mich flehentlich, ich möchte mehr den Frieden suchen als nach Rache streben. Der König bereue die Beleidigung, die er mir angetan, sie habe ihn Tränen darüber vergießen sehen, und er würde mir jede Genugtuung geben, die ich verlange. Dar-

auf erwiderte ich, wie ich nie mein eignes Wohl dem
Wohl meiner Brüder und des Staates vorziehe, für
dessen Ruhe und Frieden ich mich sehr gerne aufop-
fern wollte; ich wünschte nichts so sehr als einen guten Frieden und würde alles, was in meinem Vermögen stehe, dazu verwenden. Hierauf kam der König
hinein, verschwendete unendlich viele schöne Worte
und schwor mir seine Freundschaft, da er sah, daß ich
weder mit Worten noch Gebärden irgend einen Verdruß über die Beleidigung, die mir widerfahren,
merken ließ; ich tat es aber mehr aus Verachtung der
Beleidigung als um seiner Zufriedenheit willen.

Die Zeit meiner Gefangenschaft hatte ich genützt,
viel zu studieren, woran ich damals anfing einen Gefallen zu finden; dies verdankte ich aber nicht etwa
dem Zufall, sondern vielmehr der göttlichen Vorsehung, die damals anfing, mich mit einem so treff-
lichen Mittel zu beschenken, womit ich mich in dem
vielen Unglück, das mir bereitet war, immer zu trö-
sten wußte. Auch war diese Liebe zu den Studien der
Weg zur wahren Andacht für mich, indem ich in dem
schönen großen Buche der Natur die Wunder ihres
Schöpfers zu verstehen anfing. Jede schöne Seele,
welche in diesen Kenntnissen nur eine Leiter sieht,
deren höchste Stufe Gott ist, wird entzückt in der
Anbetung des wundervollen Lichts und in dem Geheimnis des unbegreiflichen Wesens sich verlieren;
sie weiß nichts erfreulicheres, als jener Kette Homers

zu folgen, diesem freudigen Inbegriff aller Wissenschaften, die von Gott selber, dem Ursprung und
dem Ende aller Dinge, ausgeht und wieder zu-
rückkehrt[61]. Die Traurigkeit, entgegengesetzt der
Freude, welche den Gedanken unsrer Handlungen
immer außer uns selber sucht und setzt, weckt unsre
Seele in uns, so daß sie alle ihre Kräfte sammelt, um
das Böse auszustoßen und das Gute in sich aufzuneh-
men, immer und unaufhörlich wieder daran denkt,
sich das höchste Gut zu erwählen, in welchem sie mit
Sicherheit die Ruhe findet; diese Traurigkeit ver-
schafft uns gute Anlagen, um zur Erkenntnis der
Liebe zu Gott zu gelangen. Der Traurigkeit und der
Einsamkeit meiner Gefangenschaft verdanke ich das
Gute, gern zu studieren und mich der Andacht ergeben zu können, welches ich in dem Glanz und der
Eitelkeit meines Glücks weder konnte noch zu schätzen verstand.

Da nun der König, wie gesagt, kein Zeichen des
Mißvergnügens an mir wahrnehmen konnte, sagte
er mir: Die Königin Mutter ginge zu meinem Bruder
nach der Champagne, um den Frieden zu unterhandeln; er bäte mich, sie zu begleiten und ihr alle gute
Dienste, die ich vermöchte, zu leisten; er wüßte
wohl, daß mein Bruder mehr Vertrauen in mich als
in jeden andern setze; was also Gutes aus dieser Reise
entstände, würde er mir verdanken und sollte allein
zu meiner Ehre gereichen. Ich versprach ihm, was

ich zu leisten auch gesonnen war; denn ich wußte, daß es das Wohl meines Bruders und des Staates beförderte, wenn ich ihn zufrieden stellte.

Die Königin Mutter reiste mit mir nach Sens; die Konferenz sollte eine Stunde von da bei einem Edelmann statthaben. Den andern Morgen begaben wir uns an den bestimmten Ort; hier fanden wir meinen Bruder, begleitet von einigen Truppen und von den vornehmsten Herrn und Anführern der Katholiken und der Hugenotten, bei seiner Armee; unter diesen war der Herzog Casimir und der Oberste, der auf Vermittlung der Protestanten meinem Bruder, um des Königs, meines Gemahls, willen, sechstausend Reiter zugeführt hatte.

Einige Tage wurden mit den Friedensunterhandlungen zugebracht, weil es über verschiedene Artikel Streit gab, vorzüglich wegen der Protestanten, denen man vorteilhaftere Bedingungen einräumte, als man ihnen zu halten Willens war, wie man nachher wohl einsah; die Königin Mutter tat nur alles, um den Frieden zu haben, die Reiter zurück schicken und meinen Bruder von den Leuten losmachen zu können, von denen er selbst nicht wenig Lust hatte sich zu trennen, weil er immer ein sehr guter Katholik gewesen und sich der Hugenotten bloß in der Not bedient hatte. Bei diesem Friedensschluß erhielt mein Bruder seinen Anteil nach seinem Stande, worin, wie er verlangte, der meinige mit begriffen sein sollte; Herr von Beauvais, sein Abgeordneter, drang sehr darauf, daß man mir eine Verschreibung meiner Mitgift in Ländereien ausfertige; die Königin Mutter bat mich aber, es nicht zuzugeben, und versicherte mich, ich würde alles, was ich verlangte, vom Könige erhalten. Ich bat also meinen Bruder, das, was meine Angelegenheiten beträfe, nur herauszulassen, ich wollte lieber, was der König und die Königin Mutter mir geben würden, als ein freiwilliges Geschenk ansehen, dann wäre es mir um desto gewisser.

Der Frieden war geschlossen[62], die Sicherheiten von beiden Seiten gegeben, und die Königin Mutter bereitet sich zur Rückreise, als ich Briefe vom Könige, meinem Gemahl, erhielt, in denen er mir seine Begierde, mich wieder zu sehen, bezeigte und mich bat, Urlaub zu nehmen und zu ihm zu reisen, sobald der Frieden geschlossen sein würde. Die Königin Mutter versagte mir den Urlaub und suchte mich durch alle ersinnliche Überredung von diesem Vorhaben abzubringen. Sie sagte: Damals als ich nach der St. Barthélemy ihren Vorschlag, meine Ehe zu trennen, nicht annehmen wollte, hätte ich ihren Beifall gehabt, weil mein Gemahl damals den katholischen Glauben angenommen hatte; nun er aber wieder zu den Hugenotten übergegangen sei, könnte sie es nicht zugeben, daß ich mich wieder mit ihm vereinige. Da ich nun aber nicht abließ, Urlaub zu be-

gehren, sagte sie mir mit Tränen in den Augen, daß
ich sie ins Verderben stürze, wenn ich nicht mit ihr
zurück ginge, sie hätte es dem Könige versprochen,
mich zurück zu bringen und mich dahin zu vermögen, daß ich bis zur Zurückkunft meines Bruders
dort bliebe; sobald dieser wieder am Hofe sein
würde, sollte ich sicher Urlaub haben.

Wir kehrten wieder nach Paris zurück; der König
war mit dem Frieden sehr vergnügt, doch gefielen
ihm die vorteilhaften Bedingungen der Hugenotten
nicht, und er war Willens, unter irgend einem Vorwand den Krieg wieder mit ihnen anzufangen, sobald er nur erst meinen Bruder wieder an seinem
Hofe haben würde, damit sie das, was man ihnen
wider Willen zugestanden, nicht länger genießen
möchten, bis er wieder von ihnen los sei. Er blieb
noch einige Monate zurück und verabschiedete die
Reiter nebst den übrigen, dann kam er mit dem ganzen katholischen Adel an den Hof. Der König empfing sie ehrenvoll, bezeugte seine Zufriedenheit, sie
wieder zu sehen, und war auch freundlich gegen
Bussy, denn Guast war tot; Gottes Gericht hatte ihn
getötet, da er eben eine Schweißkur brauchte; von
allen Lastern verdorben, war sein Leib lange vor seinem Tode schon der Fäulnis sowie seine Seele den
Teufeln überlassen, denen er durch Zauberei und alle
Bosheiten ergeben war[63]. Da dieses Werkzeug des
Hasses und der Zwietracht erst aus der Welt war und

der König auf nichts sann, als die Hugenotten zu verderben, sich meines Bruders gegen sie bedienen
wollte, damit dieser sich nicht wieder mit ihnen aus-
söhnen könnte; dann aber befürchtete, daß ich zum
Könige, meinem Gemahl, gehen würde, bezeigte er
uns alle erdenkliche Freundlichkeit und schmeichelte
uns auf alle Weise, damit es uns nur an seinem Hof
gefallen möchte [64]. Zu gleicher Zeit kam Herr von
Duras vom Könige, meinem Gemahl, um mich abzuholen; ich drang also sehr in ihn, mich fortzulas-
sen; da er mir nun den Urlaub nicht länger versagen
konnte, versicherte er mir, es geschähe bloß aus
Liebe zu mir, er sei überzeugt, ich sei die größte
Zierde seines Hofes, er könne mir also die Erlaubnis
abzureisen nur so spät als möglich gewähren; er
wolle mich nach Poitiers begleiten; und mit dieser
Versicherung schickte er Herrn von Duras zurück.
Er verzog aber dennoch einige Tage in Paris, schob
es immer auf, mir meinen Urlaub offen zu versagen,
bis er im Stande war, den Hugenotten, folglich auch
dem Könige, meinem Gemahl, den Krieg zu erklären. Zum Vorwande dazu ward ein Gerücht verbreitet, als beklagten sich die Katholiken über die vorteilhaften Bedingungen, die den Hugenotten beim Frieden von Sens waren eingeräumt worden; das Murren
und die Unzufriedenheit der Katholiken ging so
weit, daß sie an den Hof kamen, um sich zu verbün-
den; nach den Provinzen und den Städten sich an-

werben ließen, sich unterzeichneten und viel Geräusch machten (mit stillschweigendem Mitwissen
des Königs), auch den Herzog von Guise zum Anführer verlangten. Man sprach von nichts, als von dieser
Liga bei Hofe und von Paris bis nach Blois, wo der
König die Stände zusammen berufen hatte. Eh sie
eröffnet wurden, rief der König meinen Bruder in sein
Kabinett, wo sich die Königin Mutter und einige Herren aus dem Staatsrat befanden. Er stellte ihnen vor,
von welcher Wichtigkeit diese Liga der Katholischen
für sein Ansehen und für den Staat sei, wenn sie so weit
gehen sollten, sich Häupter zu erwählen und die Guisen dazu ausersähen[65]. Ihn und meinen Bruder beträfe
dies am allermeisten; die Katholiken hätten recht, sich
zu beklagen, Pflicht und Gewissen geböten ihm, eher
die Hugenotten als die Katholiken mißvergnügt zu
machen; er bat und beschwor also meinen Bruder, als
einen Sohn Frankreichs und guten Katholiken, daß er
ihm rate und beistehe, wo es auf seine Krone und auf
die katholische Religion ankäme. Dann fügte er noch
hinzu: Es dünke ihm gut, um dieser gefährlichen Liga
den Weg abzuschneiden, müsse man sich selber zum
Oberhaupt derselben machen! Um nun seinen Eifer
für den Glauben an den Tag zu legen und jene zu verhindern, daß sie sich nicht einen andern Anführer
wählten, wollte er selber sich als Chef unterzeichnen,
alsdenn sollte mein Bruder es tun und nach ihm alle
Fürsten und Herren sowie jeder, der in seinem König-

reiche eine Würde bekleidete. Mein Bruder konnte
hierauf nichts tun, als seine Dienste, die er Sr. Majestät und der Aufrechterhaltung des katholischen
Glaubens schuldig war, anzubieten. Sobald der König sich meines Bruders versichert hatte, welches der
eigentliche listige Zweck der Liga war, ließ er alle
Prinzen und Herrn seines Hofes zusammenberufen,
ließ sich die Liste der Liga bringen, unterzeichnete
zuerst als Chef, hierauf folgte mein Bruder und die
übrigen, die bis dahin noch nicht unterzeichnet hatten. Des andern Tages wurden die Stände eröffnet[66];
nach dem Gutachten der Herrn Bischöfe von Lyon,
von Ambrun und von Vienne und der andern am
Hofe befindlichen Prälaten konnte, dem Krönungseid des Königs zufolge, kein Eid gültig sein, den er
den Ketzern geleistet; jener Krönungseid erließ ihm
von selbst die den Hugenotten gegebenen Verspre-
chungen; dieses ward bei Eröffnung der Stände vor-
getragen, den Hugenotten der Krieg erklärt[67], und
Génissac, der Hugenotte, der seit wenig Tagen als
Abgeordneter des Königs, meines Gemahls, zugegen war, um meine Abreise zu beschleunigen, mit
harten Drohworten zurückgeschickt; der König ließ
meinem Gemahl durch Génissac sagen: er habe seine
Schwester einem Katholiken und nicht einem Hugenotten gegeben, wenn der König, mein Gemahl,
mich wieder haben wollte, müsse er die katholische
Religion wieder annehmen.

Alle Kriegzurüstungen wurden gemacht, bei Hofe ward von nichts als vom Kriege geredet, und um meinen Bruder unwiderruflich von den Hugenotten zu trennen, machte ihn der König zum General einer Armee. Da Génissac zu mir kam und mir den harten Bescheid des Königs meldete, ging ich sogleich in das Kabinett der Königin Mutter, wo ich den König fand. Ich beklagte mich gegen ihn, daß er mich so lange getäuscht; er habe beständig mich verhindert, zum Könige, meinem Gemahl, zu gehen, indem er sich gestellt, als ginge er von Paris, um mich bis Poitiers zu begleiten, und doch habe er die entgegengesetzte Absicht. Ich stellte ihm vor, wie ich mich weder zu meiner Zufriedenheit noch nach meinem Willen vermählt habe, sondern es wäre der Wille des Königs Karl, meines Bruders, der Königin Mutter und sein eigner so gewesen; nun sie mir aber einen Gemahl gegeben, könnten sie mich nicht abhalten, seinem Schicksale zu folgen; ich wollte es und würde, sofern sie mir die Erlaubnis dazu verweigerten, mich heimlich davon machen und komme es, wie es wolle, zum Könige, meinem Gemahl, gehen, wenn auch mit Gefahr meines Lebens! Darauf antwortete mir der König: «Schwester, es ist nun nicht mehr die Zeit, mich mit diesem Urlaub zu quälen. Ich gestehe es, ich habe ihn nur darum immer aufgeschoben, um ihn zuletzt ganz versagen zu können; denn seitdem der König von Navarra wieder hugenottisch gewor-

den, kann ich es durchaus nicht gut finden, daß Ihr zu
ihm geht. Was wir in dieser Sache tun, die Königin
Mutter und ich, geschieht zu Eurem Besten. Ich will
den Hugenotten den Krieg machen und diese elende
Religion durchaus vertilgen, die uns so viel Übels
zufügt. Daß nun Ihr, eine Katholikin und meine
Schwester, als eine Geisel in ihren Händen bleibt,
wäre sehr unschicklich, und wer weiß, ob sie nicht
mir zur unauslöschlichen Schmach an Eurem Leben
den Schaden rächen würden, den ich ihnen zuzufügen gesonnen bin? Nein, nein, Ihr sollt nicht hingehen! und wenn Ihr heimlich Euch davon machet, wie
Ihr eben sagtet, so dürft Ihr nur darauf rechnen, mich
und die Königin Mutter als Eure unversöhnlichsten
Feinde zu sehen und daß wir unsre Feindseligkeit, so
viel wir vermögen, ausüben und Ihr dadurch die
Lage Eures Gemahls eher verschlimmern als verbes-
sern werdet.» Ich entfernte mich äußerst mißvergnügt über diesen grausamen Anspruch. Meine
Freunde und Freundinnen und die Ersten des Hofes,
deren Rat ich verlangte, stellten mir vor, daß es gar
nicht schicklich für mich sein würde, an einem gegen
den König, meinen Gemahl, feindlichen Hof zu leben, von dem aus man ihm den Krieg machen werde.
Sie rieten mir, mich während dieses Krieges vom
Hofe zu entfernen; es würde sogar ehrenvoller für
mich sein, wenn ich einen Vorwand finden könnte,
Frankreich zu verlassen, es sei zu einer Wallfahrt oder

um einen meiner Anverwandten zu besuchen. Die
Prinzessin von La Roche-sur-Yon war unter denen,
die ich um Rat fragte; diese wollte eben zu den Bädern nach Spa reisen. Mein Bruder war auch zugegen, er hatte Mondoucet mit eingeführt, der Agent
des Königs in Flandern gewesen und kürzlich von da
zurückgekommen war. Er hatte dem Könige vorgestellt, wie die Flamänder mit Unwillen die Usurpa-
tion des Spaniers [68], gegen die Gesetze von Flandern,
an der Oberherrschaft und Verwaltung von Frankreich litten; wie verschiedene Herren und Bürger-
schaften ihm zu verstehen gegeben haben, daß sie im
Herzen gut französisch seien und daß alles die Hände
nach dem Könige von Frankreich ausstreckte. Da
nun aber Mondoucet sah, daß der König seinen Wink
nicht achtete, weil er nichts im Kopfe hatte als die
Hugenotten, die er es fühlen lassen wollte, daß sie ihn
beleidigt, indem sie meinem Bruder gegen ihn beistanden, sprach er nicht weiter mit ihm davon und
wandte sich zu meinem Bruder, der mit einem wahrhaft fürstlichen Sinn keine andre als kühne, gefahr-
volle Unternehmungen liebte, der mehr zum Erobern als zum Erhalten geschaffen war; dieser ging
sogleich ein in diese Unternehmung, die ihn um so
besser dünkte, weil keine Ungerechtigkeit darin lag,
da er nur für Frankreich wieder erobern wollte, was
der Spanier usurpiert hatte [69]. Mondoucet war deshalb in den Dienst meines Bruders getreten, und die-

ser schickte ihn nach Flandern zurück, unter dem
Vorwande, die Prinzessin La Roche-sur-Yon nach
den Bädern von Spa zu begleiten. Da nun jeder nach
einem Vorwand suchte, mich während dem Kriege
aus Frankreich zu schaffen – der eine sagte, nach
Lothringen; einer, nach Savoyen; einer, nach St.
Claude; einer, nach Unsrer lieben Frau zu Loretto –,
sagte Mondoucet leise zu meinem Bruder: «Wenn
die Königin von Navarra irgend eine Unpäßlichkeit
vorschützen könnte, zu der die Bäder von Spa ratsam
wären, wo die Prinzessin von La Roche-sur-Yon
hinreisen will, das könnte für Eure Unternehmung
auf Flandern von großem Nutzen sein!» Mein Bruder fand diesen Vorschlag gleich sehr gut und rief
voller Freude: «O Königin, sucht nicht länger, Ihr
müßt nach den Bädern von Spa mit der Prinzessin
von La Roche-sur-Yon. Ich habe bemerkt, daß Ihr
oft die Rose am Arm habt; sagt nur, die Ärzte hätten
es Euch schon damals verordnet, die Jahreszeit war
aber damals nicht gut dazu; jetzt wäre es die Jahreszeit zu den Bädern, und ihr bittet darum den König,
Euch nun die Reise nach Spa zu erlauben.» Er erklärte
sich weiter nicht vor dieser Versammlung, warum er
es eigentlich wünsche, weil der Kardinal von Bourbon dabei war, den er für spanisch und für guisisch
hielt; ich aber verstand es sogleich, daß es wegen der
flandrischen Unternehmung geschähe, von welcher
Mondoucet mit uns beiden gesprochen. Die ganze

Versammlung war damit zufrieden, und die Prinzessin La Roche-sur-Yon, die mich sehr liebte, freute
sich ungemein darüber; sie versprach mir, sich mit
mir zu gleicher Zeit bei der Königin Mutter einzufinden, wenn ich mit ihr davon sprechen würde, um sie
dazu zu bereden. Den andern Morgen fand ich die
Königin Mutter, und ich stellte ihr vor, wie groß
mein Mißvergnügen sei, den König, meinen Gemahl, im Kriege gegen den König begriffen und
mich von ihm entfernt zu sehen. Es würde, so lange
dieser Krieg dauere, weder ehrenvoll noch schicklich
für mich sein, am Hof zu leben. Ich müßte, wenn ich
bliebe, eins von den beiden Übeln erleiden, daß entweder der König, mein Gemahl, glaube, ich täte es
zu meinem Vergnügen und ich diente ihm nicht, wie
ich sollte; oder daß der König Argwohn gegen mich
fasse und glaube, ich entdecke alles dem Könige,
meinem Gemahl. Beides wäre sehr unglücklich für
mich. Sie möchte es daher doch für gut finden, daß
ich mich vom Hofe entferne, um dem auszuweichen.
Die Ärzte haben mir vor einiger Zeit die Bäder von
Spa verordnet, wegen der Rose am Arm, ein Zufall,
dem ich so oft ausgesetzt sei. Es wäre grade die Jahreszeit zu den Bädern, die Reise wäre mit ihrem Gutachten sehr schicklich, um mich in diesem Augenblick
nicht allein vom Hofe, sondern auch aus Frankreich
zu entfernen, um dem Könige, meinem Gemahl, zu
erkennen zu geben, daß, da ich wegen des Argwohns

des Königs nicht mit ihm sein könnte, ich doch auch nicht an dem Ort sein möchte, wo man Krieg gegen ihn führt. Ich hoffte, sie würde mit ihrer Einsicht die Dinge mit der Zeit so ordnen, daß der König, mein Gemahl, den Frieden und die Gnade des Königs wieder erhielte. Diese glückliche Nachricht wollte ich abwarten, und dann wieder um Urlaub, zum Könige, meinem Gemahl, mich begeben zu dürfen, anhalten. Die Prinzessin La Roche-sur-Yon, die hier zugegen war, wollte mich auf der Reise nach Spa begleiten.

Die Königin Mutter billigte meinen Vorschlag und sagte, sie wäre sehr froh, daß ich diese Maßregel ergriffen; sie habe großen Ärger über den schlechten Rat, den jene Bischöfe dem Könige gegeben, sein Wort nicht zu halten und alles, was sie in seinem Namen versprochen und bedungen, zu vernichten, sie habe aus mehr als einer Rücksicht großen Verdruß davon; daß sie sehen müsse, wie dieser reißende Strom die besten Diener des Königs mit sich fort zöge und verderbe; denn der König hatte vier oder fünfe der ältesten und angesehensten Männer aus dem Staatsrat entfernt. Was ihr aber am meisten im Sinn läge, sei eben das, was ich soeben vorgestellt; daß ich nämlich immer auf eine Art unglücklich sein würde, wenn ich am Hofe lebte. Sie beredete den König, mich nach Spa reisen zu lassen; der König sprach ohne Zorn mit mir darüber und war nur zufrieden, daß ich nicht zum Könige, meinem Gemahl, reisen wollte, den er über alles haßte. Er befahl sogleich einen Kurier an Dom Juan von Österreich[70] zu schicken, der für den König von Spanien in Flandern regierte, ihn um die nötigen Pässe zu bitten, um frei durch die Länder reisen zu dürfen, die unter seiner Botmäßigkeit lagen; man mußte durch einen großen Teil von Flandern, um nach Spa zu kommen, welches in den Ländern des Bistums Lüttich liegt. Nach wenigen Tagen, die mein Bruder dazu anwendete, mich zu unterrichten, was ich für seine flandrische Unternehmung für ihn zu tun habe, trennten wir uns allesamt. Der König und die Königin Mutter gingen nach Poitiers, um der Armee des Herrn von Mayenne, der Breue belagerte, näher zu sein, von da sollte diese Armee nach der Gascogne gegen den König, meinen Gemahl; mein Bruder mit seiner Armee um Issoire, und die andern Plätze zu belagern, die er alle damals einnahm, und ich nach Flandern, begleitet von der Prinzessin La Roche-sur-Yon, meiner Oberhofmeisterin Frau von Tournon, Frau von Mouy aus der Picardie, Frau von Castelaine von Millon, Fräulein von Atrie, Fräulein von Tournon und von sieben oder acht andern Damen. Die Männer in meiner Begleitung waren: der Kardinal von Lenoncourt, der Bischof von Langres, Herr von Mouy aus der Picardie, jetziger Schwiegervater eines Bruders der Königin Louise, Graf von Chaligny genannt mein erster Haushofmeister, meine Stallmeister und andre Edelleute meines Hauses. Diese Versammlung gefiel in der Fremde allgemein sehr wohl, und die Fremden bewunderten sie und bekamen viel Achtung für Frankreich durch sie. Ich reiste in einer Sänfte mit Säulen, mit inkarnatfarbnem Samt ausgeschlagen, der reich mit Gold und mit vielen seidnen Devisen gestickt war; die großen Fensterscheiben waren ebenfalls ganz mit sinnreichen Devisen bemalt; es waren wohl vierzig verschiedene Devisen auf die Sonne und ihre Wirkungen, mit den Auflösungen in spanischer und italienischer Sprache. Meiner Sänfte folgte die der Prinzessin La Roche-sur-Yon und die der Frau von Tournon, meiner Oberhofmeisterin; diesen folgten zehn junge Damen mit ihrer Hofmeisterin zu Pferde und sechs Wagen, worin sich die übrigen Damen und Fräulein befanden[71].

Ich kam durch die Picardie, wo die Städte Befehl vom Könige hatten, mich nach Würden als seine Schwester zu empfangen, welches sie auch so ehrenvoll, als ich nur verlangen konnte, ausführten.

In Castelet, einer Festung drei Stunden von der Grenze von Cambrésis, welches damals der Kirche zugehörte und unabhängig war und den König von Spanien bloß als Protektor anerkannte, sandte der Bischof von Cambrai mir einen Edelmann entgegen, der sich erkundigte, wenn ich von Castelet abreisen würde, damit der Bischof mir bis an die Grenze seines Landes entgegen kommen könnte. Ich fand ihn wirklich daselbst, in schöner Begleitung von vielen Frauen, welche die Kleidung und das ganze Ansehen von wahren Flammändern hatten, denn die Leute in diesem Lande sind sehr stark und dick. Der Bischof war aus dem Hause von Barlemont, einem der vornehmsten in Flandern, die aber ein spanisches Herz hatten, wie sie es auch gezeigt haben, da sie dem Juan am meisten beistanden. Er unterließ nicht, mich mit vielen Ehrenbezeugungen und nicht weniger spanischem Zeremoniell zu empfangen. Ich fand diese Stadt Cambrai, obgleich nicht mit so guten Materialien erbaut als die französischen, dennoch angenehmer, weil die Straßen und Plätze eine viel beßre Proportion haben und weit besser angelegt sind; die großen sehr schönen Kirchen sind eine allgemeine Zierde aller flandrischen Städte. Was ich an Cambray am merkwürdigsten und schätzbarsten fand, war die Zitadelle, die schönste und vollendetste der Christenheit; wie sie es in der Folge, als mein Bruder sie inne hatte, den Spaniern wohl fühlen ließ. Ein rechtschaffner Mann, mit Namen Herr von Ainsi, war zu der Zeit Gouverneur darin; Herr von Ainsi war von Anstand und Bildung und an allem, was einem vollkommen wohlerzognen Mann ziemt, unsern vorzüglichsten Hofleuten gleich, und er hatte ganz und gar nichts von dem rohen Wesen an sich,

das den Flammändern natürlich zu sein scheint. Der
Bischof gab uns eine Mahlzeit, und nach dem Nachtessen verschaffte er uns das Vergnügen eines Balls,
zu welchem er alle Damen der Stadt eingeladen hatte.
Da er selber sich nicht dabei einfand, sondern sich
gleich nach dem Nachtessen wegbegeben hatte, denn
er war, wie gesagt, von zeremoniellem spanischem
Gemüt, so ließ er Herrn von Ainsi als den ansehnlichsten der Gesellschaft zurück, mich während des Balls
zu unterhalten und mich nachher zur Kollation zu
führen; mich dünkt, es war sehr unvorsichtig, da
ihm die Zitadelle aufgetragen war. Ich rede nach der
Erfahrung, die ich auf meine Unkosten gemacht
habe, davon, wie man sich betragen muß, wenn man
den Auftrag hat, eine Festung zu bewachen, ich habe
es mehr, als es mir lieb ist, erfahren.

Das Andenken an meinen Bruder verließ mich keinen Augenblick, denn er war mir über alles lieb und
wert. Da ich mich nun der Vorschriften, die er mir
gegeben, erinnerte, sah ich ein, daß dies eine sehr
schöne Gelegenheit zu einem Dienst in den flandrischen Angelegenheiten sei. Diese Stadt Cambrai war
gleichsam der Schlüssel zu Flandern; ich ließ sie daher nicht ungenützt vorübergehen und wandte allen
Verstand, den Gott mir gegeben, dazu an, Herrn von
Ainsi für Frankreich und für meinen Bruder geneigt
zu machen. Gott gab, daß es mir gelang, Herrn von
Ainsi gefielen meine Reden; er beschloß, so lange

als möglich bei mir zu sein und mich zu begleiten, so
lange ich in Flandern sein würde. Er forderte Urlaub
bei seinem Oberherrn, um mich bis Namur begleiten
zu dürfen, wo Dom Juan von Österreich mich erwartete, und gab vor, er wünsche die Feierlichkeiten
dieses Empfangs zu sehen. Der hispanisierte Flamm-
länder war so unklug, ihm Urlaub zu geben. Während dieser Reise, die zehn bis zwölf Tage dauerte,
redete er so oft mit mir, als es anging. Er entdeckte
mir offen sein ganz französisches Herz; daß er sich
sehne, einen so hohen Prinzen als meinen Bruder
zum Herrn und Meister zu haben, und daß er die
Unterwürfigkeit gegen seinen Bischof und dessen
Oberherrschaft verachte, der zwar ein Regent, aber
doch nur ein Edelmann war wie Herr von Ainsi
selber und ihm an Eigenschaften des Geistes und
des Körpers sehr untergeordnet.

Von Cambrai aus hielt ich Nachtlager in Valenciennes; ein flandrisches Land, wo Graf von Lalain,
sein Bruder, Herr von Montigny, und eine Menge
andrer Edelleute, zwei- bis dreihundert an der Zahl,
mir entgegenkamen, um mich am Ausgang der Länder von Cambrésis, so weit der Bischof von Cambrai
mich begleitet hatte, zu empfangen. Valenciennes
steht an Macht zwar Cambrai nach, aber nicht an der
Zierde der schönen Plätze und schönen Kirchen. Die
Springbrunnen und die Uhren, welche mit dem den
Deutschen eignen Kunstfleiß gemacht waren, veran-

laßten bei unsern Franzosen keine geringe Bewunderung; denn sie hatten vorher nie gehört, wie Uhren mit verschiednen Stimmen eine angenehme Musik aufführen wie von ebensoviel Personen, wie es jetzt in dem kleinen Schloß in der Vorstadt St. Germain zu hören ist. Die Stadt stand unter dem Gouvernement des Grafen Lalain, er bewirtete daselbst die Herrn und Edelleute aus meinem Gefolge; die Damen aber zu bewirten, verschob er bis Mons, wo seine Gemahlin, seine Schwiegerin Frau von Avrec nebst den vorzüglichsten, artigsten Damen mich erwarteten; der Graf und sein Gefolge führten mich den andern Tag ihnen zu. Er nannte sich einen Anverwandten des Königs, meines Gemahls, und war ein Mann von großem Ansehen und Macht; die spanische Herrschaft war ihm beständig verhaßt gewesen, wegen der Hinrichtung des Grafen Egmont[72], seines nahen Verwandten; obgleich er sein Gouvernement erhalten hatte, ohne sich in das Bündnis des Prinzen von Oranien[73] oder der Hugenotten eingelassen zu haben, weil er ein eifriger Katholik war, so wollte er doch weder Dom Juan jemals sehen noch erlauben, daß er oder irgend einer von der spanischen Partei in die Länder seines Gouvernements komme. Dom Juan durfte ihn nie mit Gewalt dazu zwingen, weil er fürchtete, es möchten sich, wenn er ihn angriffe, die verbündeten Katholiken in Flandern, welche man die vereinigten Staaten nennet, mit denen des Prinzen

von Oranien und der Hugenotten vereinigen, welches seitdem auch diejenigen wohl erfahren haben,
die für den König von Spanien waren. Graf Lalain
konnte mir also bei seiner Art zu denken nicht genug
seine Freude über meine Gegenwart bezeigen; er
hätte seinem natürlichen Herrn und Fürsten nicht
mehr Ehre, mehr Freude und Zuneigung erweisen
können. Als ich zu Mons in dem Hause des Grafen
ankam, wo man mir eine Wohnung bestimmt hatte,
fand ich seine Gemahlin auf dem Vorhofe mit wohl
achtzig oder hundert Damen aus der Stadt und des
Landes, von denen ich empfangen wurde, nicht wie
eine fremde, sondern wie ihre regierende Fürstin.
Die Flammänderinnen sind von Natur zutraulich,
freundlich und fröhlich; und da die Gräfin Lalain mit
dieser Gemütsart vielen und erhabenen Verstand
vereinigte (sie war so wohl hierin als nicht weniger
von Ansehen und Betragen Ihrer Cousine sehr ähnlich), so war ich gleich gewiß, mit ihr eine recht genaue Freundschaft stiften zu können; diese Freundschaft war für die Absichten meines Bruders sehr
günstig, denn sie hatte großen Einfluß auf ihren Gemahl und vermochte alles über ihn.

Zur Zeit des Nachtessens hatten wir ein großes
Gastmahl und nachher Ball; solange ich in Mons
blieb, war es alle Tage so, und ich blieb länger dort,
als ich erst wollte; denn ich war erst Willens, den andern Morgen wieder abzureisen, aber diese artige

Frau beredete mich, eine ganze Woche bei ihnen zu-
zubringen; anfangs wollte ich es nicht, aus Besorgnis
ihnen beschwerlich zu sein, aber weder sie noch ihr
Gemahl hörten auf, deshalb in mich zu dringen, bis
ich endlich nachgab; und auch am Ende der Woche
ließen sie mich ungern fort! Ich lebte in großer Vertraulichkeit mit der Gräfin Lalain; sie blieb bei mir,
wenn ich mich zu Bette legte, in später Nacht und
wäre gern immer länger geblieben; dies ist von einer
Dame ihres Standes etwas Außerordentliches und
zeigt eine überaus große Güte des Herzens und ein
ungezwungenes natürliches Wesen an. Sie säugte
auch ihren kleinen Sohn selber; als sie den andern
Tag bei der Mittagstafel neben mir saß, wo man in
diesem Lande sich mit der größten Freimütigkeit
mitzuteilen pflegt, mein ganzer Sinn aber nur darauf
gerichtet war, wie ich die Absichten meines Bruders
befördern möchte, brachte man ihr ihren kleinen
Sohn, damit sie ihm zu trinken gebe. Sie war sehr
geputzt und ganz bedeckt von Schmuck und reicher
Stickerei; sie hatte eine spanische Robille an, von
Goldstoff mit schwarzem Grunde, worauf Streifen
von Stickerei mit goldner und silberner Cantille; ein
kleines Wams von weißem Silberstoff mit goldner
Stickerei und mit großen diamantnen Knöpfen zuge-
knöpft; diesen Anzug fand ich sehr passend für eine
säugende Frau. Sie legte das Kind, das auch in sehr
reichen Windeln lag, zwischen uns beiden auf die Ta-

fel, knöpfte ganz frei ihr Wams auf und gab dem
Kinde die Brust. Bei einer andern hätte man dies vielleicht unschicklich finden können, sie tat es aber, wie
alles was sie tat, mit so viel Anmut und Naivheit, daß
sie ebenso viel Beifall erhielt als die Gesellschaft Vergnügen. Nach aufgehobener Tafel fing der Ball in
demselben Saale an, der sehr groß und schön war. Da
wir nebeneinander saßen, sagte ich ihr: «Obgleich
das Vergnügen, welches ich in dieser Gesellschaft
fühle, zu den größten gehört, die ich je gekannt; so
wünschte ich fast, es nie gekannt zu haben, wegen
des Unmuts, wenn ich sie nun verlassen muß; mit
der Überzeugung, daß das Schicksal uns wohl die
Freude, uns wieder zu sehen, versagen wird. Es ist
ein Unglück für mich, daß wir dem Himmel nicht
ein gemeinschaftliches Vaterland verdanken!» Ich
fing dieses Gespräch mit ihr an, um sie hinein zu ziehen, weil es den Absichten meines Bruders dienlich
war. Sie antwortete mir: «Dies Land war vormals
französisch, bei Gericht wird auch die französische
Sprache noch gebraucht, und aus den Herzen der
meisten unter uns ist die natürliche Neigung zu
Frankreich nicht gewichen. Ich wenigstens trage
nichts so sehr am Herzen, seitdem ich Euch zu sehen
das Glück habe. Ehedem waren wir dem Hause
Österreich zugetan; seit der Hinrichtung der Grafen
Egmont, Horn, des Barons Montigny und der andern damals hingerichteten Herrn, die alle unsre nahe

Anverwandte und verwandt mit dem größten Teil des Adels dieses Landes waren, ist uns nichts so sehr verhaßt als diese spanische Herrschaft, und wir wünschen eifrig, uns von ihrer Tyrannei zu befreien. Wir wissen es aber noch nicht anzufangen, denn das Land ist uneinig wegen der verschiedenen Religionsparteien. Wären wir vereint, wir hätten die Spanier bald hinausgetrieben, so einzeln aber sind wir nicht mächtig genug. Wollte Gott, es gefiele dem Könige von Frankreich, Eurem Bruder, das Land wieder zu erobern, das von Alters her schon sein ist! Mit offenen Armen würden wir ihn empfangen!» Sie sagte das zwar wie aus dem Stegreif, aber es war wohl vorher bedacht, Hülfe bei Frankreich zu suchen. Da ich nun so den Weg zu meinen Absichten gebahnt fand, sagte ich ihr: «Mein Bruder, der König von Frankreich, ist nicht gesonnen, einen Krieg in der Fremde zu unternehmen, da er in seinem eignen Reich den Krieg mit den Hugenotten führt, er ist also an jeder auswärtigen Unternehmung verhindert. Aber mein Bruder, der Herzog von Alençon, der an Tapferkeit, Einsicht und Gütigkeit keinem meiner königlichen Ahnen und Brüder etwas nachgibt, könnte sich eher zu dieser Unternehmung verstehen, und er besitzt nicht weniger Mittel, Euch zu helfen, als mein Bruder, der König von Frankreich. Er ist in den Waffen erzogen und als einer der besten Heerführer unsrer Zeit geschätzt. Er kommandiert auch in diesem Augenblick eine Armee des Königs gegen die Hugenotten; seitdem ich weg bin, hat er eine sehr starke Festung, Issoire, und noch einige andre eingenommen. Keinen andern Fürsten könntet Ihr zur Hülfe rufen, der Euch so nützlich wäre, denn er ist Euch benachbart, und das große Frankreich steht ihm zu Gebote, woher er alle Mittel und Kriegsbedürfnisse mit Leichtigkeit ziehen kann. Seid versichert, wenn der Graf, Euer Gemahl, ihm diese Gefälligkeit erzeigt, daß er jeden Teil an seinem Glücke nehmen soll, den er selber nur verlangt; denn mein Bruder ist sanft, nicht undankbar, und nichts ist ihm angenehmer, als für einen guten Dienst oder eine Gefälligkeit erkenntlich sein zu können. Er liebt und verehrt die tapfern und ehrliebenden Männer; auch sind die Besten Frankreichs in seinem Dienste. Man wird, glaube ich, in Frankreich bald einen Frieden mit den Hugenotten machen, es ist möglich, daß ich ihn bei meiner Zurückkunft schon geschlossen finde; ist nun der Graf, Euer Gemahl, mit Euch gleichen Sinnes, so berichte er mir, ob ich meinen Bruder dazu bewegen soll; ich bin gewiß, dies Land, und vorzüglich Euer Haus, wird sich sehr wohl dabei befinden. Erhält mein Bruder durch Eure Vermittlung die Oberherrschaft des Landes, so werdet ihr mich sicher sehr oft hier sehen; denn die Liebe zwischen uns beiden ist so groß, als sie nur immer zwischen Bruder und Schwester stattfinden kann.»

Sie bezeigte mir ihre Zufriedenheit über diese
Eröffnung und sagte, sie hätte nicht bloß von ungefähr so zu mir geredet; sondern da sie sich mit meiner
Liebe beehrt gesehen, hätte sie beschlossen, mich
nicht fortreisen zu lassen, ohne mir ihre Lage zu entdecken und ohne mich zu bitten, daß ich ihnen von
Seiten Frankreichs Hülfe schaffe, um sie von der
Furcht zu befreien, sich entweder in ewige Kriege
verwickelt oder unter der spanischen Tyrannei ge-
beugt zu sehen. Sie bat mich hierauf um Erlaubnis,
ihrem Gemahle alles mitteilen zu dürfen, was wir zusammen gesprochen, damit sie beide den andern Tag
das weitere mit mir verabreden könnten; worin ich
natürlich gleich willigte. Wir brachten den ganzen
Nachmittag mit dergleichen Gesprächen zu, die ich
zu meinen Absichten dienlich glaubte, woran sie
auch viel Vergnügen fand. Nach geendigtem Ball
gingen wir in die Vesper, zu den Stiftsdamen; ein
Nonnenorden, den wir in Frankreich nicht haben. Es
sind Fräulein, die man als Kinder hineingibt, um sie
hernach vorteilhafter zu verheiraten und daselbst
bleiben zu lassen, bis sie in dem Alter dazu sind. Sie
haben kein gemeinschaftliches Schlafzimmer, sondern abgesonderte Häuser, jedoch alle in demselben
Bezirk, wie die Stiftsherren. In jedem Hause wohnen
drei, vier, bis sechs junge Fräulein mit einer Alten;
diese sind diejenigen, die nicht geheiratet haben, so
wie auch die Äbtissin nicht heiratet[74]. Die Nonnen-

kleidung tragen sie bloß in der Kirche, des Morgens
während des Gottesdienstes und nachmittags in der
Vesper. Nach geendigtem Gottesdienste kleiden sie
sich wieder um und ziehen sich wie junge Mädchen
an und gehen frei wie die andern zu den Bällen und
Lustbarkeiten; sie kleiden sich folglich viermal täglich um. Sie kamen alle Tage zu uns zum Ball und
zum Gastmahl und tanzten gewöhnlich mit.

Der Gräfin Lalain ward die Zeit lang, eh sie mit
ihrem Gemahl von dem glücklichen Anfang ihrer
Geschäfte reden konnte; sie tat es aber noch in derselben Nacht und führte den Morgen drauf ihren Gemahl zu mir. Dieser hielt mir eine lange Rede über
die gerechten Ursachen, die er habe, sich von dem
spanischen Joche zu befreien. Er glaubte hiebei,
nichts gegen seinen rechtmäßigen Fürsten zu unternehmen, denn er wußte, daß die Herrschaft über
Flandern dem Könige von Frankreich zukomme. Er
zeigte mir die Mittel, die er in Händen hatte, meinem
Bruder die Oberherrschaft in Flandern zu verschaffen, denn das ganze Hennegau, welches sich beinah
bis an Brüssel erstreckt, war ihm ergeben. Er war nur
wegen des Cambrésis besorgt, das zwischen Flandern und Hennegau liegt, und meinte, es wäre gut,
den Herrn von Ainsi zu gewinnen, der noch bei uns
war. Ich wollte es dem Grafen nicht sagen, daß ich
schon das Wort des Herrn von Ainsi hatte, sondern
bat ihn, sich selber um ihn zu bemühen, er könnte es,

als sein Nachbar und sein Freund, füglicher tun als ich. Nachher beschlossen wir, nachdem ich ihm die Versicherung gegeben, wie sehr er auf das Zutrauen und die Liebe meines Bruders rechnen dürfe, an dessen Glück er, seinem ausgezeichneten Verdienst gemäß, allen Anteil nehmen würde; wir beschlossen, daß ich bei meiner Zurückkunft mich zu La Fère aufhalten sollte, wo mein Bruder und Herr von Montigny, Bruder des Grafen Lalain, hinkommen und die Sache zusammen verabreden sollten; ich tat alles, um ihn in seinen Vorsätzen zu befestigen, und die Gräfin war nicht weniger tätig dabei als ich.

Den Tag, als ich mich von dieser schönen Gesellschaft zu Mons trennen mußte, waren wir alle, sowohl ich als die flammändischen Damen und besonders die Gräfin Lalain, sehr traurig. Sie hatte mir ihre ganze Freundschaft geschenkt, und ich mußte es ihr zusagen, auf der Rückreise wieder durch Mons zu kommen. Ich gab ihr ein Schmuckkästchen und ihrem Gemahl einen Orden und Ordenskette von Edelsteinen, von großem Wert; jene aber schätzten es mehr, weil es aus den Händen einer Person kam, die sie sehr liebten, als wegen des Werts. Alle Damen blieben dort, nur Frau von Harrach ging mit nach Namur, wo ich übernachtete. Ihr Gemahl und ihr Schwager, der Herzog von Arschot, wohnten daselbst seit dem Frieden zwischen dem Könige von Spanien und den Staaten von Flandern. Obgleich sie

zu der Flandrischen Partei gehörten, war doch der
Herzog von Arschot, zur Zeit als er in Flandern und
in England war, einer der allergalantesten Hofleute
am Hofe des Königs Philipp; auch gefiel er sich nirgend als an den Höfen und bei den Großen. Graf Lalain und der übrige Adel begleiteten mich so weit sie
konnten, an zwei Stunden weit außerhalb seines
Gouvernements und bis man das Gefolge des Dom
Juan erblickte, dann nahm er Abschied, denn sie
wollten sich, wie gesagt, nicht sehen. Herr von Ainsi
allein ging weiter mit, weil sein Herr, der Bischof
von Cambrai, von der spanischen Partei war. Kurz
darauf, nachdem jener schöne Haufe mich verlassen,
traf ich Dom Juan von Österreich, begleitet von gewaltig viel Lakaien, aber nur von zwanzig oder drei-
ßigen zu Pferde. Mit ihm waren der Herzog von Arschot, Herr von Harrach, Marquis von Varembon
und der junge Balançon, Gouverneur der Grafschaft
Burgund für den König von Spanien; alle diese waren, als höfliche feine Männer, mit Post gekommen,
um sich da auf meinem Wege zu finden. Unter den
Dienern des Dom Juan war keiner von bedeutendem
Namen oder Ansehen als ein Ludwig von Gonzaga,
der sich für einen Verwandten des Herzogs von
Mantua ausgab. Die übrigen waren geringe Leute
von schlechtem Ansehen; kein Adliger von Flandern
war darunter. Dom Juan stieg vom Pferde, um mich
in meiner Sänfte zu begrüßen; sie war ganz offen

und die Vorhänge von allen Seiten aufgezogen. Ich
grüßte nach französischer Sitte sowohl ihn als den
Herzog von Arschot und Herrn von Harrach. Nach
einigen höflichen Worten stieg er wieder zu Pferde
und unterhielt sich beständig mit mir, bis wir an die
Stadt kamen, welche wir erst sehr spät erreichten,
weil die Damen zu Mons mich sehr lange aufgehalten
hatten. Sogar schon in der Sänfte sitzend, mußte ich
dennoch wohl noch eine Stunde ihnen die Devisen
alle daran erklären, an welchen sie außerordentlich
viel Vergnügen fanden. Es war aber, wie denn die
Spanier darin wirklich Meister sind, in Namur alles
so schön angeordnet und die Stadt so erleuchtet, daß
man von dem Schein der vielen Lichter in den Fenstern und in den Boutiken einen neuen Tag leuchten
zu sehen glaubte. Denselben Abend ließ Dom Juan
mich und die meinigen in unsern Zimmern speisen,
in der Meinung, daß es nicht vernünftig sei, uns nach
einer langen beschwerlichen Reise mit einem Gast-
mahle zu bemühen. Das Haus, welches er mich be-
wohnen ließ, war zu meinem Empfang eigentlich
eingerichtet; man hatte Mittel gefunden, einen großen schönen Saal und ein vollständiges Appartement
für mich mit den dazu gehörigen Zimmern, Vorzim-
mern, Kabinetten und Salons einzurichten, alle mit
den schönsten und kostbarsten Möbeln versehen, die
ich je gesehen. Die Tapeten waren alle von Samt oder
Atlas, zwischen großen Säulen von Silberstoff, mit

reicher Stickerei von dicken Schnüren und Leisten
von goldner Stickerei, welche sich auf die schönste
und reichste Weise von der Welt hervorheben, an
diesen Säulen waren die Bildnisse großer Männer in
antiker Kleidung mit derselben Stickerei. Der Herr
Kardinal von Lenoncourt, der einen wißbegierigen
sinnreichen Geist besaß, war vertraut worden mit
dem Herzog von Arschot, der, wie ich schon gesagt,
ein alter Hofmann war, von höflichen feinen Sitten,
und gewiß die ganze Zierde des Gefolges des Dom
Juans. Als er nun, während wir uns da aufhielten, die
kostbaren und vortrefflichen Möbeln betrachtete,
sagte er ihm: «Mich dünken diese Möbeln schicklicher für einen großen König als für einen jungen
Prinzen wie Señor Dom Juan.» Darauf antwortete
der Herzog von Arschot: «Auch sind sie durch einen
Zufall hier und weder aus Pracht noch mit Absicht.
Die Stoffe sind dem Prinzen von einem Pascha des
Großsultans übersendet, dessen Kinder er in dem berühmten Siege gegen die Türken zu Gefangenen gemacht hatte. Da nun Señor Dom Juan so edelmütig
war, sie ihm, ohne Ranzion zu verlangen, wiederzu-
schicken, so hat ihm der Pascha ein Geschenk gemacht von vielen goldnen und silbernen Stoffen; er
erhielt sie gerade, als er in Mailand war, wo man dergleichen am besten zu benutzen weiß. Er ließ dort
diese Tapeten davon machen, und zum Andenken
der ruhmvollen Gelegenheit, die sie ihm verschaffte,

ließ er an den Bettvorhängen und den Tapeten des Zimmers, welches die Königin bewohnt, die See- schlachten in Stickerei arbeiten, welche seinen glor- reichen Sieg über die Türken in jener berühmten Schlacht bei Lepanto vorstellt.»

Den Morgen ließ Dom Juan uns eine Messe hören nach spanischer Weise mit der vollen Musik von Gei- gen und Hörnern; von da gingen wir zum Mittag- mahl in den großen Saal. Er und ich saßen allein an einem Tisch; drei Schritte von uns stand die große Tafel, woran die andren Damen und Herrn saßen. Dom Juan ließ sich von Ludwig von Gonzaga kniend bedienen. Nach der Tafel war Ball, der den ganzen Abend durch währte. Dom Juan unterhielt mich und sagte mir oft, er bewundre meine Ähnlich- keit mit seiner Gebieterin, der seligen Königin, mei- ner Schwester, welche er sehr verehrte[75]. Er bezeigte mir und meinem Gefolge durch alle ersinnliche Höf- lichkeit und Ehrenbezeugungen seine Freude, mich bei sich zu sehen. Die Fahrzeuge, mit welchen ich über die Maas bis nach Lüttich fahren sollte, wurden nicht fertig; ich mußte also den andern Tag noch ver- weilen; den Vormittag brachten wir wie den ersten zu; den Nachmittag setzten wir uns in ein sehr schö- nes Fahrzeug auf den Fluß, umringt von andern Fahrzeugen, auf denen sich Musiker mit Oboen, Geigen und Hörnern befanden. Wir fuhren nach einer Insel, wo Dom Juan, in einem Saal von Epheu umgeben, ein Gastmahl hatte zubereiten lassen; rings umher waren Lauben, worin Musik von Oboen und andern Instrumenten während der Mahlzeit ertönte. Nach aufgehobener Tafel und nach dem Ball, der einige Stunden währte, kehrten wir in dieselben Fahrzeuge, welche uns hingebracht und Dom Juan zu meiner Reise hatte machen lassen, wieder zurück. Den andern Morgen bei der Abreise begleitete mich Dom Juan bis an das Fahrzeug. Nach einem ehrenvollen höflichen Abschied ließ er mir Herrn und Frau von Harrach zurück, mich bis Huy zu begleiten, die erste Stadt des Bistums Lüttich, wo ich die Nacht bleiben wollte. Herr von Ainsi blieb noch nach Dom Juan in dem Fahrzeuge, dann nahm er traurig Abschied von mir und unter den heiligsten Versicherungen, mir und meinem Bruder ewig ergeben zu sein. Er hatte nicht Urlaub, mich weiter zu begleiten.

Das neidische verräterische Geschick ertrug länger nicht den Ruhm, der mich auf dieser Reise begleitete: Es verkündete mir durch zwei traurige Vorbedeutungen das Übel, das ihr Neid mir bei meiner Zurückkunft bereitete. Die erste war, daß, sobald das Fahrzeug anfing, sich vom Ufer zu entfernen, Fräulein Tournon, die Tochter meiner Oberhofmeisterin, von einem so heftigen Übel befallen ward, daß sie vor entsetzlichem Schmerz laut aufschreien mußte. Sie fühlte einen heftigen Druck auf dem Herzen; die Ärzte vermochten durch kein Mittel weder

ihn zu lindern, noch konnten sie ihren Tod verhindern; wenige Tage nach meiner Ankunft in Lüttich
starb sie. Ich werde ihre traurige Geschichte gehörigen Orts erzählen, denn sie ist merkwürdig. Die
zweite üble Vorbedeutung war, daß, als wir zu Huy
ankamen, einer Stadt, welche am Abhang eines Ber-
ges liegt, ein reißender Strom vom Berge herunter
den Fluß plötzlich so anschwellen machte, in dem
Augenblick als unser Fahrzeug landete, daß wir
kaum Zeit hatten, in vollem Lauf die Anhöhe zu gewinnen. Das Wasser folgte uns auf dem Fuße nach,
alle Straßen überschwemmend, und war mit uns zu
gleicher Zeit in der für uns bestimmten Wohnung in
der am höchsten gelegenen Straße. Wir mußten uns
denselben Abend mit dem behelfen, was der Herr
vom Hause uns geben konnte; es war nicht möglich,
weder meine Leute noch meine Kleider aus dem
Fahrzeuge holen zu lassen, noch weniger konnte man
etwas aus der ganz überschwemmten Stadt holen;
sie wurde nicht weniger wunderbar von dieser
Sündflut befreit, als sie davon ergriffen worden war;
denn mit Anbruch des Tages hatte sich das Wasser
wieder zurückgezogen und in sein gewöhnliches
Bett begeben.

Herr und Frau von Harrach kehrten wieder nach
Namur zurück, zu Dom Juan, und ich begab mich
wieder in mein Fahrzeug, um noch denselben Abend
in Lüttich zu sein. Der Bischof von Lüttich empfing

mich ehrenvoll und gab alle Beweise des guten Willens, die man von einer höflichen und wohlwollen-
den Person erwarten darf. Er war ein sehr tugendhaf-
ter, gütiger und verständiger Herr; er sprach sehr gut
französisch, seine Person war angenehm, seine Sitten
edel und prachtliebend, und er war ein liebenswürdi-
ger Gesellschafter. In seinem Gefolge waren einige
Domherrn und das ganze Kapitel, lauter Herzoge,
Grafen und großer Herrn Söhne aus Deutschland;
denn das Bistum Lüttich ist ein eigner Staat für sich
von nicht geringem Umfange, mit vielen ansehn-
lichen Städten versehen, und besitzt große Einkünfte.
Aus den Domherrn, die alle von Adel sein und ein
Jahr daselbst gewohnt haben müssen, wird jedesmal
der Bischof gewählt. Die Stadt ist fast wie Lyon, aber
größer; die Maas fließt durch; sie ist sehr gut ge-
bauet, jedes Domherrn Haus ist ein schöner Palast;
lange und breite Straßen; große Plätze mit schönen
Springbrunnen, die mit so vielem Marmor verziert
sind, den sie ganz noch dabei haben, daß sie ganz von
Marmor erbaut scheinen; die Uhren mit deutscher
Künstlichkeit verfertigt, mit ihrem verschiedenen
musikalischen Glockenspiel, als ob es ebenso viele
menschliche Stimmen wären.

Der Bischof empfing mich, als ich aus dem Fahrzeug ans Land stieg, und führte mich in seinen herrlichen Palast, den er verlassen hatte, um ihn mir ganz
einzuräumen. Für ein Haus in der Stadt ist es schöner

und bequemer eingerichtet, als ich vorher je gesehen hatte; denn es sind mehrere Gärten mit schönen Springbrunnen dabei und Galerien mit so vielen vortrefflichen Gemälden und so reich mit Vergoldungen und Marmor verziert, wie man nichts Köstlicheres und Prachtvolleres sehen kann.

Da die Quellen von Spa nur drei oder vier Stunden von dort liegen und sich nur ein kleines Dorf von einigen elenden Häusern dabei befindet, so rieten die Ärzte der Prinzessin La Roche-sur-Yon, sich das Wasser nach Lüttich kommen zu lassen; wenn man es nur bei Nacht, ehe die Sonne aufgegangen, bringen läßt, so behält es dieselbe Kraft und Eigenschaft als an der Quelle. Ich war sehr froh, daß wir nun in einem so bequemen Haus und in so guter Gesellschaft bleiben durften. Außer der Gesellschaft Sr. Gnaden (so wird der Bischof von Lüttich genannt, eben wie man einen König «Se. Majestät» oder einen Prinzen «Se. Hoheit» nennt) kamen noch auf das Gerücht, daß ich mich dort befände, verschiedene Herrschaften aus Deutschland hin, um mich zu sehen, unter andern die Gräfin Aremberg, dieselbe, welche die Ehre hatte, die Königin Elisabeth nach Mézières zu begleiten, als sie mit dem Könige Karl, meinem Bruder, vermählt ward, und hernach begleitete sie meine älteste Schwester zum Könige von Spanien, ihrem Gemahl; eine Dame, die von der Kaiserin, vom Kaiser und von allen christlichen Fürsten sehr geschätzt

ward. Ihre Schwester, die Frau Landgräfin, Frau von
Aremberg ihre Tochter, Graf Aremberg ihr Sohn,
ein rechtschaffner artiger Mann, das wahre Bild seines Vaters, der damals meinem Bruder, dem König
Karl, die Hülfe aus Spanien brachte, wobei er sich so
viel Ehre und guten Ruf erwarb. Die Freude, sie ankommen zu sehen, ward durch den unglücklichen
Tod der Fräulein Tournon sehr getrübt, deren merk-
würdige Geschichte ich hier nicht übergehen kann,
und ihr zu Gefallen muß ich hier eine Abschweifung
in meiner Erzählung machen.

Die älteste Tochter meiner Oberhofmeisterin, der
Frau von Tournon, hatte Herrn von Balançon geheiratet, Gouverneur für den König von Spanien von
der Grafschaft Burgund. Sie bat ihre Mutter, ihr die
jüngere Schwester, Fräulein von Tournon, mitzuge-
ben, damit sie ihr in ihrem Hause beistehen und ihr
Gesellschaft leisten möchte, da sie von allen ihren
Verwandten entfernt ward und in die Fremde mußte.
Die Mutter gab es zu, sie blieb einige Jahre dort und
wußte sich sehr angenehm und beliebt zu machen,
obgleich sie eben nicht schön war, aber ihre Schönheit bestand in ihren liebenswürdigen Eigenschaften,
ihrer Tugend und anmutigem Wesen. Der Marquis
von Varembon wohnte mit seinem Bruder, Herrn
von Balançon, in einem Hause mit ihr, er war damals
zur Kirche bestimmt; er faßte aber eine heftige Liebe
zur Fräulein von Tournon und wollte sich mit ihr

vermählen; er hatte sein Gelübde noch nicht abge-
legt. Er erklärte dieses ihren und seinen Anverwandten; von ihrer Seite fand man nichts dagegen, aber
Herr von Balançon, der es für sich von größerm
Nutzen hielt, wenn sein Bruder Geistlicher wurde,
widersetzte sich mit dem größten Eigensinn der Heirat. Frau von Tournon, eine verständige, vorsichtige
Frau, findet sich beleidigt und nimmt ihre Tochter
wieder von ihrer Schwester, der Frau von Balançon,
fort und wieder zu sich. Sie war eine etwas harte,
zornmütige Frau und begegnete ihrer Tochter ohne
Schonung, obgleich sie doch schon erwachsen war
und eine sanftere Behandlung wohl verdiente. Nie
hatte Fräulein Tournon trockne Augen; ihre Mutter
schalt sie und schrie unaufhörlich mit ihr; gleichwohl
tat sie nie etwas, das Tadel verdiente, aber es war einmal die natürliche strenge Gemütsart ihrer Mutter.
Da sie nun sehr wünschte, von dieser Tyrannei befreit zu werden, freute sie sich, als sie hörte, ich
würde nach Flandern reisen, denn sie dachte gleich,
daß der Marquis von Varembon sich einfinden
würde, wie es auch wirklich geschah. Da er nun damals den geistlichen Stand dennoch völlig verlassen
und also im Stande war, sie zu heiraten, hoffte sie, er
würde bei ihrer Mutter um sie anhalten. Zu Namur
fanden sich auch, wie ich schon gesagt, der Marquis
von Varembon und der jüngste Balançon ein. Der
jüngste Balançon, der bei weitem nicht so liebens-

würdig war als sein Bruder, redete Fräulein Tournon
an, bemühte sich um sie, aber der Marquis von Varembon tat, solange wir in Namur waren, als hätte er
sie nie gekannt. Sie strengte gewaltsam alle ihre
Kräfte an, um ihn merken zu lassen, was sie fühle,
aber ihr Herz war von Angst, Verdruß und Schmerz
gepreßt, und in dem Augenblick, als er das Schiff
verließ, wo er Abschied von uns genommen, fühlte
sie sich so angegriffen und zerstört, daß sie ohne hef-
tiges Schreien und ohne die tödlichsten Schmerzen
nicht mehr atmen konnte. Es war kein einziger
Grund zu ihrer Krankheit vorhanden als dieser innere
Schmerz; ihre Jugend kämpfte noch einige Tage mit
dem Tode, aber dieser siegte und raubte sie mir und
ihrer Mutter, die nicht mehr als ich über diesen Verlust trauern konnte; ihre Mutter liebte sie sehr, obgleich sie ihr hart begegnete. Ihre Beerdigung geschah so ehrenvoll als möglich, denn sie war aus
einem großen Hause und gehörte eigentlich der Königin Mutter. Viere von meinen Edelleuten erhielten
Befehl, ihre Leiche zu Grabe zu tragen; einer von ihnen war La Boessière, der sie leidenschaftlich geliebt
hatte, ohne es ihr jemals zu sagen; er kannte ihre
strenge Tugend, und seine Geburt war der ihrigen
nicht gleich. Dieser nun trug ihre sterbliche Hülle;
selber den Tod erleidend durch ihren Tod, so wie er
ehemals ihn schon erlitt durch seine Liebe!

Der strafbare Marquis von Varembon bereute

einige Tage nach meiner Abreise von Namur seine Grausamkeit. Seine Liebe, o wunderbares Schicksal! die in der Gegenwart erloschen war, entzündete in der Abwesenheit sich aufs neue! Er entschließt sich zurückzureisen und bei ihrer Mutter um sie anzuhalten, vertrauend seinem guten Glück, denn alle Frauen liebten ihn, von denen er geliebt zu sein wünschte, wie er dann auch seit kurzem eine große Dame gegen den Willen ihrer Eltern geheiratet; und hoffte mit Gewißheit, seine Gebieterin würde ihm verzeihen; er wiederholte sich die italienischen Worte: *che la forza d'amore non risguarda al delitto*. Er bat Dom Juan, ihm einen Auftrag an mich zu geben, reiste eiligst zurück und kam in demselben Moment zu Lüttich an, als man den Leib der Unglücklichen, Schuldlosen in der Glorie ihrer Jungfräulichkeit durch die große Straße zur Kirche trug, um ihn in die Erde zu senken. Das Gedränge des Leichenzugs versperrt ihm den Weg, er schaut hin, was es sein mag, erblickt von weitem mitten unter einem zahlreichen Haufen von Leuten in Trauerkleidern ein weißes Leichentuch mit Blumenkränzen bedeckt. Ein Bürger antwortet ihm auf seine Fragen, es würde jemand begraben; er wird neugieriger, drängt sich bis zu dem Vordersten des Leichenzugs und hört mit immer steigender Unruhe nicht zu fragen, bis er es erfährt, wer es sei. O tödlicher Bericht! So rächte sich die Liebe an der undankbaren Treulosigkeit und ließ ihn fühlen, was seine Geliebte bei seinem strafbaren Vergessen gefühlt hatte; den Pfeil des Todes! «Es ist die Leiche der Fräulein von Tournon!» wird ihm zugerufen, und ohnmächtig sinkt er vom Pferde. Man bringt ihn für tot in ein Haus; zu spät war es, sich im Leben mit ihr zu vereinigen, nun wollte er es im Tode tun. Seine Seele verließ seinen Körper, um ihre Seele jenseits des Lebens zu suchen und ihre Verzeihung zu erflehen; dann kehrte sie wieder zu ihm zurück, damit er länger ihren Verlust fühle, er wäre sonst für seine Treulosigkeit nicht hart genug bestraft gewesen.

Nach dieser traurigen Pflicht wollte ich, um dieser fremden Versammlung keine Langeweile zu verursachen, mich meiner Traurigkeit über den Verlust des liebenswürdigen Mädchens nicht überlassen, ich ging also täglich, von dem Bischof (Se. Gnaden genannt), von seinen Domherrn und von den fremden Herren und Damen begleitet, in unterschiedliche Häuser und Gärten spazieren, deren es in dieser Stadt und auch umher sehr schöne gibt. Die Gesellschaft kam jeden Morgen und holte mich zu diesen Spaziergängen ab, wobei ich das Spawasser trank, denn man muß dabei spazieren gehen. Mein Bruder war zwar der Arzt, auf dessen Verordnung ich es trank, gleichwohl tat es doch sehr gute Wirkung; denn ich habe nachher sechs oder sieben Jahre nichts von der Rose am Arm gespürt. Nachher brachten wir den gan-

zen Tag zusammen zu; des Mittags war jedesmal irgendwo ein Gastmahl, nach diesem ein Ball; hernach
gingen wir in irgend ein Frauenkloster zur Vesper;
nach dem Abendessen war wieder entweder Ball
oder wir fuhren aufs Wasser mit Musik. So vergingen sechs Wochen; das ist die bestimmte Zeit, den
Spabrunnen zu trinken, es war auch der Prinzessin La
Roche-sur-Yon so verordnet. Da wir eben nach
Frankreich zurückreisen wollten, kam Frau von Harrach an, die zu ihrem Mann nach Lothringen wollte.
Sie gab uns Nachricht von den Veränderungen, welche in Namur sowohl als in dem ganzen Lande seit
meiner Durchreise sich zugetragen. Als Dom Juan
aus meinem Schiff und zu Pferde gestiegen war,
nahm er unter dem Vorwand, auf die Jagd zu gehen,
den Weg vor dem Schloß von Namur vorbei, welches noch nicht in seinen Händen war. Er tat, als
wollte er es bei dieser Gelegenheit besehen, ritt hinein, bemächtigte sich desselben und ließ die Besat-
zung der Staaten abziehen, gegen seine Abrede mit
den Staaten. Außerdem hatte er sich des Herzogs von
Arschot, des Herrn und der Frau von Harrach bemächtigt; auf dringendes Bitten hatte er die beiden
erstern wieder freigelassen; Frau von Harrach aber
mußte bis dahin als Geisel bei ihm zurückbleiben, damit jene nichts gegen ihn unternehmen möchten.
Das ganze Land wäre in Krieg und Brand; es seien
drei Parteien da; die Partei der Staaten, das heißt, der

flandrischen Katholiken; die des Prinzen von Oranien und der Hugenotten, welche zusammen nur
eine machten, und die spanische unter Dom Juan.
Nun war ich so verwickelt, daß ich notwendig durch
eine oder die andre durch mußte. Mein Bruder hatte
mir einen Edelmann namens Lescart geschickt,
durch diesen schrieb er mir; er habe, seitdem ich den
Hof verlassen, dem Könige mit der ihm anvertrauten
Armee große Dienste geleistet; alle Städte, die er ihm
anzugreifen befohlen, habe er genommen, die Hugenotten aus allen Provinzen, welche ihm angewiesen
worden, verjagt; dann wäre er an den Hof nach Poitiers zurückgekommen, wo sich der König während
der Belagerung von Brouage aufgehalten, um in der
Nähe der Armee des Herzogs von Mayenne zu sein,
damit er ihm desto schneller mit allem Notwendigen
zu Hilfe kommen könnte. «Der Hof», schrieb er,
«ist ja stündlich verändert, wie ein Proteus, ich habe
ihn bei meiner Ankunft ganz umgewandelt gefunden; man war so kalt gegen mich, als hätte ich gar
nichts im Dienste des Königs ausgerichtet. Der König, der vor dem Auszuge sehr freundlich mit Bussy
gewesen, ist jetzt ebenso vom Neide verfolgt und so
übel angesehen als zu Guast seiner Zeit; doch hat
Bussy dem Könige treu gedient mit seinen Freunden
wie mit seiner eignen Person, denn er hat, als Issoire
bestürmt wurde, seinen Bruder dabei verloren. Täglich beleidigt man uns. Die Mignons[76] des Königs

haben mir einige der rechtlichsten Männer unter
meinen Leuten abwendig gemacht, nämlich Maugiron, La Vallette, Mauléon, Livarrot und noch einige;
sie haben meinen Dienst verlassen und sind zum Könige gegangen.« Er wisse aus guter Hand, setzte er
noch hinzu, daß der König es bereue, ihm den Zug
nach Flandern erlaubt zu haben; mir aber suche man
aus Haß gegen ihn auf meiner Rückreise einen bösen
Streich zu spielen; entweder durch die Spanier, indem man sie warne, ich unterhandle in Flandern für
ihn, oder durch die Hugenotten, damit sie an mir das
Unrecht rächen sollten, das er ihnen getan, indem er
ihr Feind wurde, nachdem sie ihn unterstützt hatten.
Alles das machte mir nicht wenig Sorge; nicht allein
ich mußte durch eine von beiden Parteien, sondern
auch die vornehmsten meiner Reisegesellschaft waren entweder den Spaniern oder den Hugenotten zugetan. Der Herr Kardinal von Lenoncourt war im
Verdacht, die Hugenotten zu begünstigen, und Herr
Descarts, Bruder des Bischofs von Lisieux, war oft
im Verdacht, im Herzen spanisch zu sein. In dieser
Verwirrung konnte ich mich niemand anvertrauen
als der Prinzessin La Roche-sur-Yon und der Frau
von Tournon; diese sahen die Gefahr, in welcher wir
uns befanden, wohl ein; wir hatten fünf oder sechs
Tagereisen bis zu La Fère, während welchen wir immer in der Gewalt des einen oder des andern waren.
Mit Tränen in den Augen sagten sie: Gott allein ver-

möchte es, uns aus dieser Gefahr zu erretten; ich
sollte mich ihm wohl empfehlen und tun, was er mir
zu tun eingeben würde, was sie beide beträfe, sie
wollten sich alles gefallen lassen, wenn ich nur gerettet würde; sie wären zu den stärksten Tagereisen bereit, obgleich die eine krank und die andre sehr alt
war. Ich redete mit dem Bischof von Lüttich darüber, dieser half mir wie ein wahrer Vater. Er gab
mir seinen Haushofmeister mit, seine Pferde, die
mich, so weit ich es verlangte, bringen sollten. Da
ich notwendig einen Paß vom Prinzen von Oranien
haben mußte, so schickte ich Mondoucet zu ihm, der
mit ihm vertraut war und ein wenig zu dieser Religion hinneigte; er kam aber nicht wieder. Ich erwartete ihn zwei, drei Tage und glaube, ich hätte bis
heute auf ihn warten können. Da der Herr Kardinal
von Lenoncourt und der Ritter Salviati, mein Oberstallmeister, die zu derselben Kabale gehörten, mir
unaufhörlich rieten, nicht ohne Paß zu reisen, und ich
argwohnte, man könnte mir unterdessen noch etwas
Schlimmeres entgegenstellen, entschloß ich mich,
den andern Morgen in der Frühe abzureisen. Da sie
sahen, daß man mich unter dem Vorwande des Pas-
ses nicht länger zurückhalten konnte, ließ mein
Schatzmeister, gleichfalls ein heimlicher Hugenotte,
dem Ritter Salviati sagen, es wäre kein Geld da, die
Gastwirte zu bezahlen; dies war durchaus eine Lüge,
denn als ich zu La Fère angekommen war, verlangte

ich meine Rechnungen noch zu sehen, und da fand es
sich, daß, außer dem nötigen Reisegelde, noch Geld
genug da war, meinen Haushalt sechs Wochen lang
zu führen. Sie ließen meine Pferde anhalten und fügten zu der Gefahr noch diese Verunglimpfung hinzu.
Die Prinzessin La Roche-sur-Yon ertrug diese Nie-
derträchtigkeit länger nicht, sie lieh mir in dieser
Verlegenheit das nötige Geld, und jene blieben ver-
wirrt. Nachdem ich dem Bischof von Lüttich einen
Diamant, dreitausend Taler an Wert, und seinen Dienern Ringe oder goldne Ketten geschenkt hatte, reiste ich ab und kam noch denselben Tag bis Huy;
ohne einen andern Paß als meine Hoffnung auf die
Hilfe Gottes. Huy gehörte, wie ich schon bemerkt,
zu den Ländern des Bischofs von Lüttich; dennoch
war es in vollem Aufruhr und Rebellion (so wie keine
der Provinzen von der allgemeinen Revolution in
den Niederlanden verschont blieb) und wollte seinen
Bischof nicht anerkennen, weil er neutral blieb und
jene zur Partei der Staaten gehörten; sie wollten also
den Haushofmeister des Bischofs, der mit uns war,
nicht anerkennen; sie waren noch in Alarm darüber,
daß Dom Juan sich bei meiner Durchreise Namurs
bemächtigt hatte; sobald wir also in unsre Wohnun-
gen eingekehrt waren, zogen sie die Sturmglocke,
schleppten die Artillerie in die Straßen und pflanz-
ten sie gegen meine Haustüre, sperrten die Gassen,
damit wir nicht zusammenkommen konnten, und

hielten uns so die ganze Nacht in Schrecken, ohne
daß es möglich war, mit einem von ihnen zu sprechen, denn es war nichts als gemeines Volk, grobe,
unvernünftige Leute. Den Morgen ließen sie uns reisen, hatten aber die ganze Straße mit Bewaffneten
besetzt.

Den Abend kamen wir nach Dinant, hier hatten sie
zum Unglück denselben Tag ihre Burgemeisterwahl
gehabt; alles schmauste, alles war betrunken, es war
ein wahres Chaos. Unsern Zustand zu verschlimmern, war der Haushofmeister des Bischofs ihnen
verhaßt, der ehemals ihnen den Krieg gemacht hatte.
Diese Stadt ist, wenn sie nüchtern ist, für die Partei
der Staaten; regiert aber Bacchus darin, so kennt sie
weder sich selbst noch andre. Sobald sie mein großes
Gefolge in der Vorstadt ankommen sahen, gerieten
sie in Schrecken. Sie verließen die Flaschen, griffen
zu den Waffen, und statt uns die Tore zu öffnen, lau-
fen sie in der größten Unordnung hin und verschließen sie. Ich hatte einen Edelmann mit dem Fourier
und dem Quartiermeister vorausgeschickt, sie um
die Erlaubnis zu bitten, durchreisen zu dürfen; aber
als ich ankam, standen sie noch da, schrieen unter
einander, und keiner verstand den andern. Endlich
stehe ich in meiner Sänfte auf, nehme meine Maske
herunter und winke den ansehnlichsten unter ihnen
zu mir; als er heran kam, bat ich ihn, doch Stillschweigen zu gebieten, damit ich gehört werden

könnte. Dies geschah denn nach vieler Mühe, und ich machte ihnen begreiflich, wer ich sei und warum ich reise; daß, weit gefehlt, ihnen durch meine Ankunft irgend ein Übel zu verursachen, wollte ich vielmehr ihnen nicht einmal Anlaß zum Argwohn geben; ich ersuchte sie darum, nur mich und meine Frauen, nebst so wenigen von meinen Leuten, als sie selber mir erlauben würden, auf diese Nacht in die Stadt zu lassen; das übrige Gefolge könnte in der Vorstadt bleiben. Sie waren gleich mit diesem Vorschlag zufrieden und gestatteten ihn mir. Ich ging also mit den ansehnlichsten aus meinen Haufen in die Stadt, unter ihnen der Haushofmeister des Bischofs von Lüttich, der zum Unglück erkannt ward, als ich von diesem betrunknen und bewaffneten Volk begleitet, mich nach meinem Quartier begab; nun schimpften sie ihn und wollten den guten alten Mann totschießen; es war ein achtzigjähriger ehrwürdiger Greis mit einem weißen, bis auf den Gürtel reichenden Bart. Ich ließ ihn in das Haus, und die Trunkenbolde feuerten ihre Gewehre unaufhörlich gegen die Mauer ab, die bloß von Lehm war. Ich fragte nach dem Wirt vom Hause; zum Glücke war er gegenwärtig. Ich bat ihn, sich an das Fenster zu stellen und es dahin zu bringen, daß ich mit den Angesehensten reden könne. Nachdem er lange vom Fenster hinunter geschrieen hatte, kamen die Burgermeister zu mir herauf; aber so betrunken, daß sie nicht wußten, was

sie sprachen, noch was sie wollten. Ich gab ihnen die
Versicherung, ich hätte nicht gewußt, daß dieser
Haushofmeister ihr Feind sei; zeigte ihnen, von welcher Wichtigkeit es sei, eine Person von meinem
Range zu beleidigen, eine Freundin der vornehmsten
Herrn der Staaten; ich sei gewiß, Graf Lalain und alle
andre Chefs würden die Aufnahme, welche ich hier
fände, sehr übelnehmen. Bei dem Namen Graf
Lalain waren sie gleich ganz verwandelt; sie hatten
mehr Respekt für diesen Namen als für die Namen
aller Könige, denen ich angehörte. Der älteste unter
ihnen fragte mich stammelnd und lächelnd: Ob ich
denn eine Freundin des Grafen Lalain sei? Da ich sogleich merkte, daß seine Verwandtschaft mir mehr
hier hülfe als die Verwandtschaft aller Potentaten der
Christenheit, sagte ich: «Jawohl, ich bin seine Freundin und seine Verwandte!» Nun machten sie mir
große Reverenz, reichten mir die Hand und erzeigten
mir so viel Höflichkeiten als vorher Grobheiten, baten mich um Verzeihung und versprachen mir, den
guten alten Haushofmeister in Frieden mit mir ziehen zu lassen. Den Morgen drauf, als ich eben zur
Messe gehen wollte, kam Dubois an, der Agent des
Königs bei Dom Juan, der sehr spanisch gesinnt war.
Er gab vor, Briefe vom Könige zu haben, worin er
ihm Befehl erteilte, mich abzuholen und mich sicher
zurückzugeleiten; zu dem Ende habe er Dom Juan
gebeten, ihm Barlemont und einen Haufen Leute zu

Pferde zu geben, um mich zu eskortieren und mich
sicher nach Namur zu bringen; ich mußte also die aus
der Stadt Dinant ersuchen, daß sie Herrn von Barlemont, der ein Eingeborner sei, und seinen Haufen
Reiter in die Stadt lassen möchten, damit sie mich
begleiten könnten. Dies hatte nun einen doppelten
Endzweck; erstlich wollte er sich für Dom Juan der
Stadt bemeistern und zweitens sollte ich in die Hände
der Spanier fallen. Ich war in großer Verlegenheit,
und da ich sie dem Kardinal von Lenoncourt mit-
teilte, der so wenig Lust hatte als ich, den Spaniern in
die Hände zu fallen, beschlossen wir, von denen aus
der Stadt zu erfahren, ob wir nicht einen andern Weg
nehmen könnten, auf welchem wir dem Haufen des
Herrn von Barlemont auswichen. Ich übergab dem
Herrn Kardinal von Lenoncourt den kleinen Agenten Dubois, damit er ihn aufhalte; währenddessen
ging ich in ein andres Zimmer, wo ich die aus der
Stadt zu mir kommen ließ und ihnen zu verstehen
gab, daß sie verloren wären, wenn sie Herrn von
Barlemont mit seinen Reitern einließen, weil er sich
der Stadt für Dom Juan bemächtigen wollte; ich riet
ihnen, sich zu bewaffnen, sich am Tore bereit zu halten und sehen zu lassen, daß sie wohl unterrichtet
und gerüstet seien und sich nicht überrumpeln ließen; Herrn von Barlemont sollten sie einlassen, sonst
aber niemand. Da der Wein von Tags vorher ver-
dampft war, fanden sie meine Gründe gut, hatten

Zutrauen zu mir und boten mir ihre Dienste und ihr
Leben an. Sie gaben mir einen Wegweiser, der mich
einen Weg führen sollte, auf welchem ich den Fluß
zwischen mir und den Truppen des Dom Juan haben
und diese so weit zurück lassen würde, daß sie mich
nicht mehr erreichen könnten, da ich immer durch
Städte kommen würde, die den Staaten angehören.
Nachdem ich dies mit ihnen abgeredet, schickte ich
sie hin, Herrn von Barlemont allein hineinkommen
zu lassen. Sobald dieser in der Stadt war, wollte er sie
bereden, auch seinen Truppen freien Einzug zu ver-
statten; darüber wurden sie aber so aufgebracht, daß
wenig fehlte, sie hätten ihn umgebracht, sie kündig-
ten ihm an, daß, wofern er sie nicht würde der Stadt
aus dem Gesichte ziehen lassen, sie ihr Geschütz gegen sie richten wollten. Das verlangten sie, um mir
Zeit zu verschaffen, über den Fluß zu gehen, ehe dieser Haufe mich einholen könnte. Herr von Barlemont und der Agent Dubois wendeten nun alles an,
mich zu bereden, daß ich nach Namur gehen sollte,
wo Dom Juan mich erwarte. Ich stellte mich, als willigte ich ein, und nachdem ich Messe gehört und eine
kurze Mittagsmahlzeit zu mir genommen hatte, verließ ich mein Quartier, begleitet von zwei- bis dreihundert bewaffneten Männern aus der Stadt, und indem ich immerwährend mich mit Herrn von Barlemont und dem Agenten Dubois unterhielt, nahm ich
den Weg gerade nach dem Tore gegen den Fluß zu,

welches dem Wege nach Namur, wo sich des Herrn
von Barlemont Reiter befanden, gerade entgegengesetzt war; da jene es merkten, erinnerten sie mich
und sagten, ich ginge nicht recht; ich führte sie aber,
beständig redend, immer weiter, bis ich an das
Tor kam; dann ging ich, von einem guten Teil derer
aus der Stadt begleitet, hinaus; verdoppelte meine
Schritte gegen den Fluß, stieg in das Schiff und ließ
eiligst die meinigen mit einsteigen. Herr von Barlemont und der Agent Dubois standen am Ufer und
schrieen: «Ihr seid Unrecht! das ist nicht der Wille
des Königs, er will, daß Ihr nach Namur gehen
sollt!» Trotz dem Schreien fuhren wir schnell hinüber, und während man die Sänften und Pferde hin-
überschaffte, hielten die aus der Stadt, in der Absicht
mir Zeit gewinnen zu lassen, Herrn von Barlemont
und den Agenten Dubois mit Klagen und Zänkereien
auf, machten ihnen Vorwürfe in ihrer platten Mundart über Dom Juans Unrecht, den Frieden und seine
Treue gegen die Staaten gebrochen zu haben; und
über den alten Zank wegen Graf Egmonts Hinrichtung, unter immerwährender Drohung, auf die
Truppen zu feuern, sobald sie sich noch an der Stadt
sehen ließen. So erhielt ich Zeit, mich zu entfernen,
von Gott und jenem Führer geleitet, den mir die
Leute aus Dinant mitgegeben hatten [77].

Dieselbe Nacht blieb ich in einem festen Schloß,
Fleurines genannt; es gehörte einem Edelmann von

der Partei der Staaten, den ich bei dem Grafen Lalain gesehen. Zum Unglück war aber dieser Edelmann gerade nicht zu Hause; es war niemand da als seine Frau. Da wir in den offen stehenden Vorhof hineinkamen, geriet sie in Schrecken, floh nach ihrem festen Turm, ließ die Brücke aufziehen und war entschlossen, uns unter keinem Vorwande einzulassen. Inzwischen ließen sich dreihundert Edelleute auf einer Anhöhe etwa tausend Schritte davon erblicken; Dom Juan hatte sie geschickt, uns den Weg abzuschneiden und sich des Schlosses Fleurines zu bemächtigen; da sie uns in den Vorhof hineingehen sahen, vermuteten sie, wir wären mit in den Turm gelassen, und blieben auf der Anhöhe stehen, um uns den andern Morgen bei unsrer Abreise zu fangen. Wir standen in dem Hof, der bloß von einer schlechten Mauer umgeben und mit einer schlechten Türe befestigt war, die man ohne alle Mühe hätte einstoßen können, und kapitulierten mit der Dame im Schloß, die aber unerbittlich blieb, und befanden uns in der größten Not; als durch die Gnade Gottes der Herr von Fleurines mit hereinbrechender Nacht ankam. Er ließ uns sogleich in das Schloß ein und zürnte mit seiner Frau wegen ihrer unvernünftigen Unhöflichkeit. Herr von Lalain hatte uns den Herrn von Fleurines geschickt, um mich sicher durch die Städte der Staaten zu schaffen, da er selber die Armee, deren Chef er war, nicht verlassen konnte, um

mich zu begleiten. Es war ein großes Glück für uns;
Herr von Fleurines erbot sich, mich bis nach Frankreich zu begleiten; wir wurden also durch alle Städte,
welche wir durch kamen, die den Staaten zuge-
hörten, ruhig und mit gebührender Achtung empfangen. Die einzige Unannehmlichkeit hatte ich nun
noch, daß ich nicht durch Mons konnte, wie ich es
der Gräfin Lalain versprochen hatte; ich konnte nicht
weiter als bis nach Nivelles kommen, das noch sieben starke Stunden von Mons liegt; wegen des damals sehr hitzigen Krieges konnten wir uns also nicht
sehen, auch den Grafen Lalain nicht, der mit seiner
Armee bei Antwerpen stand. Ich schrieb der Gräfin
von Nivelles aus; sobald sie wußte, daß ich dort war,
schickte sie mir einen der angesehensten Edelleute,
die zurück geblieben waren, um mich bis an die französische Grenze zu begleiten; denn ich hatte noch
durch ganz Cambrésis zu reisen, das halb spanisch
und halb für die Staaten war; in dieser Begleitung
ging ich bis nach dem Schloß Cambrésis, wo ich
blieb und jene wieder zur Gräfin Lalain zurückgin-
gen; ich überschickte ihr mit ihnen als ein Andenken,
sich meiner zu erinnern, eins meiner Kleider, welches sie bei meiner Anwesenheit zu Mons sehr schön
gefunden; es war von schwarzem Atlas, von schwe-
rer reicher Stickerei ganz bedeckt, es hatte acht- bis
neunhundert Taler gekostet.

Im Schloß Cambrésis erhielt ich Nachricht, daß

einige Haufen Hugenotten mich zwischen der flandrischen und französischen Grenze angreifen wollten; ich teilte diese Nachricht nur wenigen mit und
war nach einer Stunde zum Aufbruch bereit; als ich
aber nach den Sänften und Pferden schickte, machte
es der Ritter Salviati wie zu Lüttich. Da ich nun seine
Absicht einsah, ließ ich meine Sänfte im Stich, setzte
mich zu Pferde, die, welche zuerst fertig waren, folgten mir, so daß ich um zehn Uhr des Morgens im
Châtelet anlangte, und war allein mit Gottes Hilfe
allen Fallstricken und Hinterlisten meiner Feinde ent-
gangen. Von da ging ich nach La Fère, hier wollte ich
bis zum Friedensschlusse bleiben. Daselbst fand ich
einen Kurier von meinem Bruder, der mich zu erwarten Befehl hatte, um die Nachricht davon aufs
eiligste meinem Bruder zu überbringen. Er schrieb
mir, der Frieden wäre gemacht und der König auf
dem Wege nach Paris. Was ihn selber beträfe, so
würde seine Lage immer unangenehmer; es gäbe
keine Art von Mißhandlung und Beleidigung, die er
und die Seinigen nicht zu erdulden hätten, und täglich
erregte man neue Zänkereien gegen Bussy und seine
Leute. Er erwarte also meine Ankunft zu La Fère mit
Ungeduld, weil er dort zu mir kommen wollte. Ich
schickte ihm sogleich seinen Kurier zurück; sobald er
die Nachricht erhielt, schickte er Bussy und sein
ganzes Haus nach Angers, nahm nur fünfzehn oder
zwanzig Leute mit sich zur Begleitung und kam mit

Postpferden zu mir nach La Fère. Es war eine der
größten Freuden für mich, die ich je empfunden, eine
Person, die ich so sehr liebte und ehrte, bei mir zu
sehen. Ich gab mir alle ersinnliche Mühe, ihm seinen
Aufenthalt bei mir so angenehm als möglich zu machen, er war auch so vergnügt darüber, daß er gern
wie St. Peter gesagt hätte: Laßt uns hier Hütten
bauen, wenn der wahrhaft königliche Heldenmut
seiner Sele ihn nicht zu größern Dingen aufforderte.
Das ruhige Leben an unserm Hof dünkte ihn nach
jenem, welches er verlassen, so angenehm, daß er
sich nicht enthalten konnte, immer auszurufen: «O
meine Königin, wie schön ist es hier bei Euch! Mein
Gott, diese Gesellschaft ist ein Paradies, voll von
Freude und Vergnügen; wo ich herkomme, ist die
Hölle voller Furien und Qualen!»[78] Zwei Monate
brachten wir so in diesem glücklichen Zustande zu,
uns schienen sie zwei kurze Tage; während denen er-
stattete ich ihm Bericht von dem, was ich in Flandern
für ihn getan. Er fand es ratsam, daß Graf von Montigny, Bruder des Grafen Lalain, kommen und mit
ihm die übrigen Maßregeln nehmen sollte, auch um
sich einer dem andern die gehörigen Sicherheiten zu
geben. Graf Montigny kam also mit vier oder fünf
der Angesehensten aus dem Hennegau; einer von ihnen hatte einen Brief von Herrn von Ainsi an meinen
Bruder, worin er ihm seine Dienste aufs neue anbot
und ihm die Zitadelle von Cambrai zusicherte. Graf

von Montigny brachte ihm die Versicherung vom
Grafen Lalain, Hennegau und Artois in seine Hände
zu geben, worin sich mehrere ansehnliche Städte befinden. Nachdem mein Bruder diese Anerbietungen
und Versicherungen erhalten, schickte er die Herren
zurück, nachdem er ihnen goldne Medaillen geschenkt, worauf mein Brustbild und das seinige abgebildet war, und nachdem er ihnen aufs neue die
Versicherung alles dessen, was sie von ihm zu hoffen, gegeben hatte. Sie gingen nun, alles zu seinem
Empfang vorzubereiten, in ihr Land und er an den
Hof zurück, wo er versuchen wollte, was er von dem
Könige zu dieser Unternehmung erlangen könnte,
weil er seine Macht in Bereitschaft halten wollte, um
in kurzer Zeit hingehen zu können.

Ich meinerseits wollte meine Reise nach der Gascogne antreten; da alles dazu in Bereitschaft war,
ging ich nach Paris. Eine Tagesreise von Paris kam
mein Bruder mir entgegen; und der König, die Königin Mutter, die Königin Louise[79] und der ganze Hof
erzeigten mir die Ehre, mir bis zu St. Denis, wo ich
zu Mittag speisen wollte, entgegenzukommen. Sie
empfingen mich ehrenvoll und mit Freundlichkeit,
und es gefiel ihnen, mich von der Pracht und den
Festlichkeiten in Lüttich erzählen zu hören, nebst den
Abenteuern meiner Rückreise. Unter diesen angenehmen Unterhaltungen kamen wir in den Wagen
der Königin Mutter nach Paris. Nach dem Souper

und dem Ball[80] nahte ich mich dem Könige und der Königin Mutter und bat sie, mir zu erlauben, daß ich mich zu dem Könige, meinem Gemahl, begeben dürfe; da der Frieden nun geschlossen sei, könnte ihnen diese Bitte auf keine Weise irgend einen Verdacht geben, es wäre aber nicht schicklich und mir sehr nachteilig, wenn ich nicht zu ihm ginge. Sie bezeigten beide ihre Zufriedenheit mit meinem Verlangen und gaben mir ihre Einwilligung. Die Königin Mutter sagte, sie wolle mich begleiten, weil auch sie notwendig und in Geschäften des Königs hinzureisen habe. Auch sagte sie dem Könige, er müsse mir die Mittel zu dieser Reise geben; welches er auch sogleich bewilligte. Da ich nun nichts zurücklassen wollte, was mich wieder an den Hof rufen könnte, denn mir konnte an demselben, wenn mein Bruder nicht da war, nichts gefallen, und diesen sah ich alle Anstalten treffen, um nach Flandern zu gehen; bat ich die Königin Mutter, sich dessen zu erinnern, was sie mir bei dem Frieden mit meinem Bruder versprochen; daß sie mir nämlich, wenn ich nach der Gascogne gehen würde, eine Verschreibung über die Ländereien meiner Mitgabe ausfertigen wollte. Sie erinnerte sich dessen, der König fand es billig und versprach mir, sie solle ausgefertigt werden. Ich bat ihn, daß es bald geschehen möchte, weil ich, wenn es ihm gefiele, mit Anfang des künftigen Monats abzureisen gedächte. Es ward auch beschlossen, aber auf die gewöhnliche Weise des Hofs; das heißt: anstatt mich schnell abzufertigen, wie ich alle Tage darum bat und flehte, ließen sie fünf bis sechs Monate hinziehen. Meinem Bruder, der seine Reise nach Flandern gern befördern wollte, geschah dasselbe. Er stellte dem Könige vor, wie es zum Ruhm und zur Vergrößerung Frankreichs geschähe, wie es ein vortreffliches Mittel sei, den innern Krieg zu verhindern, wenn man allen unruhigen und Neuerungen liebenden Köpfen einen Weg nach Flandern öffne, wo sie ihren Rausch verdampfen und des Kriegs überdrüssig werden könnten; so auch, daß diese Unternehmung ebenso wie Piemont eine Schule in den Waffen für den französischen Adel werden und wieder Montlucs und Brissons, Termes und Bellegardes erwekken könnte, die dann, so wie diese großen Feldherrn, die sich in dem piemontesischen Kriege gebildet, einst dem Könige und dem Vaterlande glorreich dienen würden. Alle diese Vorstellungen waren schön und wahr, aber sie hatten nicht genug Gewicht, um den Neid aufzuwiegen, der sich der Vergrößerung meines Bruders entgegensetzte. Täglich schuf man neue Verhinderungen, sein Unternehmen rückgängig zu machen, während er und Bussy und seine andren Diener tausend Mißhandlungen erfahren mußten. Bussy ward verschiedene Male angegriffen, bald von Quélus, bald von Gramont, in der Nacht wie am Tage und zu jeder Stunde, weil man immer hoffte,

mein Bruder würde sich einmal dabei hervorma-
chen. Dies geschah zwar ohne des Königs Vorwis-
sen, aber Maugiron, der ihn damals ganz besaß, trug
meinem Bruder, weil er seinen Dienst verlassen und
sich einbildete, er würde sich deshalb rächen (so wie
gewöhnlich, wer beleidigt, nie verzeiht), einen solchen Haß nach, daß er ihn auf jede Weise zu verderben trachtete; er trotzte ihm und begegnete ihm
ohne allen Respekt; jung, unverständig und aufge-
blasen von der Gunst des Königs, hielt er sich jede
Unverschämtheit für erlaubt. Er hatte sich mit Quélus, St. Luc, St. Maigrie, Gramont, Mauléon, Livarrot und einigen andern jungen Leuten, die der König
begünstigte, verbunden, und der ganze Hof folgte
ihnen, wie es gewöhnlich von den Hofschranzen geschieht, die bloß der Gunst nachgehen. Sie taten also
alles, was ihnen in den Kopf kam, es mochte auch
sein, was es wollte, so daß kein Tag verging, wo es
nicht Streit mit Bussy gab, dessen Mut aber nieman-
dem wich. Mein Bruder, der wohl einsah, daß alles
dies seine Reise nach Flandern nicht beförderte, und
er den König lieber besänftigen als aufbringen
wollte, damit er seiner Unternehmung günstig bleiben möchte; da er überdies auch meinte, Bussy besser außerhalb zur Übung seiner Truppen brauchen
zu können, schickte er ihn fort, die nötigen Befehle
zu geben. Dennoch hörte die Verfolgung meines
Bruders nicht auf, obgleich Bussy fort war; man sah

nun wohl ein, daß, obgleich seine großen Eigenschaften den jungen Günstlingen des Königs viel
Neid einflößten, dennoch die Hauptursache des Hasses gegen ihn war, daß er meinem Bruder so treu
diente, denn seit er fort war, trotzten sie und höhnten
meinen Bruder so sichtbar und mit einer solchen
Verachtung, daß es niemand übersehen konnte. Obgleich nun mein Bruder sehr vorsichtig und geduldig
von Natur war und auch entschlossen, alles zu dulden, um nur seine flandrische Unternehmung zustande zu bringen, weil er dadurch hoffte, allem dem
auf einmal zu entgehen und dergleichen nie wieder
unterworfen zu sein, so waren ihm diese Verfolgungen und Mißhandlungen dennoch äußerst verdrießlich, und er schämte sich ihrer, da er sehen mußte,
daß man aus Haß gegen ihn allen seinen Dienern zu
schaden suchte; denn man hatte in dieser Zeit Herrn
von La Chastre einen wichtigen Prozeß gegen Frau
von Sennetaire verlieren lassen, weil er kürzlich in
Diensten meines Bruders getreten war. Der König
hatte sich von Maugiron und St. Luc, die Freunde der
Frau von Sennetaire waren, so einnehmen lassen, daß
er selber den Prozeß für sie gegen La Chastre führte;
der, wie man leicht denken kann, sehr beleidigt darüber war und meinem Bruder seinen gerechten
Schmerz teilen ließ.

Während denselben Tagen war die Hochzeit von
St. Luc. Mein Bruder wollte nicht dabeisein und er-

suchte mich, es auch nicht zu tun. Die Königin Mutter, der die ungebändigte Ausgelassenheit dieser jungen Leute auch sehr verdrießlich war und die befürchtete, daß man den ganzen Tag in Lärmen und Ausschweifungen zubringen würde und daß man für meinen Bruder, weil er nicht von der Partie sein wollte, irgend eine andre anstellen möchte, die ihm verderblich werden könnte; erhielt Erlaubnis vom Könige, diesen Hochzeitstag in St. Maur zu Mittag zu speisen, nebst mir und meinem Bruder. Wir kamen den Abend von St. Maur zurück, wo die Königin Mutter meinem Bruder so viel predigte, bis er endlich einwilligte, bei dem Ball zu erscheinen, um dem Könige gefällig zu sein. Statt daß dieses hätte Gutes wirken sollen, ward es nur noch schlimmer dadurch. Maugiron und andre von seiner Clique verspotteten ihn dergestalt und führten solche Stachelreden gegen ihn, daß wohl ein Geringerer als er darüber in Zorn geraten wäre. Unter andern: Er habe sich vergeblich bemüht, sich umzukleiden, kein Mensch habe den Nachmittag etwas an ihm auszusetzen gefunden; er wäre bei Nacht gekommen, weil er im Finstern am besten aussähe, und mehr dergleichen, mit denen sie seine Häßlichkeit und seinen kleinen Wuchs verspotteten[81]. Man richtete nämlich alle diese Reden ganz laut an die Braut, die neben ihm saß, so daß er jedes Wort hören mußte. Mein Bruder, der es nicht vergaß, daß man ihn nur dahin bringen

wolle, zu antworten, um ihn dann mit dem Könige
zu entzweien, stand auf und ging fort, ohne ein Wort
zu sagen, aber ganz außer sich vor Zorn und Verdruß. Er überlegte mit Herrn von La Chastre, was er
tun solle, und beschloß, auf die Jagd zu gehen auf
einige Tage, um durch seine Abwesenheit den Haß
der jungen Leute abkühlen zu lassen, damit er nur
vom Könige erlange, was er brauchte zu seinem
Zuge nach Flandern. Er eilte zur Königin Mutter, die
eben im Auskleiden begriffen war, erzählte ihr, was
auf dem Balle vorgegangen, worüber sie sich sehr
ärgerte, und teilte ihr seinen Entschluß mit, sich auf
einige Tage zu entfernen. Die Königin Mutter billigt
dies, verspricht, ihm die Erlaubnis des Königs zu
schaffen und in seiner Abwesenheit sein Geschäft zu
betreiben, was die flandrische Angelegenheit betraf.
Herr von Villequier war zugegen, diesem befiehlt
sie, zum Könige zu gehen und ihm den Wunsch meines Bruders vorzutragen, daß er ihm nämlich erlauben möchte, einige Tage auf die Jagd zu gehen, um
die Streitigkeiten zwischen ihm und den jungen Leuten zu stillen.

Mein Bruder geht nach seinem Zimmer zurück,
hält seinen Urlaub schon so gut als ausgefertigt und
brachte mit seinen Leuten alles in Ordnung, um den
Morgen nach St. Germain auf die Hirschjagd zu gehen; befiehlt seinem Oberjägermeister, die Hunde in
Bereitschaft zu halten, und legt sich mit dem Vor-

satze nieder, den andern Morgen recht früh aufzustehen und sich durch das Vergnügen der Jagd von allen
diesen Verdrießlichkeiten des Hofes etwas zu erholen. Unterdessen war Herr von Villequier auf Befehl
der Königin Mutter zum Könige gegangen, um Urlaub für ihn zu fordern, welchen der König auch sogleich bewilligte. Da aber Herr von Villequier sich
entfernte und er allein blieb mit seinen Räten Re-
habeams[82], mit seinen jungen Günstlingen, machten
sie ihm diese Entfernung verdächtig und jagten ihm
eine solche Furcht ein, daß er durch ihre Schuld eine
der größten Torheiten beging, die zu unsrer Zeit
geschehen; nämlich die, meinen Bruder und seine
vornehmste Dienerschaft gefangenzunehmen. Un-
vernünftig ward es beschlossen, aber weit unvernünf-
tiger noch ausgeführt; denn der König ging noch in
der Nacht in größter Eil zur Königin Mutter, ganz
bewegt, als ob ein allgemeiner Aufruhr oder der Feind
vor dem Tore wäre, und rief: «Wie, gnädige Frau,
woran denkt Ihr, daß Ihr begehrt, ich solle meinen
Bruder gehen lassen? Seht Ihr denn die Gefahr, die der
Staat dabei läuft, nicht ein? Unter dieser Jagdpartie
steckt ganz gewiß irgend ein gefährliches Unternehmen. Er und alle seine Leute sollen festgenommen
werden, und ich will alle seine Schränke durchsuchen lassen; sicher entdecken wir große Dinge, ich
bin es ganz gewiß.» Herr von Lesse, Hauptmann von
der Garde, und einige schottische Schützen waren

mit ihm... Die Königin Mutter, fürchtend, er könne
in dieser Übereilung dem Leben meines Bruders gefährlich werden, bat ihn, mitgehen zu dürfen; und so
entkleidet als sie war und sich einen Schlafrock, so
gut es anging, überwerfend, ging sie mit ihm hinaus
in meines Bruders Zimmer. Der König pochte stark
an die Türe und rief, man solle aufmachen, er sei es!
Mein Bruder erwachte, und da er nichts befürchtete,
befahl er seinem Kammerdiener Cangé, die Türe zu
öffnen. Der König kam wütend herein und rief schel-
tend: «Nie hörst du auf, etwas gegen den Staat zu
unternehmen, aber ich werde es dir weisen, daß dies
eben so viel heißt, als seinen König angreifen!» Darauf befahl er den Schützen, die Schränke hinauszutra-
gen und die Kammerdiener aus dem Zimmer zu führen. Er selbst durchsuchte das Bett, um nachzusehen,
ob keine Papiere darin verborgen wären? Mein Bruder, der denselben Abend einen Brief von der Frau
von Sauve erhalten hatte, hielt ihn fest in der Hand,
um ihn nicht sehen zu lassen. Der König wollte ihn
ihm mit Gewalt entreißen, er wehrte sich aber und
bat mit aufgehobenen Händen, diesen Brief nicht sehen zu wollen; desto größer ward nur die Begierde
des Königs, ihn zu sehen; er glaubte, dies Papier
würde hinreichen, meinem Bruder den Prozeß zu
machen; er mußte ihn herausgeben. Der König öff-
net ihn in Gegenwart der Königin Mutter und – sie
gerieten ebenso in Verwirrung als Cato, da er den

Cäsar gezwungen, das Papier vorzuzeigen, das ihm
überbracht worden war, und er behauptete, es müsse
etwas der Republik Wichtiges betreffen, und es denn
ein Liebesbrief von der Schwester dieses Cato an diesen Cäsar war!

Die Scham, sich so betrogen zu haben, verstärkte
nur noch den Zorn des Königs, ohne meinen Bruder
nur anhören zu wollen, der zu wissen verlangte, wessen man ihn beschuldige? und warum man ihn so be-
handle? übergab er ihn der Aufsicht des Herrn von
Lesse und der Schotten, mit dem Befehl, niemanden
zu ihm zu lassen. Dies geschah ungefähr um ein Uhr
in der Nacht. Mein Bruder war mehr um meinetwil-
len besorgt als um sich selber, denn er glaubte, man
hätte es mir eben so gemacht, und ein so heftiger un-
gerechter Anfang könne nicht anders, als ein sehr
schreckliches Ende beabsichtigen. Da er nun sah, daß
Herrn von Lesse bei diesem Unfug die Tränen in den
Augen standen, und er doch nicht offen mit ihm reden konnte, wegen der Schottischen Schützen, fragte
er ihn bloß, wie es denn mit mir stände? Herr von
Lesse antwortete, ich wisse noch von nichts. Darauf
erwiderte mein Bruder: «Meine Schwester frei zu
wissen, vermindert meinen Schmerz sehr. Dennoch
bin ich gewiß, sie wird lieber die Gefangenschaft mit
mir teilen, als ohne mich frei sein wollen.» Darauf
bat er ihn, zur Königin Mutter zu gehen und sie zu
bitten, sie möchte von dem Könige erlangen, daß ich

mit ihm verhaftet würde; es ward ihm verstattet. Diesen festen Glauben an meine Freundschaft habe ich immer unter allen den großen Verbindlichkeiten, die ich gegen ihn hatte, oben angesetzt, er war mir immer der größte Beweis seiner Liebe. Sobald er die Erlaubnis hatte, es war mit Anbruch des Tages, bat er Herrn von Lesse, einen der Schottischen Schützen zu mir zu schicken, der mir die traurige Botschaft bringe und mich ersuche, zu ihm zu kommen. Der Schütze trat in mein Zimmer, ich schlief ruhig und wußte von nichts; er zog meinen Bettvorhang auf und rief in der schottischen Mundart: «Guten Morgen, gnädige Frau, Euer Herr Bruder läßt Euch ersuchen, zu ihm zu kommen!» Ich war noch halb im Schlafe und glaubte zu träumen; da ich ihn erkannte, fragte ich ihn, ob er nicht ein Schottländer sei von der Garde? Er sagte Ja. Was ist denn das, fragte ich weiter, hat mein Bruder keinen andern Boten zu mir zu senden als Euch? «Nein!» erwiderte er, «man hat ihm seine Leute genommen», und darauf erzählte er mir, was in dieser Nacht sich zugetragen und daß mein Bruder Erlaubnis erlangt habe, daß ich mit ihm verhaftet würde. Da der abgesandte Schütze meine Betrübnis sah, nahte er sich mir und sagte leise: «Grämt euch nicht, ich weiß Mittel, euren Herrn Bruder zu retten, und ich werde sie auch anwenden, daran zweifelt nicht, aber ich muß dann freilich mit ihm davon gehen!» Ich sagte ihm jede Belohnung zu,

die er nur verlangen konnte, kleidete mich vollends
an und ging mit ihm ganz allein nach meines Bruders
Zimmer. Ich mußte durch den Hof gehen, der voller
Leute war, die sonst immer rannten, mich nur zu sehen und zu verehren; nun aber Fortuna mir den Rük-
ken wandte, taten sie auch, als sähen sie mich nicht.

Meinen Bruder fand ich unverändert, mit seiner
gewöhnlichen Standhaftigkeit und Gemütsruhe. Er
umarmte mich, mehr heiter als niedergeschlagen:
«Ich bitte dich, meine Königin», sagte er, «weine
nicht; deine Betrübnis ist das einzige, was mich betrübt, denn meine unschuldigen geraden Absichten
lassen mich die Anklagen meiner Feinde nicht befürchten. Wollen die Grausamen mir so ungerecht an
mein Leben, so werden sie sich mehr schaden als mir,
denn ich habe Mut und Entschlossenheit genug, den
Tod zu verachten; den Tod fürchte ich wahrlich am
allerwenigsten, denn mein Leben war bis jetzt nur ein
Gewebe von Schmerz und Leiden; die Freuden dieser
Welt habe ich nie gekannt, es kann mir auch nicht
schwer werden, sie zu verlassen. Ich befürchte aber,
da sie mir ohne eine offenbare Ungerechtigkeit den
Tod nicht geben können, so werden sie mich im Gefängnis schmachten lassen; doch auch hier kann ich
ihre Tyrannei verachten, wenn du mich durch deine
Gegenwart unterstützen willst.» Meine Tränen flos-
sen nur noch stärker bei diesen seinen Reden; laut
weinend sagt ich ihm: «Mein Leben und mein

Schicksal sind ewig an das deinige gebunden, Gott allein vermag es zu verhindern, daß ich dir nicht in jeder Lage deines Lebens beistehe. Sollte man dich etwa fortführen und mir nicht erlauben, dir zu folgen, so nehme ich mir in deiner Gegenwart das Leben.» Einige Stunden vergingen mit solchen Gesprächen, wir suchten die Ursache zu ergründen, die den König so sehr gegen ihn aufgebracht haben konnte, aber wir fanden durchaus keine in uns. Unterdessen war es um die Zeit geworden, daß die Schloßtore geöffnet wurden; ein unvorsichtiger Mensch, der Bussy gehörte, wollte hineingehen, die Wache erkennt ihn, hält ihn an und fragt ihn, wo er hin wolle? Er erschrickt und sagt, er wolle zu seinem Herrn. Diese Antwort ward dem Könige hinterbracht, und man argwohnt nun, daß Bussy im Louvre sei. Mein Bruder hatte ihn den Nachmittag von St. Maur mit hineingebracht, um mit ihm über die flandrischen Angelegenheiten zu sprechen, denn er dachte da noch nicht, den Hof so schnell zu verlassen, als er nachher auf dem Ball sich entschloß zu tun. Archant, Hauptmann von der Garde, bekam Befehl vom König, Bussy zu suchen und sowohl ihn als auch Simier zu verhaften, wenn er sie fände. Archant tat es ungern, denn er war ein vertrauter Freund von Bussy und nannte ihn Sohn, jener nannte ihn Vater. Er ging hinauf nach Simiers Zimmer und nahm ihn in Verhaft; da er wohl vermutete, daß Bussy irgendwo da verborgen sein müsse, suchte er nur sehr überhin und war froh, als er ihn nicht fand. Bussy war im Bette versteckt und sah, daß er allein im Zimmer bleiben würde, wenn Archant den Simier fortführte; er fürchtete, man würde einem andern den Auftrag geben, ihn zu suchen, bei dem er nicht so gut aufgehoben wäre; es war ihm lieber, unter der Aufsicht von Archant zu bleiben, den er als einen braven Mann und als seinen Freund kannte; wie er nun immer von lustigem, aufgewecktem Gemüt war, dem weder Gefahr noch Überraschung jemals Furcht einflößen konnten, steckte er den Kopf zwischen den Bettvorhängen hervor, als Archant mit Simier eben vor dem Bette vorbei und hinausgehen wollten: «Nun Vater», rief er hervor, «geht ihr fort ohne mich? glaubt ihr, daß ich nicht so gut bin wie der Schlingel Simier?» – «Ach mein Sohn», sagte Archant, «wollte Gott, du wärst nicht hier, meinen Arm wollte ich drum geben!» – «Vater», sagte Bussy, «es ist ein Zeichen, daß es gut mit meiner Sache steht.» Damit stand er auf und ging mit ihnen, Simier verspottend, der vor Furcht zitterte. Archant gab ihnen Wache in ein Zimmer; Herrn von La Chastre führte er hernach nach der Bastille.

Herr von Losse, der die Wache bei meinem Bruder hatte, war ein guter alter Mann; war Hofmeister des Königs, meines Gemahls, gewesen, und liebte mich wie seine eigne Tochter. Da er nun die Ungerechtig-

keit dieses Verfahrens einsah und die schlechten Ratgeber des Königs verdammte, entschloß er sich, meinen Bruder zu befreien. Um mich von seinem Vorhaben zu unterrichten, ließ er die schottischen Schützen hinaus gehen, auf die Treppe vor meines Bruders
Zimmer; zwei ausgenommen, auf welche er sich
verlassen konnte, dann zog er mich bei Seite und
sagte: «Kein rechtschaffner Franzose, dem nicht das
Herz blutet, wenn er sieht, was wir sehen müssen.
Ich war ein Diener des Königs, Eures Herrn Vaters,
und opfere mein Leben für seine Kinder. Hoffentlich
behalte ich die Wache bei Eurem Herrn Bruder, man
mag ihn hinbringen, wo man wolle; gebt ihm die
Versicherung, daß ich ihn rette und sollte es auch
mein Leben kosten; verlaßt Euch darauf; aber sprechen wollen wir nicht mehr darüber, man könnte
Argwohn fassen.» Die Versicherung tröstete mich,
und ich ward etwas heiter. Drauf sagte ich meinem
Bruder, daß wir unmöglich länger so ohne Untersu-
chung bleiben könnten; wir müßten doch wissen,
wessen man uns beschuldige? Nur Bösewichter
könne man so behandeln. Ich bat Herrn von Losse,
dem Könige zu sagen, weil er nicht zugeben wollte,
daß die Königin Mutter heraufkäme, daß es ihm gefallen möge, uns durch einen der Seinigen wissen zu
lassen, warum wir in Verhaft wären? Herr von
Combaut, der Anführer des geheimen Rats der Jungen, ward uns heraufgeschickt; dieser sprach mit sei-

ner gewöhnlichen Gravität: Er sei abgesandt, sich
zu erkundigen, was wir von dem Könige zu wissen
verlangten. Wir wünschten jemand vom Könige zu
sprechen, antworteten wir ihm, um die Ursache unseres Verhafts zu erfahren, da wir sie uns gar nicht
denken können. Darauf erwiderte er ganz gravitä-
tisch: «Die Götter und die Könige muß man nie um
ihre Ursachen fragen; was sie tun, ist gut und gerecht!» «Man kann doch», antworteten wir ihm,
«gegen uns nicht wie in der Inquisition verfahren,
wo die Angeklagten erraten müssen, was ihr Verbrechen sei.» – Wir konnten aber nichts von ihm heraus-
kriegen, als, er würde sich für uns verwenden und
uns so viel als möglich zu Diensten sein! Mein Bruder fing an zu lachen, ich aber war in Traurigkeit ver-
sunken, meinen Bruder, den ich mehr als mich selber
liebte, in Gefahr zu sehen; und ich hielt mich nur
mit Mühe zurück, ihm nicht alles zu sagen, was er
verdiente. Während er dem Könige seinen Rapport
brachte, ließ die Königin Mutter alle alten Räte, den
Herrn Kanzler, die Prinzen, Herrn und Marschälle
von Frankreich in ihr Zimmer zusammenrufen; sie
war, wie leicht zu ermessen, in äußerster Betrübnis,
da sie als eine sehr einsichtsvolle Frau wohl voraussehen konnte, daß diese heftigen Maßregeln ohne Urteil noch Recht dem ganzen Reiche Unglück bringen
könnten, wenn mein Bruder nicht von Natur viel zu
sanftmütig gewesen wäre. Die Herrn Räte waren alle

erstaunt und erschrocken über das, was vorgegangen, und alle waren einstimmig der Meinung, die Königin Mutter müsse sich dem widersetzen und dem Könige das Unrecht, das er an sich selber täte, vorstellen. Was geschehen, sei nicht ungeschehen zu machen, man müsse es aber wieder auf das beste gutzumachen suchen.

Die Königin Mutter ging sogleich, begleitet von allen Räten, zum Könige und zeigten ihm die Wichtigkeit der Sache. Dem Könige gingen die Augen auf über den verderblichen Rat jener jungen Leute; er nahm den Rat der alten wieder an und bat die Königin Mutter, doch alles wieder ins gehörige Gleis zu bringen, daß mein Bruder das Geschehene vergesse und es den jungen Leuten nicht weiter nachtrage, auch sollten Bussy und Quélus sich wieder versöhnen. Die Wache wurde meinem Bruder sogleich abgenommen, und die Königin Mutter kam zu ihm auf sein Zimmer. «Danket Gott», sagte sie zu ihm, «daß er Euch aus dieser großen Gefahr errettet, ich habe jetzt den Moment erlebt, in welchem ich an Eurem Leben verzweifelte. Da Ihr aber nun seht, daß der König nicht allein sich über wahrhafte Dinge, sondern auch über Einbildungen erzürnt, und wenn er einmal seinen Sinn auf etwas gesetzt, er weder meinen noch sonst irgend jemandes Rat annimmt, sondern tut, was ihm einfällt, so entschließe dich, in allen Dingen nach seinem Willen zu bequemen und zum Könige

zu gehen, ohne beleidigt zu scheinen oder dich der
Beleidigung zu erinnern.» Wir antworteten ihr, wir
hätten allerdings große Ursache, Gott zu danken,
daß er uns gegen die ungerechte Willkür beschützt
habe. Nächst Gott verdankten wir diese Rettung ihr
am meisten; der Rang meines Bruders aber erlaube
nicht, daß man ihn so ohne Ursache verhafte und
ohne Rechtfertigung oder Genugtuung wieder be-
freie. Darauf die Königin erwiderte: «Es ist nun einmal geschehen, und geschehene Dinge kann Gott selber nicht ungeschehen machen; die Unordnung bei
der Gefangennehmung soll aber durch das Ehrenvolle der Befreiung wieder gutgemacht werden; du
wirst jede Genugtuung erhalten, die du selber verlangst. Du mußt nur den König in allen Stücken befriedigen und mit Ehrerbietung und Zuneigung mit
ihm sprechen. Außerdem mußt du aber noch suchen
Bussy und Quélus zu versöhnen, damit kein Streit
zwischen ihnen bleibe; denn der vorzüglichste Be-
weggrund von allem dem Übel ist, daß der alte
Bussy, der würdige Vater des würdigen Sohns, das
Gutachten des Königs verlangt hat, seinen Sohn se-
kundieren zu dürfen, so wie auch der alte Quélus den
seinigen; sie viere wollten den Streit unter sich aus-
fechten, ohne den Hof weiter damit zu beunruhigen
oder vielen andern Leuten Mühe zu machen.»

    Mein Bruder meinte hierauf, Bussy würde, um
nur aus dem Verhafte zu kommen, alles tun, was

man von ihm verlangen werde, besonders wenn er sähe, daß keine Hoffnung, sich zu schlagen, vorhanden sei. Drauf ging die Königin Mutter hinunter und brachte es beim Könige dahin, daß die Befreiung ehrenvoll geschähe. Zu dem Ende begab er sich nach dem Zimmer der Königin Mutter, nebst seinem ganzen Staatsrat und allen Prinzen und Herrn; ich und mein Bruder wurden durch Herrn von Villequier heruntergerufen. Da wir durch die Säle und Vorsäle gingen, fanden wir viele Leute versammelt, die uns mit Tränen in den Augen ansahen und Gott dankten für unsere Befreiung. Als wir zu Sr. Majestät in die Versammlung traten, sagte der König zu meinem Bruder: Er ersuche ihn, nichts übelzunehmen von dem, was geschehen, und sich nicht beleidigt zu glauben; sein Eifer für die Ruhe des Staates habe ihn dazu verleitet, er solle überzeugt sein, daß er ihn nicht habe kränken wollen. Darauf sagte mein Bruder, es wäre seine Schuldigkeit, alles gut zu finden, was Sr. Majestät gefiele; nur flehe er Se. Majestät an, zu bedenken, daß seine Treue und Ergebenheit keine solche Begegnung verdiene; er schreibe dieses aber jenem unglücklichen Schicksal zu und wäre zufrieden, wenn nur Se. Majestät seine Unschuld einsehen wollten. Hierauf sagte der König, es bliebe ihm kein Zweifel mehr, und er ersuche ihn mehr als jemals, von seiner Freundschaft überzeugt zu sein. Nun führte die Königin Mutter sie beide zusammen, und sie umarmten sich.

Der König befahl hierauf, daß man Bussy herein-
führe, um ihn mit Quélus auszusöhnen, und daß man
Simier und La Chastre in Freiheit setze. Bussy trat
mit der ihm allein eignen schönen Manier herein.
«Ich verlange», sagte der König, «daß Ihr Euch sogleich mit Quélus aussöhnet und daß von diesem
Streite nicht wieder die Rede sei», und befahl ihm,
Quélus zu umarmen. «Sire, wenn Ihr es befehlt, ich
bin ganz bereit, ihn zu küssen», und mit diesen Worten umarmte er ihn mit einem komischen Gestus à la
Pantalone, worüber die ganze Versammlung, obgleich sie noch von der vorhergehenden Szene bewegt und erschreckt war, sich des Lachens nicht erwehren konnte. Viele der gescheitesten sahen ein,
daß mein Bruder mit einer so leichten Genugtuung
nicht zufrieden sein könne. –

Der König und die Königin nahten sich mir und
sagten, ich müsse das meinige dazutun, daß mein
Bruder sich nichts mehr erinnere, was ihm Gelegenheit geben könne, sich von dem Gehorsam des Königs zu entfernen. «Mein Bruder», antwortete ich,
«ist so vernünftig und seiner Pflicht so ganz ergeben,
daß er weder von mir noch von irgend jemand anders
dazu angefeuert zu werden braucht»; er würde auch
von mir nie einen andern Rat erhalten, als der seiner
Pflicht und ihrem Willen gemäß sei.

Es war drei Uhr nachmittags; kein Mensch hatte
daran gedacht, zu Mittag zu essen. Die Königin Mut-

ter wünschte, wir möchten alle an einer Tafel speisen; dann befahl sie mir und meinem Bruder, den
Anzug zu wechseln (denn der unsrige war der traurigen Lage angemessen) und uns zum Souper und Ball
beim Könige anzuschicken. Es ward ihr gehorcht,
soweit es sich tun ließ, nämlich in Kleidern und
Schmuck; dem Gesicht aber, diesem Spiegel der
Seele, konnten wir den gerechten Unwillen und das
Mißvergnügen über diese Tragikomödie nicht nehmen. Ritter von Sevre, den die Königin Mutter meinem Bruder gegeben hatte, um bei ihm in der Kam-
mer zu schlafen, besaß ein dreistes freches Wesen und
eine gute Art, alles, was er sagen wollte, zu sagen; er
glich darin den zynischen Philosophen. Die Königin
Mutter, die sich gern mit ihm unterhielt, fragte ihn
bei dieser Gelegenheit, was er davon hielte? «Es ist»,
sagte er, «zum Ernst zu wenig und zum Scherz zu
viel!» Dann sagte er mir leise, daß sie es nicht hören
konnte: «Ich glaube nimmermehr, daß dies schon
der letzte Akt des Spiels war; dieser Mensch (mein
Bruder nämlich) würde mich sehr betrügen, wenn er
hier stehen bliebe.»

Da nun das Übel zwar von außen, aber noch inner-
lich gar nicht gehoben war und die jungen Leute, des
Königs Günstlinge, den Sinn meines Bruders nach
dem ihrigen beurteilten, weil sie nicht wissen konnten, was Pflicht und Liebe zum Vaterlande über einen
Fürsten, wie er, vermögen, überredeten sie den Kö-

nig (um seinen Vorteil immer mit dem ihrigen zu
vermengen), mein Bruder würde diese Beschimpfung nie vergessen können und würde sicher suchen,
sich zu rächen. Der König, ohne sich im geringsten
zu erinnern, in welchen Irrtum diese Menschen ihn
verleitet hatten, ließ sich den Augenblick wieder hin-
reißen und gab den Hauptleuten von der Garde Befehl, genau Acht auf die Tore des Schlosses zu geben,
damit mein Bruder nicht hinausginge und daß seine
Leute jeden Abend aus dem Louvre sich entfernen
und niemand bei ihm bleiben solle, als die zu seiner
Garderobe gehörten und in seinem Zimmer schliefen. Da mein Bruder sich nun so behandelt und der
Willkür dieser Brauseköpfe sich so ganz hingegeben
sah, befürchtete er noch Ärgeres; seine Gefahr und
der Verdruß waren ihm noch frisch im Gedächtnis,
er beschloß also, den Hof zu verlassen und seinen
Zug nach Flandern bei sich in seiner Provinz zu ordnen und zu betreiben. Er teilte mir seinen Entschluß
mit, und ich billigte ihn, denn es war zu seiner Sicherheit notwendig, und weder der König noch der
Staat verloren etwas dabei. Da er nun nicht aus dem
Louvre konnte, denn die Tore wurden so genau bewacht, daß man sogar jeden Ein- und Ausgehenden
scharf ins Gesicht sah, so blieb kein andres Mittel, als
sich aus meinem Fenster hinunterzulassen, welches
aus dem zweiten Stock in den Garten ging. Er bat
mich, den nötigen Strick zu verschaffen, ich schickte

also noch denselben Tag einen Burschen, auf den ich mich verlassen konnte, mit einem zerrissenen Bettsack hinaus, unter dem Vorwand, ihn zurecht machen zu lassen. Nach einigen Stunden brachte er ihn wieder, der Strick lag darinne.

Diesen Abend speiste die Königin Mutter allein mit mir in dem kleinen Saal, der König speiste nicht zu Nacht, weil es ein Fasttag war[83]. Mein Bruder, obgleich sonst ein Muster der Geduld und Mäßigkeit, war den Abend in der größten Ungeduld, er kam, als ich von der Tafel aufstand, zu mir und bat mich leise, zu eilen, daß ich auf mein Zimmer käme, er wolle mir gleich dahin folgen. Herr von Matignon, damals noch nicht Marschall, ein feiner gefährlicher Normann, der meinen Bruder nicht liebte, war vielleicht von irgend einem Plauderer benachrichtigt worden, vielleicht hatte er auch etwas gemutmaßt, an der Art wie mein Bruder zu mir sprach, dieser sagte zur Königin Mutter, als sie nach ihrem Zimmer ging, so daß ich fast alles hören konnte, denn ich stand neben ihr und gab auf alles, was vorging, genau Acht, so wie man in einer solchen Lage und auf dem Punkt, frei zu werden, bewegt von Furcht und Hoffnung immer tut. Er wußte, sagte er, ganz gewiß, daß mein Bruder entfliehe, er stände dafür, daß er den andern Tag nicht zu finden sein würde; sie möchte also dafür sorgen. Ich sah ihre Bestürzung bei dieser Nachricht und fürchtete nun

noch mehr, entdeckt zu werden. Als wir in ihr Kabinett kamen, zog sie mich beiseite und sagte: «Weißt
du, was Matignon mir gesagt hat?» «Ich verstand ihn
nicht, gnädige Frau», antwortete ich, «aber ich sah
wohl, daß es etwas war, das Euch verdrießlich war.»
«Ja so ist es», sagte sie sehr laut, «denn du weißt, ich
habe beim Könige dafür gut gesagt, dein Bruder
würde nicht entfliehen; und nun sagte Matignon, er
wisse bestimmt, er würde morgen fort sein.» Hier
fand ich mich nun zwischen den beiden Fällen, entweder meinem Bruder die Treue zu brechen und sein
Leben in Gefahr zu bringen oder eine Unwahrheit zu
bekräftigen (welches ich nie getan hätte, um tausendmal dem Tod zu entgehen). Ich befand mich in so
großer Verlegenheit, daß, ohne die Hilfe Gottes, ich
mich schon allein durch mein Ansehen verraten haben würde, ohne auch nur ein Wort zu sprechen. Da
aber Gott die gute Absicht unterstützte und durch
seine göttliche Güte so auf mich wirkte, daß ich, um
meinen Bruder zu retten, eine Miene anzunehmen
wußte und meine Worte so setzen konnte, daß die
Königin nichts verstand, als was ich wollte, und so
weder meinem Freunde noch meinem Gewissen
durch einen falschen Eid zu nahe trat. Ich sagte ihr
also, ob sie nicht wisse, daß Herr von Matignon ein
boshafter Klätscher sei, der meinen Bruder hasse und
dem es leid sei, uns alle so einig zu sehen? Wenn mein
Bruder fortginge, wollte ich mit meinem Leben für

ihn haften; da er mir nie etwas verschwiegen, so
würde er mir, wenn es seine Absicht wäre, auch
wohl dieses entdeckt haben, und wenn dem so sei, so
stände ich mit meinem Leben für ihn. Ich durfte das
wohl sagen, denn war nur erst mein Bruder gerettet,
so durfte man mir nichts zu Leide tun, und im
schlimmsten Falle, wären wir auch entdeckt worden,
so wollte ich lieber mein eignes Leben zum Pfande
setzen, als das meines Bruders in Gefahr bringen oder
meine Seele durch einen falschen Eid belasten. Sie,
die nicht tief auf den eigentlichen Sinn meiner Worte
drang, sagte: «Bedenke, was du sprichst; du sollst
mir für ihn haften; du sollst mit deinem Leben für ihn
haften.» Ich antwortete lächelnd: «Das wäre alles,
was ich verlangte.» Darauf wünschte ich ihr gute
Nacht und ging auf mein Zimmer. Ich zog mich
eilends aus und legte mich zu Bette, um meine Hofdamen los zu sein. Als ich mit meinen Kammerfrauen allein war, kam mein Bruder, mit Simier und
Cangé; ich stand wieder auf, wir befestigten den
Strick an einem Stock, und nachdem wir erst nachge-
sehen, ob auch niemand in dem Graben versteckt sei,
ließen wir, ohne andere Hilfe als der Kammerfrauen
und des Burschen, der den Strick geschafft hatte, erst
meinen Bruder hinab, welcher scherzte und lachte
und nicht die geringste Furcht zeigte, obgleich es beträchtlich hoch war; dann Simier, der zitterte und
sich vor Furcht kaum halten konnte, und zuletzt

Cangé, seinen Kammerdiener. Gott geleitete meinen
Bruder glücklich nach der Abtei St. Genoveva, wo
Bussy ihn erwartete; dieser hatte mit Bewilligung
des Abts eine Öffnung in der Mauer gemacht, durch
welche er aus der Stadt kam. Draußen fand er Pferde
bereit, mit welchen er ohne Unfall nach Angers kam.
Als wir zuletzt Cangé hinunterließen, erhob sich ein
Mensch aus dem Graben und lief nach der Seite des
Ballhauses auf dem Wege nach der Schloßwache zu.
Ich, die während dieser Begebenheiten nie etwas für
mich, sondern nur immer für die Sicherheit meines
Bruders gefürchtet hatte, ward halb ohnmächtig vor
Schrecken; denn ich fürchtete, Herr von Matignon
habe diesen Menschen dorthin gesteckt, um uns zu
belauschen; da ich nun gewiß glaubte, mein Bruder
würde gefangen werden, geriet ich so in Verzweiflung, wie der nur eine Vorstellung davon haben
kann, der etwas Ähnliches erfahren. In diesem Zustande des Entsetzens nahmen meine Frauen, die
mehr als ich auf meine wie auf ihre eigene Sicherheit
bedacht waren, den Strick und warfen ihn ins Feuer,
damit er nicht gefunden würde, wenn zum Unglück
jener Mensch im Graben bestellt gewesen wäre, uns
zu verraten. Der Strick war so lang und stark und
verursachte ein solches Feuer, daß die Flamme aus
dem Schornstein hinausschlug. Die wachthabenden
Schützen wurden das Feuer gewahr, kamen herauf,
pochten gewaltig an die Türe und verlangten, man

solle sogleich aufmachen. Ob ich nun gleich in diesem Augenblick meinte, mein Bruder sei gefangen
und wir wären beide verloren, so behielt ich doch
durch die Gnade Gottes und seiner großen Allmacht,
auf die ich stets gehofft und die mich in allen Gefahren beschützte, eine solche Gegenwart des Geistes,
daß ich, da der Strick nur erst zur Hälfte verbrannt
war, zu meinen Frauen sagte, sie sollten ganz leise an
die Türe gehen und ganz leise, als ob ich schliefe, fragen: was sie verlangten? Die Schützen antworteten
ihnen, es brenne ein Schornstein aus einem Kamine,
sie wollten das Feuer löschen. Darauf sagten meine
Frauen, es hätte nichts zu bedeuten, sie würden es
selber wohl löschen, sie sollten nur wieder gehen und
mich nicht aufwecken. Da gingen sie fort. Um zwei
Uhr des Morgens, nachdem dieser Lärm vorüber
war, kam Herr von Losse und forderte mich vor den
König und die Königin Mutter, um Rechenschaft zu
geben von der Flucht meines Bruders. Der Abt vom
Kloster der heiligen Genoveva hatte mit Bewilligung
meines Bruders, als er weit genug entfernt war, nicht
eingeholt zu werden, ihnen alles entdeckt, um nicht
mit verwickelt zu werden. Er erzählte dem Könige,
mein Bruder habe ihn in seinem Kloster überfallen
und ihn so lange eingeschlossen, bis die Öffnung gemacht gewesen, er habe also Sr. Majestät nicht eher
die Nachricht bringen können.

Herr von Losse fand mich zu Bette; ich stand sogleich auf und nahm meinen Schlafrock um. Eine von meinen Frauen, erschrocken und unvorsichtig, hielt mich bei dem Schlafrocke fest und rief weinend: «Ihr werdet niemals wieder kommen!» Herr von Losse stieß sie zurück und sagte: «Hätte diese Frau das in Gegenwart eines andern getan, der Euch weniger treu und ergeben ist als ich, so könnte es Euch in Not bringen; aber fürchtet nichts und danket Gott, denn Euer Herr Bruder ist in Sicherheit!» Diese Worte waren mir eine heilsame Stärkung, deren ich wohl bedurfte, um den Zorn, die Drohungen des Königs zu ertragen. Ich fand ihn am Bette der Königin Mutter und in erschrecklicher Wut, die er mich, denke ich, auch genug würde haben fühlen lassen, wenn er nicht von meines Bruders Abwesenheit sowohl als von der Gegenwart der Königin Mutter davon wäre abgehalten worden. Sie riefen mir beide entgegen, ich hätte gesagt, mein Bruder würde nicht entfliehen, und ich hätte mich für ihn verbürgt! Ich sagte, das sei wahr, aber er habe mich eben so wohl als sie betrogen; doch noch jetzt stände ich mit meinem Leben dafür, daß seine Entfernung dem Könige keinen Nachteil bringen würde und daß er nur von seinem Hause aus die nötigen Vorkehrungen zu seiner Reise nach Flandern machen wollte. Der König ward einigermaßen davon beängstigt und ließ mich zurück auf mein Zimmer gehen. Er erhielt auch bald die Nachrichten von meinem Bruder, welche ihm die Versicherungen, die ich gegeben, bestätigten. Die Anklagen hörten nun zwar auf, aber nicht die Unzufriedenheit; denn obgleich er sich stellte, als wollte er ihm zu seinem Zuge nach Flandern hilfreich sein, tat er im Gegenteil unter der Hand alles, um ihm Hindernisse in den Weg zu legen.

Drittes Buch

Ich bat nun den König stündlich um die Erlaubnis, zum Könige, meinem Gemahl, reisen zu dürfen. Er sah wohl ein, daß er mir diese nicht versagen durfte, doch wollte er mich nicht unzufrieden von sich lassen; außerdem wünschte er auch sehr, mich mit meinem Bruder zu entzweien; er machte sich mir also durch tausend Gefälligkeiten verbindlich und gab mir dem Versprechen der Königin Mutter gemäß die Verschreibung meiner Mitgift in Ländereien und außerdem noch das Ernennungsrecht der Ämter und Pfründen; dann auch die gewöhnliche Pension der Töchter vom Hause Frankreich und noch eine besondere Pension aus des Königs Schatulle. Jeden Morgen gab er sich die Mühe, mich zu besuchen und mir vorzustellen, wie sehr nützlich mir seine Freundschaft sein könnte. Die Liebe meines Bruders würde mich verderben, die seinige aber mich ganz glücklich machen; und mehr dergleichen Sachen, die ungefähr dahin führten. Meine Treue gegen meinen Bruder war unerschütterlich, und ich antwortete dem Könige nie anders, als daß ich nur wünschte, meinen Bruder in seiner Gunst zu sehen; ich würde bei meinem Gemahl immer seinen Befehlen gehorchen und immer mich bemühen, auch ihn im Gehorsam des Königs zu erhalten[84].

Die Königin Mutter wollte meinen Bruder noch einmal zu Alençon sehen, ehe er nach Flandern ginge. Ich bat den König um Urlaub, sie begleiten zu dürfen, um Abschied von ihm zu nehmen. Er erteilte ihn mir, obwohl ungern. Als wir von Alençon zurückkamen, hielt ich wieder um die Erlaubnis an, reisen zu dürfen. Die Königin Mutter mußte auch in Geschäften des Königs nach der Gascogne reisen, es ward also beschlossen, daß ich mit ihr reisen solle[85]. Der König begleitete uns nach seinem Ollainville. Nachdem er uns einige Tage dort bewirtet hatte, nahmen wir von ihm Abschied, und in kurzer Zeit befanden wir uns in der Guyenne[86]. Sobald wir in die Staaten des Königs, meines Gemahls, gekommen waren, wurden uns allenthalben feierliche Einzüge gehalten[87]. Der König, mein Gemahl, kam der Königin Mutter bis La Réolle entgegen, er konnte nicht weiter kommen, weil man in den protestantischen Ländern noch voll Mißtrauen war. Er hatte ein schönes Gefolge von allen den Herrn und Edelleuten von der Religion der Gascogner und auch von einigen Katholiken[88].

Die Königin Mutter dachte nur sich eine kurze Zeit dort aufzuhalten, aber es fügte manches sich so von Seiten der Hugenotten sowohl als von Seiten der

Katholischen, daß sie sich gezwungen sah, länger als achtzehn Monate dort zu bleiben[89]. Sie ward verdrießlich darüber und war einigemal geneigt zu glauben, man hielte sie absichtlich so lange auf, um ihre Hoffräulein desto länger dort zu behalten, denn der König, mein Gemahl, hatte sich in Dayelle verliebt und Herr von Turenne in La Vergne; dies aber verhinderte doch nicht, daß mir der König, mein Gemahl, mit aller Freundlichkeit und Achtung begegnete, die ich nur wünschen konnte. Er hatte mir gleich bei meiner Ankunft erzählt, welche Ränke man während seines Aufenthalts am Hofe angewendet, um uns zu entzweien; er sah auch den wahren Grund und die Absicht davon wohl ein, um nämlich meinen Bruder von ihm zu trennen; und er bezeigte große Freude, wieder mit mir zusammenzusein. Solange die Königin Mutter in der Guyenne war, befanden wir uns in einer recht angenehmen, glücklichen Lage; währenddem nahm sie auf Bitte meines Gemahls dem Marquis von Villars die Stelle als Lieutenant des Königs und gab sie dem Marschall von Biron. Darauf begab sie sich nach Languedoc; wir begleiteten sie bis Castelnaudary; dort nahmen wir von ihr Abschied und gingen zurück nach Pau in Béarn. Ich hatte keinen katholischen Gottesdienst daselbst; man erlaubte mir bloß, in einer kleinen Kapelle, die nicht mehr als drei oder vier Schritte lang war, Messe lesen zu lassen; es war so eng darin, daß

es von uns sieben oder acht ganz voll war. Während
die Messe gelesen wurde, zog man die Zugbrücke
des Schlosses auf, weil man befürchtete, die Katholiken, die im Lande waren und keinen Gottesdienst
halten durften, würden sich hinzudrängen, sie zu hören, denn sie waren sehr begierig nach dem heiligen
Amte, das sie schon seit so langer Zeit entbehren mußten. Von diesem heiligen Verlangen getrieben, fanden
die Einwohner zu Pau an einem Pfingsttage Gelegenheit, eh man noch die Brücke aufzog, in das Schloß
und in die Kapelle zu schleichen; sie wurden bis gegen das Ende der Messe nicht daselbst entdeckt; da
aber einige von meinen Leuten die Türe aufmachten,
um hinauszugehen, wurden einige Hugenotten, die
an der Türe spionierten, jene gewahr und klagten es
an Pin⁹⁰, Sekretär meines Gemahls, der sehr für ihn
eingenommen war. Da er viel Ansehen im Hause
und alle Geschäfte zu führen hatte, welche die Hugenotten betrafen, ließ er die Katholiken mit einer Wache von der Garde des Königs, meines Gemahls, ab-
holen und sie in ein Gefängnis werfen, wo sie lange
bleiben und noch eine starke Geldbuße zahlen mußten. Ich empfand diese üble Behandlung tief in der
Seele, da ich gar nicht dergleichen erwarten durfte.
Ich beklagte mich bei dem König, meinem Gemahle,
und bat ihn, diese armen Katholiken freizugeben, die
keine so harte Bestrafung verdienten, weil sie, die
so lange ihres Gottesdienstes beraubt waren, meine

Gegenwart zu benutzen suchten, um an einem der großen Festtage Messe zu hören. Pin mischte sich unberufen hinein und nahm das Wort gegen die schuldige Ehrfurcht für seinen Herrn und ohne diesem Raum zum Antworten zu lassen. Ich möchte, sagte er dem Könige, meinem Gemahl, mit dergleichen den Kopf nicht zerbrechen, denn jene hätten diese Strafe verdient, ich möchte auch sagen, was ich wollte, und meinen Worten zu Gefallen geschähe ihnen weder mehr noch weniger; ich könnte zufrieden sein, daß mir erlaubt würde, für mich eine Messe lesen zu lassen und für jeden meiner Leute, die ich mit hinein nähme. Diese Worte beleidigten mich erstaunlich von einem Menschen seines Standes, und ich flehte den König, meinen Gemahl, an, daß er, wenn ich so glücklich wäre, einigen Teil an seiner Gunst zu besitzen, sie mir zu erkennen gebe, indem er die unwürdige Behandlung dieses geringen Menschen ahnde und mir Genugtuung verschaffe. Der König, da er sah, daß ich mich so ereiferte und mit Recht, ließ ihn hinausgehen aus meinen Augen und sagte zu mir, er wäre sehr böse über die Unschicklichkeit des Pin; der Eifer für seine Religion habe ihn zu weit geführt, und ich sollte jede Genugtuung, die ich verlange, erhalten. Über die verhafteten Katholiken würde er mit seinen Räten überlegen, was man tun könnte, um mich zufriedenzustellen. Nachdem er so zu mir geredet, ging er in sein Kabinett und sprach mit Pin, der ihn wieder ganz umkehrte, so daß er aus Furcht, ich möchte dessen Abschied verlangen, mich vermied und mir sehr kalt begegnete. Da ich nun aber eigensinnig darauf bestand, daß er zwischen mir und Pin wählen müsse, sagten ihm alle Anwesenden, denen Pins Anmaßung verhaßt war, er möchte mich nicht wegen eines solchen Menschen, der mich beleidigte, mißvergnügt lassen; der König und die Königin Mutter würden es ihm sehr übelnehmen, wenn sie es erführen. Dadurch ward er gezwungen, ihm den Abschied zu geben; aber er hörte nicht auf, mir darüber übelzuwollen und böse auf mich zu sein[91], wozu ihn, wie er nachmals mir gestand, Herr von Pibrac verleitete, der doppelzüngig zu mir sagte, ich dürfe nicht zugeben, daß ein so geringer Mensch mir trotze, und ich müßte ihn auf jeden Fall fortschicken lassen; und zu meinem Gemahl: Es ginge gar nicht an, daß ich ihn eines Mannes beraube, der ihm so notwendig sei. Aber Herr von Pibrac tat dies nur, um mich dahin zu bringen, daß ich wieder nach Frankreich zurück ginge, wohin sein Stand als Präsident und Rat im königlichen Staatsrat ihn rief[92].

Was meine Lage noch verschlimmerte, war, daß der König, mein Gemahl, seit dem Dayelle fort war, sich um Rebours bewarb. Ein boshaftes Mädchen, die mir nicht wohlwollte und mir alles Böse tat, was sie vermochte. In diesen Widerwärtigkeiten, da ich

zu Gott allein meine Zuflucht nahm, erbarmte er sich
meiner Tränen und gab, daß wir von dem kleinen
Pau weggingen, wo zum guten Glück für mich Rebours krank zurückblieb. Da der König, mein Gemahl, sie aus den Augen verlor, dachte er nicht mehr
an sie und ließ sich mit Fosseuse ein, die damals schöner war und ganz gut, noch ganz ein Kind. Auf unserer Reise nach Montauban kamen wir durch eine
kleine Stadt, Eauze genannt; in der Nacht ward mein
Gemahl daselbst krank an einem anhaltenden Fieber,
mit starkem Kopfweh begleitet, diese Krankheit
dauerte siebzehn Tage, während denen er weder
Nacht noch Tag Ruhe hatte, man mußte ihn immer
aus einem Bette in das andere schaffen. Ich wartete
ihn selbst auf das sorgfältigste und entfernte mich
während der ganzen Zeit, ohne mich umzukleiden,
nicht einen Augenblick von ihm. Meine Dienste
wurden ihm endlich lieb, und er rühmte sie gegen
jedermann, besonders gegen Herrn von Turenne,
der mir als Anverwandter den Dienst leistete und ihn
wieder so mit mir aussöhnte, daß ich besser als je bei
ihm stand. Diese Glückseligkeit währte die vier bis
fünf Jahre[93], welche ich in der Gascogne mit ihm zubrachte, wo wir die meiste Zeit zu Nérac lebten. Unser Hof war so schön und angenehm, daß wir den
französischen nicht beneiden durften. Die Prinzessin
von Navarra war da, die seitdem den Herzog von
Bar, meinen Neffen, geheiratet; ich und eine große

Anzahl Damen und Fräulein; der König, mein Gemahl, hatte ein auserlesenes Gefolge von Herrn und
Edelleuten, so artigen und rechtlichen Leuten, als ich
jemals am französischen Hofe gesehen; es war kein
Mangel an ihnen, außer daß sie das Unglück hatten,
Hugenotten zu sein. Man sprach aber gar nicht über
die Verschiedenheit der Religion. Der König und
seine Schwester gingen mit ihrem Gefolge von der
einen Seite zur Predigt und ich mit den meinigen von
der andern Seite zur Messe, in eine Kapelle im Park,
in welchem wir uns, wenn ich herauskam, vereinigten, um entweder hier oder in einen sehr schönen
Garten spazieren zu gehen, mit langen Alleen von
hohen Lorbeerbäumen und Zypressen; aber auch in
den Park, den ich hatte machen lassen, worin Alleen
von dreitausend Schritten längs dem Ufer des Flusses hingingen. Den Rest des Tages brachten wir in
allen Arten von anständigen Lustbarkeiten zu. Nach
dem Mittagsessen und am Abend war gewöhnlich
Ball. Während dieser ganzen Zeit machte der König
die Aufwartung an Fosseuse, die sich so tugendhaft
und ehrliebend betrug, daß, wenn sie sich immer so
verhalten hätte, sie sicher nicht in das Unglück geraten wäre, welches denn wieder die Schuld von so
vielen andern war, die sie selbst und auch mich
betrafen[94].

Das Schicksal beneidete uns das glückliche Leben,
in welchem wir ruhig und einig seine Macht zu ver-

achten schienen, als ob wir seiner Unbeständigkeit
nicht unterworfen wären, und erregte, um uns wieder zu zerstören, einen neuen Krieg[95] zwischen dem
Könige, meinem Gemahl, und den Katholiken, der
sich damit anfing, daß der König, mein Gemahl, und
der Marschall von Biron, der auf Verlangen der
Hugenotten Lieutenant des Königs in der Guyenne
geworden war, so entzweiten, daß ich sie niemals,
aller angewandten Mühe ungeachtet, wieder hätte
versöhnen können. Sie hatten ewigen Argwohn und
Streitigkeiten gegen- und miteinander, beklagten
sich gegenseitig beim König; mein Gemahl verlangte, man sollte den Marschall von Biron wieder
zurückrufen; und der Herr Marschall, der meinen
Gemahl und alle von seiner Religion anklagte, daß sie
allerlei gegen den Friedenstraktat unternähmen. Dieser Anfang der Uneinigkeit wuchs nach und nach höher zu meinem größten Leidwesen. Der Marschall
von Biron riet dem Könige, er solle selber nach Guyenne kommen, damit seine Gegenwart die Ordnung
wiederherstelle. Da das die Hugenotten erfuhren,
fürchteten sie, der König möchte sich ihrer Städte bemeistern und sie verjagen; sie beschlossen also die
Waffen zu ergreifen. Nichts hatte ich wohl mehr zu
fürchten als diesen Krieg, da ich einmal in die Schicksale des Königs, meines Gemahls, verwickelt war,
also gegen die Partei des Königs und meiner Religion
sein mußte. Ich suchte meinen Gemahl und seine

Räte davon abzubringen; ich zeigte ihnen, wie wenig vorteilhaft der Krieg ihnen sein könnte. Da sie einen Chef wie den Marschall von Biron gegen sich hatten, einen so großen General und der so gern gegen sie aufgebracht war, daß er sie gewiß niemals verschonen würde, wie viele andre getan. Würde der König einmal seine ganze Macht dazu anwenden, sie alle zu vertilgen, so würden sie ihr nicht widerstehen. – Ihre Furcht, der König möchte nach der Guyenne kommen, die Hoffnungen, in Ansehung ihrer Unternehmungen auf die meisten Städte der Gascogne und des Languedocs spornten sie so, daß ich sie, obgleich der König, mein Gemahl, viel Vertrauen zu mir hatte und die vornehmsten der Hugenotten mir Einsicht genug zutrauten, dennoch nie überzeugen konnte, was sie hernach auf ihre eigne Unkosten erfuhren. Man mußte nun den Sturm ruhig vorüber ziehen lassen, der sich aber bald legte, als sie jene Erfahrungen machten. Lange vorher hatte ich den König und die Königin Mutter oft genug ermahnt, dem Übel zu steuern und dem Könige, meinem Gemahl, einiges nachzugeben; aber nie hatten sie darauf geachtet; sie schienen es im Gegenteil nicht ungern zu sehen, daß es so weit kam. Der Marschall von Biron überredete sie, er habe Mittel, die Hugenotten so tief herunterzubringen, als er wolle. Mein Rat ward nicht geachtet, die Erbitterungen wurden immer heftiger, und man griff zu den Waffen[96]. Die von der sogenannten reformierten Partei hatten sich aber in Ansehung ihrer Macht sehr verrechnet, sie waren nicht so stark als der Marschall von Biron, und alle ihre Unternehmungen mißglückten, außer daß sie Cahors einnahmen, obgleich mit einem starken Verlust. Herrn von Vézies, der darin lag, hatten sie zwei Tage lang bekämpft und sich Straße nach Straße, Haus für Haus errungen. Hierbei zeigte der König, mein Gemahl, seine Tapferkeit und Einsicht nicht allein wie ein Fürst seines Standes, sondern wie ein erfahrener, kühner Heerführer[97]. Die Einnahme von Cahors schwächte sie aber vielmehr, statt sie zu stärken. Der Marschall von Biron nahm seine Zeit wahr und behauptete das Feld, indem er alle kleinen Städte, welche mit Hugenotten besetzt waren, nahm und alles, was sich darin befand, über die Klinge springen ließ. Ich teilte gleich vom Anfang des Krieges an das Schicksal des Königs, meines Gemahls, ich hielt es für meine Pflicht, da er mich mit seinem Zutrauen beehrte; aber mit nicht geringen Leiden, weil der Vorteil der einen wie der andern Partei immer mit meinem Nachteil verbunden war. Denn siegten die Hugenotten, so geschah es auf Unkosten meiner Religion, deren Erhaltung ich doch mehr als mein eigenes Leben wert hielt; siegten die Katholiken, so war es auf Unkosten des Königs, meines Gemahls. Ich war aber durch meine Pflicht sowohl als durch seine Freundschaft und sein Zutrauen, bei ihm zu bleiben, verbunden, ich schrieb daher dem Könige und der Königin Mutter die Lage der Dinge, da sie nicht auf meine Warnungen geachtet. Ich ersuchte sie, wenn sie auch in Rücksicht auf mich die beiden Feuer, zwischen welchen ich mich befände, nicht tilgen wollten, daß es ihnen doch gefallen möchte, dem Marschall von Biron zu befehlen, daß er Nérac neutral behandeln sollte, wo ich mich aufhielt, und auf drei Meilen den Krieg davon entfernt halte. Dasselbe würde ich von meinem Gemahl, in Ansehung seiner Truppen, fordern. Es ward mir unter der Bedingung bewilligt, wenn der König, mein Gemahl, nicht in Nérac sei; die Neutralität wäre aufgehoben, sobald er sich daselbst aufhielte. Diese Bedingungen wurden von beiden Seiten so ehrerbietig, als ich nur verlangen konnte, erfüllt; doch konnten sie den König, meinen Gemahl, nicht abhalten, oft nach Nérac zu kommen, wo er mich und seine Schwester traf; denn er war gern in Gesellschaft von Frauen und liebte besonders noch die Fosseuse sehr, über die ich aber niemals zu klagen Ursache hatte. Da der König, mein Gemahl, nun sah, daß ich nichts mehr wünschte, als ihm gefällig zu sein, lebte er in aufrichtiger brüderlicher Freundschaft mit mir.

Einmal blieb er mit seinem ganzen Gefolge drei Tage in Nérac; er konnte sich gar nicht entschließen, den ihm so angenehmen Aufenthalt zu verlassen. Der Marschall von Biron ward von seinen Kund-

schaftern davon unterrichtet, stellte sich, als wollte er
mit seiner Armee nur nahe vorbeiziehen, um sich bei
einer Überfahrt des Flusses mit Herrn Cornusson,
Seneschall von Toulouse, zu vereinigen, der ihm
Truppen zuführte, und anstatt wirklich dahin zu ziehen, wandte er sich gegen Nérac und stand plötzlich
eines Morgens um neun Uhr mit seiner Armee vor
den Toren von Nérac. Der König, mein Gemahl, der
den Abend vorher schon die Nachricht von der Ankunft des Herrn von Cornusson gehabt hatte, wollte
ihre Vereinigung verhindern und jeden besonders
schlagen; an Macht fehlte es ihm nicht dazu, denn er
hatte damals Herrn von Rochefoucauld mit dem
ganzen Adel von Xainctonge und an achthundert
Schützen zu Pferde, die er ihm zugeführt hatte; er
war also mit Anbruch des Tages ausgezogen und
meinte, sie bei der Mündung des Flusses anzutref-
fen. Er war aber nicht genau berichtet; Herr von
Cornusson war schon den Abend vorher über den
Fluß gegangen, er kehrte also nach Nérac zurück,
und während er in einem Tor hinein zog, hörte er,
daß der Marschall von Biron vor dem andern stand,
in völliger Schlachtordnung. Es war den Tag übles
Wetter, es regnete so stark, daß die Büchsenschüt-
zen nicht dienen konnten. Demungeachtet warf der
König, mein Gemahl, einen Teil seiner Truppen in
die Weinberge, um den Marschall von Biron vom
Vordringen abzuhalten. Der Marschall konnte auch

wegen des Regens an dem Tage nichts weiter anfangen, als daß er in seiner Ordnung fest stehen blieb, sein Geschütz bedeckte, bis sie feuern konnten, und unterdessen einige absendete, die verlangten, eine Lanze zu brechen zur Ehre der Damen; dann ließ er plötzlich seine Truppen sich teilen und warf einige Kugeln in die Stadt, von denen eine das Schloß traf; worauf er sich zurückzog und mir einen Trompeter sandte mit Entschuldigungen für ihn. Wenn ich allein gewesen wäre, ließ er mir sagen, würde er dergleichen um keinen Preis unternommen haben, der König, mein Gemahl, wäre aber, wie ich wohl wisse, nicht mit in die Neutralität begriffen, und er habe Befehl von dem Könige, ihn anzugreifen, wo er ihn anträfe. Der Marschall von Biron hatte mir sonst bei allen Gelegenheiten alle Achtung bezeigt und mir Beweise seiner Freundschaft gegeben; denn er hatte mir während des Krieges Briefe uneröffnet zugeschickt, die ihm in die Hände gefallen waren, und alle, die zu mir gehörten, behandelte er mit Achtung und Schonung. Ich gab seinem Trompeter zur Antwort: Ich wisse sehr wohl, daß der Herr Marschall nur nach Kriegsgeschehen und nach den Befehlen des Königs gehandelt habe; ein verständiger Mann aber wie er könnte sehr wohl beides tun, ohne seinen Freunden zu nahe zu treten; er hätte wohl der Gegenwart meines Gemahls mich können erfreuen lassen, diesen könnte er zu Nérac nicht angreifen, ohne zugleich mich anzugreifen; ich fände mich sehr dadurch beleidigt und würde mich beim Könige darüber beklagen.

Der Krieg dauerte noch eine Zeitlang, und die Hugenotten zogen den kürzeren; dies half mir, den König, meinen Gemahl, zum Frieden zu bereden. Ich schrieb oft an den König und die Königin Mutter darüber, aber diese wollten nichts davon hören, sie verließen sich auf das Glück des Marschalls von Biron. Zu derselben Zeit als dieser Krieg losbrach, ward die Stadt Cambrai, die sich seit meiner Abreise von Frankreich durch die Vermittlung des Herrn von Ainsi meinem Bruder ergeben hatte, von den Spaniern belagert. Mein Bruder erhielt diese Nachricht bei sich zu Plessis-lès-Tours. Er war kürzlich von seinem ersten flandrischen Zuge zurückgekommen; die Städte Mons, Valenciennes und andere unter dem Gouvernement des Grafen Lalain stehende hatten sich ihm ergeben; Graf Lalain hatte offen die Partei meines Bruders genommen und ihn in allen Ländern, die unter ihm standen, als Oberherrn anerkennen lassen; er wollte nun dem Herrn von Ainsi in Cambrai zur Hilfe kommen und ließ schnell Leute anwerben, um mit ihnen hinzueilen. Er konnte nicht schnell genug bereit sein, er ließ also Herrn von Balagny sich hineinwerfen, um die Belagerung so lange auszuhalten, bis er mit seiner Armee käme, sie aufzuheben. Als er nun damit eben beschäftigt war, kam dieser Hugenotten-Krieg dazwischen; die neuen

Truppen verließen meinen Bruder, um dem Könige
nach der Gascogne zu folgen; so daß jener keine
Hoffnung behielt, Cambrai zur Hilfe kommen zu
können; mit Cambrai ging ihm alles verloren, was
er in dem Lande besessen hatte; und was am
schlimmsten war, Herr von Balagny und alle, die
mit ihm in Cambrai eingeschlossen waren. Es verdroß ihn sehr, und da er sehr viel Urteilskraft besaß
und es ihm bei seinen Unfällen niemals an einem
Auswege fehlte, so sah er gleich ein, daß das einzige
Mittel für ihn sei, Frieden in Frankreich zu stiften.
Sein Mut fand nie Schwierigkeiten in seinen Unternehmungen. Er sandte sogleich einen Edelmann zum
Könige und ließ um die Erlaubnis zu Friedensver-
handlungen anhalten. Er unternahm es selber, damit
nicht etwa ein andrer Bevollmächtigter die Sache so
in die Länge zöge, bis er Cambrai nicht mehr zur
Hilfe kommen könnte; Herr von Balagny hatte ihm
geschrieben, daß er nicht länger als sechs Monate
Zeit habe, wenn er ihm noch zur Hilfe kommen
wollte; länger könnte er das Volk in der Stadt nicht
zurückhalten, sich zu ergeben, wegen des Mangels
an Lebensmitteln. Gott stand meinem Bruder in seinen Absichten bei; der König nahm seinen Vorschlag
zu Friedensunterhandlungen an; er glaubte dadurch
ihn von Flandern abzuhalten, woran er niemals einen
rechten Gefallen gefunden hatte. Er gab ihm förm-
lichen Auftrag und Vollmacht zum Frieden und

sandte ihm zur Unterstützung die Herrn von Ville-
roy und von Bellièvre. Es gelang meinem Bruder
ganz vollkommen, er kam nach der Gascogne und
machte Frieden, sowohl zur Zufriedenheit der Katholiken als der Protestanten[98]. Sein Verfahren war
so ganz vernünftig, daß er sich die Liebe und das Lob
aller erwarb. Sieben Monate dauerte das Geschäft,
die ihm lang genug dünkten, wegen seiner Begierde,
Cambrai zu entsetzen, obgleich die Freude, mit uns
zusammen zu sein, ihm seine Sorgen erleichterte[99].
Er erwarb sich bei dieser Gelegenheit den Marschall
von Biron, der es übernahm, seine Armee nach Flandern zu führen; dem Könige, meinem Gemahl, zu
Gefallen nahm er den Marschall fort und schickte den
Marschall von Matignon nach der Guyenne. Vor seiner Abreise wünschte mein Bruder noch den König,
meinen Gemahl, mit dem Marschall von Biron auszusöhnen; er solle mich wegen dessen, was bei Nérac
vorgefallen war, bei der nächsten Unterredung um
Verzeihung bitten; mir befahl er, ihn tüchtig und mit
derben Worten auszuschelten. Diesem leidenschaft-
lichen Befehl meines Bruders gehorchte ich mit der
in solchen Dingen gehörigen Schonung, er hätte
vielleicht es sonst eines Tags bereuen können, denn
er hatte von seinem Beistande viel zu hoffen. Mein
Bruder kehrte begleitet vom Marschall von Biron
nach Frankreich zurück. Diese Unruhen zur Zufriedenheit aller Parteien gestillt zu haben, häufte nicht

weniger Ehre und Ruhm auf ihn als alle Siege, die
seine Waffen erfochten. Seine Armee ward stärker
und schöner als je. Aber wird nicht das Glück und der
Ruhm immer vom Neide verfolgt? Der König fand
kein Wohlgefallen an dem Ruhm meines Bruders,
ebensowenig als daran, daß er sieben Monate in der
Gascogne mit mir zusammen gewesen war. Um seinem Zorn eine Ursache zu geben, bildete er sich ein,
ich hätte diesen Krieg gestiftet und meinen Gemahl
dazu verleitet (der aber wohl das Gegenteil bezeugen
kann), um meinem Bruder den Ruhm zu verschaffen, Frieden gestiftet zu haben. Wäre es auf mich angekommen, er hätte diesen mit geringerer Mühe und
weniger Zeitverlust haben können; seine Angelegenheiten in Flandern und Cambrai hatten keinen Nutzen von diesem Aufenthalt. Doch wie? Verblenden
Haß und Neid die Augen doch so, daß man nie die
Dinge sieht, wie sie sind! Auf diesen Grund baute
der König einen tödlichen Haß gegen mich; er suchte
alle alten Erinnerungen wieder zusammen, wie ich
in allen Angelegenheiten, sowohl während seines
Aufenhaltes in Polen als nachher immer die Partei
meines Bruders genommen hatte; und beschwor meinen Untergang. Das Schicksal begünstigte seinen
Haß; denn während den sieben Monaten, die mein
Bruder sich in der Gascogne aufhielt, wollte es das
Unglück, daß er sich in die Fosseuse verliebte, die von
meinem Gemahl geliebt ward. Dieser glaubte, ich

begünstige die Absichten meines Bruders, und war
noch dran, deswegen böse auf mich zu sein. Da ich es
merkte, ließ ich nicht nach mit Bitten bei meinem
Bruder und stellte ihm vor, wie vielen Verdruß er
mir zuzöge; er, der mehr meine Zufriedenheit suchte
als die seinige, bezwang seine Leidenschaft und redete nicht mehr mit ihr. Von dieser Seite hatte ich
dem Übel so vorgebeugt; das gehässige Geschick
läßt sich aber auf den ersten Wurf nicht abschrecken;
es legte mir eine andere, weit gefährlichere Schlinge.
Die Fosseuse liebte den König, sie hatte ihm aber
noch keine andre Vertraulichkeit zugestanden, als die
Sittsamkeit erlaubte; um ihm jetzt ihre ungeteilte
Liebe zu beweisen und ihn von seiner Eifersucht wegen der Liebe meines Bruders zu heilen, gab sie sich
ihm ganz und ohne alle Zurückhaltung hin, und zum
Unglück ward sie schwanger. Da sie sich in diesen
Umständen sah, veränderte sie ihr Betragen gegen
mich. Statt daß sie sonst offen und zutraulich gegen
mich war und mir bei meinem Gemahl alle ersinnlichen guten Dienste leistete; verbarg sie sich nun gegen mich und suchte mir nun ebenso schädlich zu
werden, als sie mir zuerst nützte. Sie hatte sich des
Königs, meines Gemahls, so bemeistert, daß er in
kurzer Zeit sich sehr gegen mich veränderte. Er entfremdete sich von mir, vermied mich, und meine
Gegenwart war ihm nicht mehr so angenehm als in
den glücklichen Jahren, die ich mit ihm in der Gas-

cogne zubrachte, während denen die Fosseuse sich ehrbar betragen[100].

Nachdem mein Bruder nach geschlossenem Frieden nach Frankreich gegangen, um seine Armee zu bilden, und wir nach Nérac zurückgekehrt waren, so setzte die Fosseuse, als wir kaum dort anlangten, dem Könige, meinem Gemahl, in den Kopf, er solle nach den Bädern von Aigues-chaudes im Béarnschen mit ihr gehen; es sei nun um ihre Schwangerschaft zu verbergen oder sich deren zu entledigen. Ich ersuchte meinen Gemahl, ihn nicht nach Aigues-chaudes begleiten zu dürfen, er wisse wohl, daß ich wegen der Mißhandlung zu Pau geschworen habe, nicht eher wieder nach dem Béarn zu gehen, bis die katholische Religion daselbst herrsche. Er drang sehr in mich mitzureisen und erzürnte sich, als ich mich standhaft dessen weigerte. Endlich sagte er, sein Mädchen (so nannte er die Fosseuse) müsse wegen ihrer Magenkrankheit hinreisen. Ich hätte nichts dagegen, daß er hinreise, erwiderte ich. Es schickte sich nicht, meinte er, ohne mich zu reisen, es gäbe nur Gelegenheit, Böses zu denken, wo keins wäre. Darauf ward er sehr zornig auf mich, weil ich demungeachtet nicht mitwollte. Ich brachte es aber doch so weit, daß er sich zufrieden gab und mit ihr allein reiste, begleitet von der Hofmeisterin und von zweien ihrer Gespielinnen, der Rebours und der Villesavin; ich erwartete ihre Zurückkunft zu Bavière. Von der Rebours be-

kam ich täglich Nachrichten, daß die Fosseuse mir
schlechte Dienste erzeige, daß sie mich immer ver-
leumde und sich einbilde, wenn sie einen Sohn bekommen sollte und mich loswerden könnte, würde
sie die Gemahlin des Königs werden; zu dem Ende
wolle sie mich nach Pau bringen lassen; sie habe auch
den König, meinen Gemahl, schon dazu beredet,
mich bei meiner Zurückkunft von Bavière hinzu-
schicken, und das mit Gewalt, wenn ich nicht im guten wollte. Die Rebours war ein verderbtes falsches
Mädchen, die nichts wünschte, als die Fosseuse zu
verdrängen, um sich wieder in die Gunst meines Gemahls einzuschleichen; aber ihre Nachrichten be-
trübten mich dennoch sehr, wie man wohl denken
kann; ich erwartete jedoch voll Vertrauen auf die
Güte Gottes und meines Gemahls seine Ankunft
standhaft zu Bavière; ich vergoß so viel Tränen, als
sie Tropfen des Gesundheitswassers tranken, obgleich der ganze katholische Adel der Gegend in
meinem Gefolge war und sich alle ersinnliche Mühe
gab, mich meinen Schmerz vergessen zu machen.
Nachdem vier oder fünf Wochen verflossen waren,
kam der König, mein Gemahl, Fosseuse und ihre Be-
gleiterinnen wieder. Da er von einigen Herren, die
mit mir waren, erfuhr, in welcher Angst ich wäre,
nach Pau zu müssen, drang er nicht weiter sehr in mich
darum, er sagte bloß, er hätte sehr gewünscht, daß
ich es gern tun möchte. Da er nun aber aus meiner

Antwort sowohl als aus meinen Tränen sah, daß ich
lieber sterben wolle, als nach Pau gehen, änderte er
seine Absicht und wir gingen nach Nérac zurück.
Dort erfuhr ich, daß man ganz öffentlich und nicht
allein an unserem Hof, sondern im ganzen Lande von
der Schwangerschaft der Fosseuse redete; ich entschloß mich also, mit ihr selber davon zu sprechen,
damit wir Mittel ausfinden möchten, dem öffentlichen Gerede ein Ende zu machen; ich nahm sie also
zu mir in mein Kabinett, wo ich ihr sagte: «Obgleich
Ihr Euch seit einiger Zeit von mir entfernt habt und
man mich versichert, daß Ihr mir bei dem Könige,
meinem Gemahl, lauter Böses erzeigt, so erlaubt es
mir doch nicht meine ehemalige Freundschaft für
Euch und für die achtungswürdigen Personen, Eure
Angehörigen, daß ich Euch verließe und Euch nicht
in Eurem Unglück beistehen wollte. Ich bitte Euch,
nichts zu leugnen und nicht Eure Ehre mit der meinigen zugrunde zu richten. Seid versichert, ich werde
Euch wie eine Mutter helfen. Ich kann unter dem
Vorwande der Pest, die, wie Ihr wißt, in diesem
Lande und sogar in unsrer Stadt wütet, mich entfernen und nach Mas Agenois gehen, ein ganz entlege-
nes Haus des Königs, meines Gemahls. Ich werde
kein stärkeres Gefolge mit mir nehmen, als Ihr selber
wollt. Unterdessen wird der König, mein Gemahl,
in einer andern Gegend auf die Jagd gehen, und ich
rühre mich von dort nicht weg, bis Ihr befreit seid.

So können wir dem Lärm ein Ende machen, das mir nicht weniger verdrießlich ist als Euch.» Sie nun, anstatt es mir zu danken, sagte mit der ungeheuersten Impertinenz: Alle die, welche das behaupten, würde sie Lügen strafen. Sie wisse wohl, daß ich sie seit einiger Zeit nicht liebe und bloß einen Vorwand suche, sie zu verderben. Sie schrie so laut dabei, da ich doch sanft und leise mit ihr geredet hatte, ging voller Wut aus meinem Kabinett und klagte es dem Könige, meinem Gemahl. Dieser geriet in Zorn auf mich, daß ich seinem Mädchen dergleichen sagte, behauptete auch, sie würde alle die Lügen strafen, die sich über sie aufhielten, und war lange Zeit ganz böse mit mir, bis endlich nach einigen Monaten ihre Stunde kam. Sie schlief in dem Hoffräulein-Zimmer; des Morgens früh bekam sie heftige Schmerzen, sie ließ einen Arzt holen und bat ihn, den König, meinen Gemahl, von ihrem Zustande zu benachrichtigen. Der Arzt kam in unser Schlafzimmer, wo wir wie immer in abgesonderten Betten schliefen, und gab meinem Gemahl diese Nachricht. Nun war er in großer Verlegenheit und wußte nicht, was zu tun, denn er fürchtete, sie möchte verraten oder schlecht bedient werden; er liebte sie sehr. Endlich entschloß er sich, mir alles zu entdecken und mich um Hilfe für sie zu bitten; er wußte wohl, daß er mich immer bereit finden würde, ihm zu dienen, was auch vorhergegangen sein mochte. Er zog meine Bettvorhänge

auf und sagte: «Meine Liebe, ich muß jetzt Euch
etwas gestehen, das ich bis jetzt immer verleugnet
hatte. Ich bitte, vergebt mir, denkt nicht mehr an
das, was ich bisher darüber gesagt; steht mir zu Gefallen gleich auf und sucht der Fosseuse zu helfen, sie
ist sehr übel dran. Ich bin gewiß, Ihr werdet Euch in
ihrem jetzigen Zustande alles Vergangenen nicht
mehr erinnern wollen. Ihr wißt, wie sehr ich sie
liebe, ich bitte Euch also recht sehr, tut mir den Gefallen.» Darauf antwortete ich: Ich ehrte ihn zu sehr,
um durch ihn beleidigt werden zu können; ich wollte
zu ihr gehen und sie wie meine eigne Tochter versor-
gen; er sollte unterdessen auf die Jagd gehen und den
ganzen Hof mitnehmen, damit man nichts erführe.

Ich ließ sogleich die Fosseuse aus dem Hoffräulein-
Zimmer fortnehmen und in ein entlegnes Zimmer
bringen, schickte ihr meinen Arzt, Frauen zu ihrer
Bedienung und ließ ihr aufs sorgfältigste Hilfe leisten. Gott gab, daß sie nur eine Tochter gebar, die
auch nicht lebte. Nach der Entbindung brachte man
sie wieder in das Hoffräulein-Zimmer. Aller angewandten Vorsicht ungeachtet, konnte man dennoch
nicht verhindern, daß das Gerücht davon nicht
augenblicklich im ganzen Palast herumkam. Der
König, mein Gemahl, ging gleich nach der Jagd zu
ihr, wie er gewöhnlich tat; sie bat ihn, daß ich sie
besuchen möchte (nach meiner Gewohnheit, die
Hoffräulein zu besuchen, wenn sie krank waren),

weil sie meinte, das Gerücht dadurch zu unterdrük-
ken. Der König, mein Gemahl, kam zu mir und fand
mich im Bette liegend. Ich war müde vom ungewöhnlich frühen Aufstehen und von der Mühe, die
ich gehabt hatte. Er bat mich, doch aufzustehen und
zu ihr zu gehen; ich wollte aber nicht und sagte ihm:
Ich wäre zu ihr gegangen, als sie meiner Hilfe bedurfte, jetzt aber könnte sie mich nicht weiter brauchen; ich würde, wenn ich jetzt hinginge, viel eher
verraten, was es eigentlich sei, als daß ich es ver-
berge; und auf mich würde die ganze Welt mit Fin-
gern zeigen. Darüber ward er sehr aufgebracht, und
dies verdroß mich nicht wenig, denn ich glaubte,
nach dem, was ich den Morgen getan, eine andre
Vergeltung verdient zu haben. Die Fosseuse setzte
ihn oft in solche Laune gegen mich.

Der König, dem nichts verborgen blieb, was in
den Häusern der Großen seines Reichs vorging, war
besonders begierig, alles zu erfahren, was sich an unserm Hof zutrug; er trug noch immer dasselbe Verlangen, sich an mir zu rächen, das er ehemals gefaßt,
bei Gelegenheit, als mein Bruder, wie ich schon erwähnt, bei seinem Friedensgeschäft sich so viel
Ruhm erwarb. Er sah es als ein treffliches Mittel an,
mich so elend zu machen, als er mich zu sehen
wünschte, wenn er mich von dem Könige, meinem
Gemahl, entfernen könnte; er hoffte, die Entfernung würde wie die Öffnungen der mazedonischen

Schlachtordnung wirken. Zu dem Ende ließ er mir
durch die Königin Mutter schreiben: Sie wünschte
mich wieder zu sehen; ich wäre beinah sechs Jahre
von ihr entfernt, dies wäre lange genug; es wäre nun
Zeit, daß ich den Hof wieder besuchte, es würde für
die Angelegenheiten meines Gemahls wie für die
meinigen sehr nützlich sein. Sie wisse, der König sei
begierig, mich wieder zu sehen, wenn es mir also an
Mitteln zur Reise etwa fehlen sollte, würde er sie mir
geben. Der König schrieb mir das nämlich und
schickte Manniquet, seinen Haushofmeister, zu mir,
mich zu überreden, denn ich hatte mich in der ganzen
Zeit, die ich in der Gascogne zugebracht hatte, nicht
entschließen können, den französischen Hof zu besuchen; jetzt fand er mich eher geneigt hierzu, wegen
meines Verdrusses mit der Fosseuse, von welchem
ich den Hof benachrichtigt hatte. Der König und die
Königin Mutter schrieben mir zwei-, dreimal hinter-
einander und ließen mir 1500 Taler auszahlen, damit
mich die Reisekosten nicht abhalten möchten. Die
Königin Mutter schrieb, sie würde mir bis Xainctonge entgegenkommen; sollte etwa mein Gemahl
mich bis dorthin begleiten, so würde sie alsdenn mit
ihm sprechen und ihm die Zusicherung vom Willen
des Königs geben. Er wünschte nämlich sehr, ihn
wieder aus der Gascogne zu ziehen und ihn wieder
unter denselben Bedingungen als ehemals an dem
französischen Hof zu sehen. Auch trieb der Mar-

schall von Matignon meinen Gemahl sehr dazu an,
weil er Lust hatte, allein in der Gascogne zu bleiben.
All dieser schöne Schein des Wohlwollens täuschte
mich nicht über das, was man von dem Hof zu erwarten hatte; ich war zu gut von der Vergangenheit
belehrt. Ich beschloß aber von diesem Anerbieten
Nutzen zu ziehen [101] und nur auf einige Monate hin
zu reisen, um unsre Angelegenheiten in Ordnung zu
bringen [102]. Ich glaubte auch, es würde die Liebe meines Gemahls zur Fosseuse etwas stören, denn ich
nahm sie mit, und wenn er sie nicht mehr sähe,
würde er sich vielleicht mit einer andern einlassen,
die weniger feindlich gegen mich gesinnt wäre. Es
kostete mir viel Mühe, ehe ich vom Könige, meinem
Gemahl, Urlaub zu dieser Reise bekam, denn es tat
ihm leid, sich von der Fosseuse zu trennen. Er begegnete mir besser und wünschte sehr, ich möchte die
Lust verlieren, nach Frankreich zu reisen; ich hatte es
aber in meinen Briefen dem Könige und der Königin
Mutter schon zugesagt und die angewiesenen Summen zur Reise schon gehoben. Mein Unglück zog
mich also hin, trotzdem daß ich damals höchst ungern reiste, weil der König, mein Gemahl, eben anfing mir freundlicher zu begegnen.

Hier endigen die Memoiren der Königin Margaretha
von Valois [103]. Man kann es nicht genug bedauern,
daß sie schon hier aufhören, denn sie sind, obgleich

sie die Absicht hatte, sich eine Lobrede zu halten,
doch in vielen Stücken ihren andern Geschichtschrei-
bern vorzuziehen. Ihre Memoiren vereinigen mit der
Eleganz des Stils und mit einer gewissen Wärme der
Darstellung eine wahre Menschenkenntnis und gewähren eine klare Anschauung eines Teils der Intrigen an den Höfen Karls IX., Heinrichs III. und
Heinrichs des IV. Man muß, um ihr Leben vollständig zu haben, die zerstreuten Stücke in der Geschichte sammeln, wo einige Erwähnung der Königin Margaretha geschieht; bei diesem Geschäft wird
man aber von der Wahrheit des Ausspruchs des
Autors vom Geist der Liga überzeugt: «Man täte am
besten», sagt er, «den Rest ihres Lebens von diesem
Zeitraume an mit Stillschweigen zu übergehen.»

Die Memoiren des Herrn von Sully erwähnen der
Nichtachtung, mit welcher der König, ihr Bruder,
ihr begegnete, er wollte sich nach seiner Zurückkunft aus Flandern an die Königin Margaretha wenden, um eine Audienz bei dem König von Frankreich
zu erhalten; aber die Frau von Béthune, seine Anverwandte und die Günstlingin der Königin von
Navarra, versicherte ihn: Ihre Vorsprache würde seinem Gesuche eher hinderlich als vorteilhaft sein; sie
habe seit ihrer Zurückkunft an den Hof mit dem Könige einigemal sehr lebhafte Wortwechsel gehabt,
bei denen sie beide sich Dinge vorgeworfen, welche
schicklicher seien zu verschweigen, als wieder zu

erzählen. Die Zänkereien haben sie sowohl um die Freundschaft der Königin Mutter gebracht, als sie den Verfolgungen der Mignons ausgesetzt.

Achtzehn Monate nachher erfuhr sie, der König habe Joyeuse, seinem Günstling, der sich in Italien aufhielt, einem Edelmann, einen zwei Seiten langen Brief zugeschickt, der ganz von seiner Hand geschrieben war und der viel Schlechtes von seiner Schwester und von ihrer Aufführung enthalten haben sollte. Margaretha entschloß sich, diesen Brief aufzufangen; der Edelmann ward unterwegs von vier maskierten Leuten angegriffen, und auf seine Weigerung, ihnen den Brief auszuliefern, ward er von ihnen totgeschossen. Diese Kühnheit verstärkte den Haß des Königs gegen seine Schwester, die ihm schon längst mißfiel, teils wegen ihrer Verbindung mit dem Herzog von Anjou, teils wegen ihrer Zänkereien mit den Mignons. Er warf ihr öffentlich ihre Unordnungen vor, nannte alle ihre Liebhaber, von denen er glaubte, daß sie sich ihnen ergeben habe, besonders Champvallon, von dem sie, beschuldigte er sie laut, einen Sohn haben sollte. Die Details waren alle so genau und bestimmt angegeben, daß Margaretha auf diese Beschuldigungen ihres Bruders ganz still schweigen mußte, es sei nun, daß sie wirklich sich nicht rechtfertigen konnte oder daß sie den König durch Gegenreden nicht noch mehr aufbringen wollte. Dieser Auftritt endigte mit dem Befehl, daß

sie sogleich Paris verlassen solle, um den Hof von
ihrer ansteckenden Gegenwart zu entledigen. Den
andern Morgen vollzog sie diesen Befehl in solcher
Eil, daß sie weder ihre Leute noch ihr Gepäck fort-
bringen konnte. Sie nahm ihren Weg nach den mittäglichen Provinzen, zu ihrem Gemahl zurück, indem sie immerwährend rief: «Keine unglücklicheren
Fürstinnen hat es je gegeben, als die Königin Maria
Stuart und mich!» Sie speiste zu Bourg-la-Reine zu
Mittag, der König fuhr in einem zugemachten Wagen vorbei, ohne sie eines Grußes zu würdigen. Zwei
Stunden von Paris holte ein Hauptmann von der
Garde mit sechzig Mann zu Pferde sie ein, hält ihr
Gefolge, ihre Sänfte an, durchsucht alles, zwingt sie
unter beschimpfenden Redensarten, ihre Maske ab-
zunehmen, und nahm ihren Stallmeister, ihren Arzt
und ihren Chirurgus in Verhaft. Während dem arre-
tierte ein andrer ihre vertrauten Damen von Béthune
und von Duras, schlug sie und gab ihnen Ohrfeigen.
Der König erwartete die Verhafteten; ein Prévôt
mußte sie in seiner Gegenwart über das Leben, die
Sitten und das Betragen ihrer Königin befragen und
ihre Aussagen aufschreiben [104].

Diesen Schimpf an seiner Schwester konnte er
dem Könige von Navarra nicht verbergen, er fürchtete seine Rache um dieser zuvorzukommen, schrieb
er ihm: Er habe es nötig gefunden, die Damen von
Béthune und von Duras wegen ihres skandalösen

Lebens von seiner Schwester zu entfernen, als gefährliche Insekten, die man um eine Fürstin von seinem Hause nicht dulden dürfe. Der König von Navarra beantwortete sogleich diesen Brief und dankte ihm für die Sorgfalt, die er für den guten Ruf seiner Gemahlin trage. Gleich darauf erfuhr er aber die eigentlichen Umstände und wie unwürdig Margaretha von ihrem Bruder mißhandelt worden war, und zugleich erhielt er die Nachricht, sie sei auf dem Wege zu ihm. Er berief seinen Staatsrat und überlegte, wie er sich in dieser sehr intrikaten Sache zu verhalten habe. Man beschloß, Duplessis-Mornay als einen sehr geschickten Unterhändler, zum Könige von Frankreich zu senden.

Duplessis-Mornay sah die Schwierigkeit dieses Geschäftes ein; war die Königin schuldig, so wurde sie mit Schande bedeckt, war sie aber unschuldig, so ward es der König von Frankreich. Die Wahl war gefährlich, dennoch begab er sich aufs eiligste zum Könige nach Lyon. Hier stellte er ihm im Namen des Königs von Navarra zweierlei vor: Erstlich möchte er ihm die Ursache seines Zorns erklären, welche ihn berechtigen konnte, seine Frau, welche die Ehre habe die Schwester des Königs zu sein, so schimpflich zu mißhandeln? Da man doch keine Frau in der Welt der Ehre beraube, bevor sie sie verloren, welches er nach der ihr natürlichen Mäßigung und Klugheit nicht glauben könne. Zweitens möchte er auf jeden Fall als Herr und Oberhaupt der Familie ihm raten, wie er sich in dieser Verlegenheit zu verhalten habe? – Der König antwortete nicht geradezu und sprach immer nur von den Damen Béthune und Duras; aber Mornay ließ sich nicht abbringen: Der König sein Herr, sagte er, habe ihn nicht um dieser Damen willen, sondern wegen der Königin, seiner Schwester, zu ihm geschickt, und zwar ihre Bestrafung zu fordern, wenn sie einen Fehler begangen, der ihn zu dergleichen Mißhandlungen berechtigt; oder Genugtuung zu fordern von denen, die ihm zur Schande des königlichen Hauses dazu rieten. Darauf wiederholte er alles genau mit den kleinsten Umständen, um ihm zu beweisen, daß der König, sein Herr, von allem wohl unterrichtet sei, und fügte aufs Neue hinzu: Er habe den Auftrag, Sr. Majestät vorzustellen, daß er entweder viel zu weit oder lange nicht weit genug gegangen sei! Zu weit, wenn ihr Vergehen nicht das allergrößte war; nicht weit genug, wenn er sie einer solchen Verunehrung würdig fand, sie diese überleben zu lassen! Heinrich III. hatte keine Ausflucht mehr, gab ihm noch einmal eine unentschlossene, nichts entscheidende Antwort, mit dem Bedeuten, sie als ein treuer Untertan für gut anzunehmen und sie als solche dem König von Navarra zu hinterbringen. Duplessis hatte aber so gemessene Befehle, daß er ohne eine Entscheidung durchaus nicht fort wollte. «Was aber», erwiderte er, «wird die Chri-

stenheit sagen, wenn der König von Navarra sie als
seine Gemahlin wieder annimmt, da Ihr sie besudelt
zurücksendet?» – «Was», rief der König, «was anders, als daß er die Schwester seines Königs wieder
annimmt! Was kann er weniger tun?» Endlich entschloß er sich, der Königin Mutter zu schreiben, daß
sie die Königin Margaretha überrede, sich irgend in
einer Stadt, die ihr gut dünke, unterwegs aufzuhalten. Duplessis-Mornay begnügte sich durchaus nicht
mit einer mündlichen Antwort, sondern brachte es
so weit, daß er ihm Briefe für den König von Navarra mitgab, worin er ihn bat, das Geschehene zu
vergessen und seine Gemahlin wie immer zu empfangen und zu behandeln. Der König von Navarra
war aber damit nicht zufrieden und beklagte sich
über das Betragen, das ihn sehr befremdete.

Unterdessen setzte Margaretha ihre Reise fort; der
König sandte Bellièvre an den König von Navarra
mit eigenhändigen Briefen, worin er bedeutete, daß
er gehorchen müsse! «Die Könige», schrieb er, «sind
ausgesetzt, betrogen zu werden, und die tugendhaf-
testen Fürstinnen sind nicht frei von üblen verleum-
derischen Nachreden; Ihr wißt wohl, wie übel man
von der verstorbenen Königin, Eurer Mutter, geredet!» – Bei dieser Stelle fing der König von Navarra
an zu lachen und sagte zu Bellièvre in Gegenwart des
ihn umgebenden Adels: «Der König erzeigt mir viel
Ehre; in seinem ersten Brief erklärt er mich zum

Hahnrei und in diesem zweiten zum Bastard; ich danke ihm!» – Er empfing zwar die Königin Margaretha zu Nérac, aber sehr kalt und ohne ihr die mindeste Achtung zu beweisen; er hielt sich durch die Verachtung des Bruders zur eignen Geringschätzung berechtigt. Der Aufenthalt zu Nérac ward ihr also bald zuwider; durch den Tod des Herzogs von Anjou[105] ward sie vollends bestimmt, es zu verlassen. Sie verlor ihre letzte und einzige Stütze durch diesen Tod; übrigens ward er sehr wenig betrauert, und dies machte vollends das Maß der Schande und Verachtung voll, worin das Haus Valois seit Karl IX. gesunken war. Margaretha zog nach Agen, das zu ihrer Apanage gehörte. Von den katholischen Einwohnern, welche ihre Trennung ihrem Religionseifer zuschrieben, ward sie sehr wohl aufgenommen; denn Papst Sixtus V. hatte soeben den König von Navarra feierlich exkommuniziert und ihn seiner Staaten entblößt. Margaretha kam hier auf den unseligen Gedanken, den Hugenotten den Krieg zu machen[106]. Lignerac, ihr Liebhaber, und andre Edelsleute führten ihr einige Truppen zu, mit diesen zog sie gegen ihren Gemahl zu Felde. Aber ihre Waffen waren nicht glücklich. Sie hatte kaum sich Tonneins auf der Garonne bemächtigt, als der König von Navarra es ihr wieder abnahm und ihre Garden niederhauen ließ. Dann wollte sie Villeneuve einnehmen; aber ihr Unternehmen scheiterte auch hier, durch

den Mut des Gouverneurs dieser Stadt. Sie hatte sich
des einen Teils der Stadt, der durch den Lot getrennt
war, bemächtigt, und da sie sah, daß Cieutat, der
Gouverneur, die Einwohner bewaffnet hatte, um sich
aufs äußerste zu verteidigen, nahm sie zu List und
Verrat ihre Zuflucht und verlangte mit dem Gouverneur zu sprechen. Der heldenmütige Greis sah die
Schlinge voraus, die man ihm legen wollte; indessen
durfte er es doch nicht verweigern, herauszukom-
men, um sich gegen die Gemahlin seines Königs keines Mangels an Achtung schuldig zu machen. Er ließ
die Bürger zusammenkommen, ließ sie schwören,
lieber jedes Übel zu ertragen, als sich zu ergeben, und
nachdem er ihren Mut durch eine lebhafte Anrede
befeuert, ging er hinaus und übergab die Bewachung
der Brücke seinem Sohn, dem er bei Strafe seines
Fluchs verbot, auf seine Überredung zu hören, zu
welcher ihn die Macht der Feinde etwa zwingen
könnte. Man empfing ihn jenseits der Brücke mit
viel Freundlichkeit und übergab ihn gleich darauf
dem Kriegsrat, der ihn zum Tode verurteilte, wenn
er nicht seinem Sohn den Befehl erteile, die Tore der
Stadt zu öffnen. Vierzig Mann führten ihn sogleich
gegen die Brücke zu, um das Urteil sogleich zu voll-
ziehen. Sie setzten ihm den Degen auf die Brust und
drohten, ihn auf der Stelle zu durchbohren, wenn
er seinen Sohn nicht zur Übergabe zwänge. Da er
standhaft schwieg, wandten sie sich selbst gegen den

Sohn und zeigten ihm seinen Vater und ihre Degen
gegen seine Brust gekehrt. Die Lage des jungen
Cieutat war schrecklich; er mußte entweder seinen
Vater oder sein Vaterland opfern! Doch ein glück-
licher Gedanke half ihm heraus: Er tat, als verstände
er nicht recht, was jene von ihm verlangten; winkte
ihnen näher; ging ihnen entgegen, wie mit ihnen zu
unterhandeln; stürzt dann plötzlich von seiner Wache begleitet auf sie ein, schlägt sie in die Flucht und
befreit seinen Vater. Beide kehren im Triumph nach
Villeneuve zurück, zum großen Leidwesen der Königin Margaretha, die mit der Schande, eine so nied-
rige List angewendet zu haben, noch den Verdruß
hatte, sie nicht gelungen zu sehen.

Cieutat ließ den Morgen darauf seine Trompeter
ein Signal geben, als ob der König von Navarra angekommen wäre. Margaretha ließ sich davon erschrekken, hob die Belagerung von Neuville auf und schloß
sich zu Agen ein. Hier fand sie aber nicht mehr die
vorige Sicherheit. Ihr Kabinettssekretär, Frau von
Duras, hatte ihren Namen und ihre Gewalt zu Kon-
tributionen von den Einwohnern gemißbraucht, und
Margaretha wurde durch sie verhaßt: so daß sie den
Vorschlägen des Herrn von Matignon, Gesandten
des Königs von Frankreich, Gehör gaben, Margaretha aus Agen fortzutreiben, es koste was es wolle,
und die Stadt dem Könige von Frankreich zu übergeben. Margaretha hatte kaum Zeit, sich zu retten; sie

setzte sich mit auf Ligneracs Pferd, und so entfloh
sie; Frau von Duras und ihre übrigen Frauen folgten ihr in ähnlicher Unordnung[107]. Sie ritt, ohne sich
aufzuhalten, nach Carlat, vormals eine Festung von
Auvergne, von der Ligneracs Bruder Gouverneur
war. In dieser Stadt soll Margaretha einen Sohn von
einem gewissen Aubiac gehabt haben; der Autor des
Divorce satyrique[108] sagt es, dem allerdings nicht un-
bedingt zu glauben wäre, aber der Geschichtschreiber Dupleix sagt: «Dieser Sohn lebt noch und ist ein
Kapuziner, Pater Ange genannt.» Aubiac soll, nach
dem Autor des *Divorce satyrique*, das erstemal, als
er Margaretha sah, ausgerufen haben: «Mein Gott,
welch eine liebenswürdige Frau! Könnte ich jemals
sie besitzen, so wollte ich in der Stunde darauf mein
Leben dafür geben.» Sein Wunsch ward ihm in allen
Stücken gewährt. Die Königin Margaretha, heißt es,
machte ihn glücklich, und gleich darauf ward er ein
Opfer der Eifersucht des Marquis von Canillac. Die
Einwohner von Carlat, die dem Könige von Frankreich schmeicheln wollten, beschlossen, ihm die Königin Margaretha auszuliefern. Sie erhielt davon
Nachricht, verließ die Stadt und wollte sich nach
Ivry retten, das der Königin Mutter zugehörte; der
Marquis von Canillac schnitt ihr diesen Weg ab,
nahm sie gefangen und führte sie nach Usson, wo
er kommandierte. Usson war ein Schloß, das Ludwig XI. vormals hatte befestigen lassen, um Staatsge-

fangne darin aufzuheben; Margaretha sah wohl, daß
sie mit Gewalt hier nichts ausrichten würde, sie
suchte also das Herz des Marquis zu rühren. Obgleich beinah 35 Jahre alt, war sie noch so schön und
reizend, daß ihr die Unternehmung leicht glückte.
Der Marquis glaubte über sie zu triumphieren, und
durch einen einzigen Blick auf den Elfenbein ihres
Arms ward er besiegt, und er lebte von diesem
Blicke an nur durch die Gunst der schönen Augen
seiner Gefangnen. Seine Leidenschaft war so heftig,
daß er den unglücklichen Aubiac aus Eifersucht unter irgend einem nichtigen Vorwand aufhängen ließ.
Der Arme konnte die Welt, die er verlassen mußte,
nicht vergessen; bis zum letzten Moment seines Lebens küßte er mit tausend Tränen und Seufzern einen
samtnen Muff, den die Königin ihm ehemals geschenkt hatte.

Ihre Gefangenschaft dauerte nicht lange; kaum
hatte ihr Liebhaber, der Marquis, sich bemüht, sie ihr
erträglich zu machen, als sie mit der Hilfe, die der
Herzog von Guise und die von der Ligue ihr sandten,
sich des Schlosses Usson bemächtigte, die Garnison
hinaus jagte, das Schloß mit ihren Leuten besetzte[109]
und sich gegen die ganze Macht des Königs bis im
Jahre 1605 verteidigte[110], wo sie alsdann wieder an
dem französischen Hof erschien. In Carlat war sie
lange Zeit ohne Wäsche, ohne Bettvorhänge gewesen; zu Usson war sie genötigt, ihren Schmuck an die

Venezianer zu versetzen und ihr Silbergeschirr ein-
zuschmelzen. Von ihrer Schwägerin Eleonore von
Österreich, Witwe Karls IX., erhielt sie oft Hilfe in
ihrer Geldverlegenheit.

Der Tod der Katharina von Medici[111] vermehrte
das Unglück der Königin Margaretha. Heinrich III.
hatte seine Mutter vor ihrem Tode gezwungen, sie
zu enterben, ihr die Grafschaft von Auvergne wieder zu nehmen und sie dem Großprior von Frankreich zu geben.

Der König von Navarra hatte ihren Tod sehnlich
gewünscht, weil sie ihn von Heinrich III. entfernt
hielt; gleich nach ihrem Tode versöhnte er sich
auch wieder mit ihm zu Plessis-lès-Tours. Als er
ein Jahr nachher die Gräber zu St. Denis besah und
an das ihrige kam, rief er lachend: «Ei wie gut sie da
liegt!»

Margaretha verlor nun alle Hoffnung, die Gunst
ihres Gemahls je wieder zu erlangen; deshalb betrachtete sie Usson als den Ort, wo sie ihr Leben beschließen würde, wie sie sich darüber in einem Brief
an Brantôme ausdrückte. «Aus dem Beweis Euers
Andenkens an mich, der mir weniger neu als angenehm war, erkenne ich, daß Ihr noch immer die alte
Anhänglichkeit für unser Haus erhalten habt; diesem kleinen Überrest aus dem traurigen Schiff-
bruch, der in jedem Zustand Euch zu dienen bereit
sein wird. Wie glücklich fühle ich mich, daß mein

böses Geschick doch meinen Namen nicht aus dem Gedächtnis meiner ältesten Freunde tilgen konnte. Ich erfahre, daß Ihr eben wie ich ein ruhiges einsames Leben erwählt habt; ich schätze jeden glücklich, der es sich erhalten kann. Gott hat mir seit fünf Jahren die Gnade erzeigt, mich ruhig in einer Arche des Heils wohnen zu lassen, wo die Stürme und Ungewitter der Zeit, Gott sei Dank, nicht bis zu mir dringen und mir nicht schaden können. Sollte mir hier noch ein Mittel bleiben, meinen Freunden und insbesondere Euch in irgend einer Sache dienlich zu sein, so sollt Ihr jederzeit mich dazu bereit finden [112].»

Schwerlich hätte sie wohl je diese gefälligen Anerbietungen realisieren können; denn seit ihrem Aufenthalt zu Usson schien alles sie zu verlassen. Sie sah von den Zinnen ihrer Festung ganz Frankreich vom Bürgerkrieg zerrissen; ihren geliebten Herzog von Guise mit seinem Bruder zu Blois ermordet; Heinrich III. das Blutbad der St. Barthélemy durch einen fürchterlichen Tod büßen [113]; die Königin Mutter voll Gram und Kummer ins Grab stürzen; Maria Stuart, die Gespielin und Freundin ihrer Jugend, von der Hand des Henkers sterben und endlich die Königin Eleonore von Österreich, die ihr oft so großmütig beigestanden, ihr tugendhaftes, weises und gerechtes Leben zu früh endigen! Dann mußte sie noch mit eignen Augen alle ihre Garden niederhauen und den Chef, den Herrn von Randau, um-

bringen sehen, an demselben Tage, an dem Heinrich
bei Ivry siegte.

Im Jahr 1591 ward der König von Navarra durch
den Tod Heinrichs des III. König von Frankreich.
Außer daß er eine Menge Frauen liebte, ergab er sich
noch der größten Ausschweifung und leichtsinnigen
Liebeshändeln. Du Plessis-Mornay machte ihm Vorwürfe darüber; Heinrich antwortete: «Warum denkt
man nicht daran, mich zu vermählen?» «Ihr müßt
Euch erst scheiden lassen», erwiderte Mornay, «und
wenn es Euch Ernst damit ist, so will ich versuchen,
die Sache zustande zu bringen.» Mornay ließ dem
König keine Zeit zu widerrufen. Er ließ der Königin
Margaretha durch ihren Requetenmeister Erard vorstellen: Der König sei auf Verlangen seiner Untertanen entschlossen, sich wieder zu vermählen. Die Königin wüßte alle Gründe zur Scheidung, die er ihr
anführen könnte; ihr bliebe also nichts besseres zu
tun übrig, als sich dem Willen des Königs zu unter-
werfen, damit er nicht zu der traurigen Notwendigkeit gezwungen werde, Gewalt anzuwenden. Ferner,
welche Ehre die Königin von diesem Schritte haben
würde, wenn sie ihren Rang dem Wohl des Vaterlan-
des opferte; dann forderte er eine Vollmacht und eine
Erklärung vor dem Weihbischof, wodurch dargetan
wird, daß, da sie nie ihre Einwilligung zu ihrer Vermählung gegeben, welche übrigens ohne Dispensa-
tion und in einem verbotenen Grad der Verwandt-

schaft stattgefunden habe, sie um ihrer Gewissens-
ruhe willen dieselbe aufgelöst und für nichtig erklärt
haben will. Herr Erard ging mit diesem Auftrage
nach Usson und brachte es bei der Königin nach drei
Monaten so weit, daß er die verlangte Vollmacht und
Briefe an den König voller Unterwerfung brachte.

Obgleich sich Paris dem Könige ergeben hatte und
alle Provinzen diesem Beispiele gefolgt waren, gab es
dennoch Übelgesinnte, welche den Absichten Heinrichs entgegen waren. Sie sendeten einen namens
Vernand zur Königin, der ihr vorstellen mußte, wie
Unrecht sie an sich selber täte, die Scheidung zuzugeben. Sie ward aber davon nicht irregemacht und
schrieb an Mornay einen sehr höflichen Brief, worin
sie ihm versicherte, daß nichts sie bewegen würde,
ihren Entschluß zu ändern.

Die Sache litt dennoch großen Aufschub, weil
man genötigt war, sich nach Rom zu wenden, und
der König Heinrich IV. nicht zu viel auf einmal vom
Papste fordern wollte, da er durch dessen Gnade erst
auf dem französischen Thron konnte befestigt werden. Hernach verzögerte Margaretha wieder ihre
Einwilligung zu geben, weil Heinrich IV. die schöne
Gabrielle heiraten und auf den Thron setzen wollte.
Diese liebte er sehr, und er sparte keinen Eifer, weder
bei Margaretha noch bei Clemens VIII., um die
Scheidung zu befördern. Diese Absicht des Königs
hatte Margarethen die Augen geöffnet; sie fühlte

den Schimpf, sie als die letzte vom Hause Valois, als
Tochter, Schwester und Gemahlin von Königen
einem simpeln Fräulein nachzustehen, ihr eine Krone
zu überlassen, zu der sie selber die größten Rechte
hatte!

Heinrich überhäufte Gabriellen mit Würden und
Ehrenstellen, um sich wegen des Aufschubs der
Scheidung zu rächen. Er machte sie zur Herzogin
von Beaufort; ihren Sohn Cäsar vermählte er mit der
einzigen Tochter des Herzogs von Mercoeur, und
die Verlobung ward mit demselben Pomp gefeiert
als bei einem königlichen Prinzen. Aber die schöne
Herzogin war doch immer nicht Königin! Der Papst
war weit entfernt, die Liebe des Königs zu begünstigen: «Er könne», sagte er zu Sillery, dem Gesandten Heinrichs, «eine Verbindung nicht autorisieren,
welche die Rechte der vor der Scheidung erzeugten
Kinder unbestimmt lasse, wodurch nach dem Tode
des Königs Frankreich wieder in eben dieselben Unruhen gestürzt würde, aus denen es kaum anfinge,
sich zu erholen.» Alle aufgeklärten Rechtsgelehrten
und jeder unterrichtete Franzose war von der Meinung des Papstes, ohne es jedoch offen erklären zu
dürfen.

Heinrich sandte Boten auf Boten nach Rom, und
man fürchtete, er würde eine gewalttätige Partie ergreifen; ein Zufall ebnete alle Schwierigkeiten! Sillery und d'Ossat wollten den Widerstand des Papstes

bezwingen, indem sie ihm zu verstehen gaben,
Heinrich würde seine Erlaubnis zu entbehren wissen, wenn er sie ihm zu lange vorenthielte, und das
Beispiel Heinrichs VIII. von England wäre noch
frisch genug, um befolgt werden zu können. Clemens VIII. erschrak, er fürchtete, der französische
Held möchte sich auf eben die Weise von der Auto-
rität des Papstes befreien als der König von England; und schon wollte er nachgeben. – Er erwägt
noch einmal, verordnet einen allgemeinen Bet- und
Bußtag und versenkt sich in seiner Andacht. Plötzlich erwacht er wie aus tiefem Nachdenken und
ruft: Gott hat dem abgeholfen. Nach einigen Tagen
kam die Nachricht von dem Tode der Gabrielle
d'Estrées; sie war in Konvulsionen gestorben, kurz
vor ihrer Entbindung. Einige haben behaupten wollen, es sei dieser Tod sehr zur rechten Zeit gekommen, und schreiben ihn Sully zu, dem Helden, Vertrauten und Freund Heinrichs IV., der aber dieser
Verbindung entgegen war und den Papst von den
Maßregeln benachrichtigte, durch welche er sie verhinderte. Der König tröstete sich sehr bald für den
Verlust seiner schönen Gabrielle mit dem Fräulein
d'Entragues; Sully, Mornay und der ganze Staatsrat
eilten, durch eine seines Ranges angemeßne Verbindung die Ansprüche zu vereiteln, welche Fräulein
d'Entragues verriet, so bald sie des Königs gewiß
war.

Margaretha bot von selbst ihre Hände den Absichten der Staatsräte dar, sobald sie sich von der verhaßten Nebenbuhlerin befreit sah; sie schrieb an Sully folgenden Brief:

«Mein Vetter! Ich fange an, gute Hoffnungen für meine Angelegenheiten zu haben, da Ihr sie in Euren Schutz nehmt. Ich wünsche Ihnen guten schleunigen Erfolg, um der Zufriedenheit des Königs und aller guten Franzosen willen, die so sehnlich wünschen, rechtmäßige Kinder des Königs zu sehen, die ihm in Frieden auf dem Throne folgten, den er mit solcher Mühe und so vieler Gefahr aus den Ruinen gezogen. Wenn ich bis jetzt Schwierigkeiten gemacht habe, so geschah es aus der einzigen Absicht, die Ihr auch recht gut wißt, nämlich um nicht einer solchen... [114] meinen Platz zu überlassen, die ich nicht würdig achte, ihn zu besitzen. Die Dinge aber haben sich durch den himmlischen Ratschluß nun geändert; ich zweifle nicht an der Weisheit des Königs und seiner treuen Diener, daß sie sicher eine schickliche Wahl treffen werden. Sobald sie also meine Angelegenheiten und meine Forderungen berichtigt haben werden (denn ich will den Rest meiner Tage in Ruhe und frei von allen Sorgen des Geistes wie des Körpers verleben), so will ich zu allem, was gefordert wird und was Ihr selber mir raten werdet, mich bereit finden lassen. Vorzüglich sichert mir meine Pension und

Geld, meine Schulden zu bezahlen, damit diese mich
nicht länger quälen.

Usson, den 29. Julius 1599

Eure treue Cousine, Margaretha»

Sie wollte nicht gern persönlich bei der Scheidung
erscheinen, weil, wie sie sich in einem Briefe an Du
Plessis ausdrückt, sie zwar recht gern und ohne Bit-
terkeit alles tun wollte, was zur Zufriedenheit des
Königs beitragen könnte; «aber die Vorstellung, die
mich nie verlassen wird, daß diejenigen, die dabei zugegen sein werden, nicht eben der Meinung sein
möchten, wird mich dergestalt beschämen und kränken, daß ich es sicher nicht ertragen werde, und
meine Tränen könnten bei den Kardinälen etwa
einen Argwohn von Zwang oder Gewalt erregen,
und das könnte der Wirkung, welche der König
wünscht, entgegen sein.» Heinrich sendete ihr also
auf ihre Bitte den Agenten der Geistlichkeit, Bertier,
Kanzler der Königin. Er forderte ihre schriftliche un-
bedingte Einwilligung, und sie gab sie ohne alle
Schwierigkeit. Der König konnte sich, als er sie sah,
der Tränen nicht enthalten; er rief: «Ach die Unglückliche! Sie weiß wohl, wie sehr ich sie liebte und
ehrte; aber sie nicht mich! Sie ist schuld, daß wir
schon so lange getrennt sind.» Hernach schickte er
ihr den Grafen Beaumont und ließ ihr danken, daß sie
so viel beitragen wollte zu seiner eignen Zufrieden-

heit als zum Glück und zur Erfüllung der Wünsche seines Reichs und seiner Untertanen. Graf von Beaumont versicherte ihr, der König würde sie immer als seine Schwester ehren und lieben; würde ihr jede Gunst zugestehen, die sie verlangen würde, und gäbe ihr Erlaubnis, sich an jedem Orte aufhalten zu dürfen, den sie sich erwählte. Er erklärte ihr, daß sie den Titel als Königin und Herzogin von Valois immer behalten sollte, und bestätigte zu gleicher Zeit für sie und ihren Erben den ruhigen, ungestörten Besitz der Domänen Agenais, Condomois und Rouergue, der vier Gerichtsbarkeiten von Verdun, Rieux, Rivière und Albigeois und der Grafschaft von Valois, die ihr zur Mitgabe war gegeben worden. Mit Vorbehalt der Oberherrschaft, der letzten Instanz der Gerichtsbarkeit und dem Recht des Wiederkaufs. Zu allem dem noch die Zahlung ihrer ungeheuren Schulden [115].

Margaretha dankte Heinrichen dafür in einem sehr verbindlichen Brief. Da nun beide Parteien einig und jede Förmlichkeit gewissenhaft war beobachtet worden, so ward die Scheidung vollzogen und 1599 die Ehe für nichtig erklärt. Es hätte leichter geschehen können, wenn Heinrich hätte erklären wollen, die Ehe sei nie wirklich vollzogen worden. Margaretha wünschte diese Erklärung von ihm; aber er ließ ihr vorstellen, das würde niemand glauben.

Margaretha blieb bis zu 1605 in den Felsen von Auvergne. Sie entschloß sich endlich, Usson zu ver-

lassen und nach Paris zu gehen; sie fürchtete, der König möchte sich dieser Reise widersetzen, sie reiste
also ganz im Stillen von Auvergne ab, begleitet vom
Adel des Landes. In Orléans schrieb sie an Sully und
beredete ihn, ihr entgegenzukommen und den König
auf ihre Erscheinung vorzubereiten; auch wollte sie
ihm von den Manövern Nachricht geben, welche die
Freunde des Herzogs von Bouillon in Quercy und in
Limousin vorhatten. Sie hatte sich viel Mühe gegeben, um sich beim Könige beliebt zu machen, es aus-
zukundschaften, und es war ihr gelungen, den ganzen Gang der Verschwörung zu entdecken. Heinrich
war ihr für diesen Eifer sehr dankbar, ihre Gegenwart hatte ihn aber anfangs etwas erschreckt; er ließ
ihr durch Sully sagen, sie könne kommen, wenn sie
wollte, ihr Aufenthalt in Paris würde ihm recht angenehm sein. Sie stieg bei ihrer Ankunft am Schloß
Madrid ab, dort ließ der König sie durch die Herzoge
von Vendôme, von Montbazon und noch von verschiedenen Herren von Hofe begrüßen. Die Königin
Maria von Medici[116] schickte ihr einige von ihren
Leuten, denen der König selber bald folgte. Er blieb
drei Stunden bei ihr und war sehr zufrieden mit
ihrem Betragen. Bei dieser Zusammenkunft war es
wahrscheinlich, daß er sie bat, doch sparsamer zu
sein und nicht mehr aus Nacht Tag und aus Tag
Nacht zu machen. Darauf gab sie ihm zur Antwort,
die Verschwendung und Mangel an Sparsamkeit sei

ein Familienfehler der Medici; und was das zweite
beträfe, so könnte sie unmöglich eine so alte Gewohnheit ablegen. Nachher hielt sie ihren Einzug im
Louvre, wo der König, die Königin und der ganze
Hof sie unten an der großen Treppe empfingen; hernach bewohnte sie das Haus des Erzbischofs von
Sens. Sie entdeckte dem Könige verschiedene sehr
wichtige Dinge von der Verschwörung des Grafen
von Auvergne und des Fräuleins d'Entragues.

Sie gewann ihren Prozeß für diesen Eifer gegen
Karl von Valois, Grafen von Auvergne, einen Sohn
von Karl IX. und von Maria Touchet, der in der Bastille saß; gegen seine Gläubiger und gegen alle, die
mit in dieser Sache verwickelt waren. Der Prozeß
war wegen sehr großer Güter der Katharina von Medici, welche der Graf von Auvergne von Heinrich III.
als eine Schenkung erhalten hatte. Sie war in der
Messe, als sie die Nachricht von diesem gewonnenen Prozeß erhielt; sie stand sogleich auf, eilte in das
Franziskanerkloster und ließ ein Tedeum singen!
Bald nachher machte sie eine Schenkung von diesen
Gütern zu Gunsten des Königs und des Dauphins;
mit der Bedingung, daß sie mit den Domänen vereinigt und auf keinen Fall und unter keinem Vorwand
davon getrennt werden könnten; sie selber behielt
sich Revenuen auf Lebenszeit vor; in der Folge überließ sie auch diese für eine starke Pension. Seitdem
gab es keinen Dauphin von Auvergne mehr, man

kannte nun in Frankreich keinen andern Dauphin als
den ältesten Sohn des Königs.

Während sie diesen Prozeß mit großer Lebhaftigkeit betrieb, hatte sie sehr empfindlichen Kummer
von einer Begebenheit, die sich damals zutrug. Sie
hatte viel Zuneigung für einen jungen Provenzalen
namens Dat, den sie allenthalben als Pagen mit sich
führte. Vor diesem Günstling hatte sie einen anderen
namens Vermont gehabt, dessen Vater und Mutter
vormals in Diensten der Margaretha gewesen und
von ihr zusammen verheiratet worden waren. Vermont war wütend, daß Dat sein Glück und das
Glück seiner Eltern störte, und beschloß, ihn zu
verderben; er erschoß ihn am Kutschenschlag seiner Gebieterin, als sie eben von den Zölestinern zurückkam. Er wollte gleich davon, aber er hatte ein
schlechtes Pferd, ward ergriffen und nach dem Hotel
de Sens zurückgeführt, wo er den Mord begangen
hatte. Margaretha tat im Zorn ein Gelübde, weder
Speise noch Trank zu sich zu nehmen, bis sie sich an
dem Mörder ihres Lieblings gerächt. Vermont ward
nach zweien Tagen vor dem Hotel de Sens geköpft;
er wollte die Königin nicht um Verzeihung bitten,
und sie war grausam genug, seine Hinrichtung mit
anzusehen.

Das Bild des ermordeten Lieblings machte ihr die
Wohnung verhaßt, worin es geschah; sie verließ das
Hotel de Sens und kaufte sich ein Haus in der Vor-

stadt St. Germain nah an der Seine. Sie legte dort
große Gebäude und Gärten an; im Jahre 1734 sah
man noch in der Seine-Straße ein Haus, welches man
das Hotel der Königin Margaretha nannte. Das Unglück verfolgte sie auch hier; sie hatte kaum angefangen sich einzurichten, als die Pest, welche damals in
Paris wütete, sie zwang, es wieder zu verlassen,
nachdem drei von ihren Leuten gestorben waren. Sie
flüchtete nach Issy, denn sie besorgte, alle ihre Diener möchten sie verlassen, wenn sie dieser Plage länger trotzen wollte; für sich fürchtete sie nicht sehr.

Alle ihre Diener waren auserwählte Leute; unter
ihnen bemerkte man Scipion Dupleix, ihren Requetenmeister, einen guten Historiker. Jeder, der ihr
nahe war, hatte die größte Anhänglichkeit für sie.
Dupleix, der noch bekannter ist durch seinen philosophischen Kurs, den ersten, der in französischer
Sprache geschrieben ward, als durch seine historischen Schriften über Rom und über Frankreich, hat
sich etwas zu lange bei den Fehlern seiner Wohltäterin verweilt; man hat es ihm immer als eine Undankbarkeit vorgeworfen[117].

Bajaumont, ihr neuer Liebling, ward in demselben
Jahr krank, worüber sie sich sehr betrübte und in
schmerzliche Schwermut fiel. Der König besuchte
sie währenddem, und als er von ihr kam, sagte er zu
den Hofdamen der Königin: «Betet für die Genesung
von Bajaumont, ich gebe euch auch einen Jahrmarkt,

denn wenn er stirbt, kostet es mich weit mehr. Die
Königin kann ihr Haus dann nicht mehr leiden, und
ich muß ihr ein anderes kaufen.» Er tadelte sie oft und
laut und bitter wegen ihrer Fehler, öffentlich aber begegnete er ihr mit der gehörigen Achtung. Er und
seine Gemahlin kamen zu allen Festen, die Margaretha unaufhörlich veranstaltete. Einmal gab sie ihnen
eine prächtige Kollation; unter andern Prachtstücken
bemerkte man drei große silberne Schüsseln; auf
einer war ein Zitronenbaum, auf der andern ein
Orangenbaum und auf der dritten ein Granatbaum;
alle drei vortrefflich und bis zur Täuschung wahr
nachgeahmt. Freude und Ergötzen kamen bei diesem
Feste der Pracht gleich; der König und die Königin
verließen es erst den andern Morgen mit Tagesanbruch. Margaretha mußte nicht allein sehen, daß
Maria von Medici auf dem Thron saß, der eigentlich
ihr gehörte, ihr Rang zwang sie sogar, gegenwärtig
zu sein bei dem Triumph, den jene gewissermaßen
über sie hielt. Der König bat sie nämlich, sich zu
St. Denis zur Krönung seiner Gemahlin einzufinden,
er bat so dringend, daß sie es ihm nicht versagen zu
dürfen glaubte. Man sah also die Königin Margaretha der kleinen fünfjährigen Tochter des Königs
nachtreten, derselben, die nachmals Königin von
Spanien ward. Beide Königinnen waren in Silberstoff gekleidet, trugen den königlichen Mantel von
violettem Samt, mit Hermelin ausgeschlagen, mit

zwei Reihen goldner Lilien gestickt; sehr reich mit Edelsteinen geschmückt und die Krone auf dem Kopf. Den sehr prächtigen Mantel schenkte sie hernach an die Kirche St. Sulpice zum Thronhimmel für das Allerheiligste bei großen Zeremonien. Der König stand auf der Emporkirche mit den Herzogen von Bellegarde und von Sully, unterhielt sich von den Zeremonien, die seine Gemahlin beschäftigten, und bedauerte die Königin Margaretha ironisch, daß sie so früh habe aufstehen müssen.

Den 14. Mai, den Tag nach der Krönung der Königin, kehrte Margaretha wieder nach Issy zurück, um ihren Geburtstag zu feiern. Auf den Abend unterhielt Dupleix sie mit der Bemerkung, daß der 14. immer für Frankreich ein günstiger Tag gewesen sei; und erinnerte sie an alle die glücklichen Begebenheiten, welche immer den 14. stattgefunden, und in demselben Moment erhielt sie die entsetzliche Nachricht, der König sei ermordet[118].

Dieser traurige Fall, welcher Frankreich wieder in alles Unglück und in die Verwirrung stürzte, woraus der gute König es nach zwanzig Jahren langer Mühe und Arbeit gezogen, änderte weiter nichts an der Lage der Königin Margaretha; diese war unveränderlich bestimmt. Maria von Medici bezeigte ihr immer die größte Achtung; sie erschien auch bei dem Feste, das Margaretha ihr nach einiger Zeit zu Issy gab. Als sich die Königin Regentin von Issy wegbegab, ritt sie ein wildes spanisches Pferd im Galopp bis zum Eingang der Vorstadt St. Germain; da stieg sie in ihren Wagen, umringt von einer starken Leibwache. Eine arme Frau, die dieses große Gefolge sah, rief laut genug, um von ihr gehört zu werden: «Wollte Gott, gnädige Frau, man hätte unsern armen König so gut bewacht, als Ihr bewacht werdet, wir wären nun nicht in solcher Not.»

Im Jahre 1615 ward Margaretha krank. Ihr Beichtvater, der Bischof von Grasse, kündigte ihr an, daß sie in Gefahr sei, und die Ärzte hätten wenig Hoffnung zu ihrer Genesung. Sie dankte ihm herzlich und ließ ihm einen Teil ihres Silbergerätes als eine Erkenntlichkeit für diese wichtige Nachricht geben. Den 27. März starb sie in ihrem 62. Jahre; ihre Leiche blieb einige Zeit in der Kirche des Augustinerklosters, von dem sie im Jahre 1608 den Grundstein gelegt hatte; ihr Herz ward auch darin aufbewahrt. Dann ward sie zu St. Denis in der Kapelle, welche Katharina von Medici erbauen ließ, begraben.

Man kann mit Recht sie zu den außerordentlichsten Fürstinnen ihres Jahrhunderts zählen; sie vereinigte in sich alle Fehler und alle Eigenschaften der Könige vom Stamm Orléans-Valois. Sie hatte die sanften angenehmen Sitten, die Gütigkeit Ludwigs XII. und auch seine Verblendung für seine Lieblinge und für die, welche sich eine gewisse Herrschaft über sein Gemüt anzumaßen verstanden; denselben

festen Sinn bei selbstgefaßten Ideen und dasselbe
Vertrauen in ihre Freunde, wie Ludwig es hatte. Wie
Franz I., ihr Großvater, hatte sie einen zu den Wissenschaften fähigen Geist, große Leichtigkeit zur Er-
lernung fremder Sprachen und der schönen Künste.
Man findet noch in einigen Kabinetten der Sammler
von ihren Gedichten, die mit zu den besten ihrer Zeit
gehören; ihre Memoiren sind ein Beweis ihrer
Beredsamkeit und der Zierlichkeit ihres Vortrags;
dann hatte sie auch alle Eitelkeit und alle Ruhmsucht
Franz I.; die Gelehrten, die sie beständig umgaben,
nannten sie Göttin, Venus Urania, und Margaretha
hörte sich sehr gern so nennen; so wie Franz I. beschützte sie die Krieger, deren Taten sie schätzte, die
Gelehrten, die sie wohl zu beurteilen verstand, und
die Künstler, deren Talente sie verehrte. Von ihrem
Vater, Heinrich II., hatte sie die Leutseligkeit und das
herablassende Wesen, aber sie war auch ebenso
leichtsinnig, ebenso unbeständig, ihre Verbindungen schienen ebenso wie die seinigen mehr die Wirkung der Laune und der Leidenschaftlichkeit als die
Frucht der Überlegung oder die Wahl des Herzens.
Sie war nicht ganz freizusprechen von der Grausamkeit Karls IX., wenn man übrigens vorüberfliegende
Anfälle mit dem eingewurzelten Laster vergleichen
kann. Um ihre Ähnlichkeit mit ihrem ganzen
Stamme recht zu vollenden, denke man sie sich bald
an den Stufen des Altars hingeworfen, wie sie mehre-

remal des Tages Messe hörte, Hospitäler besuchte,
an ihrem Geburtstage und den vier großen Festen Al-
mosen austeilte, elfhundert Armen jährlichen Unter-
halt gab und vierzig englischen Priestern; wie sie
Klöster baut und bereichert, unter anderen das der
Jesuiten zu Agen und das der Augustiner in der Vorstadt zu St. Germain; wie sie mit Andachtsübungen
und den allersinnlichsten Vergnügungen wechselt
und sich nach einer wahrhaft heiligen strengen Abge-
schiedenheit zu den verfeinertsten Lüsten wendet. In
dieser wunderbaren Mischung von Andacht und
Leichtsinn verlebte sie ihre letzten Tage. Sie vereinigte den Luxus und die Eitelkeit mit der Liebe zu
den Wissenschaften; Tanz und Musik mit den ernst-
haftesten Studien; sie war bei jedem Gottesdienst
zugegen, gab den Zehnten ihrer Einkünfte den Armen, hatte Gelehrte in ihrem Gefolge, die von ihrer
Freigebigkeit lebten; zu gleicher Zeit suchte sie
etwas darin, irgendeine Intrige zu führen, Feste zu
erdenken und nie ihre Schulden zu bezahlen. Kurz,
sie schien ganz dazu ausersehen, den Fürstinnen
künftiger Zeiten das Beispiel zu geben, wie unglücklich der Mißbrauch der Talente und die Unge-
zähmtheit der Leidenschaften machen.

Nachwort

von Michael Andermatt

Als Margaretha von Valois im Frühjahr 1594 auf der Festung von Usson mit der Niederschrift ihrer Memoiren begann, stand sie im 41. Lebensjahr. Ihr Gatte Heinrich von Navarra, mit dem man sie vor bald zweiundzwanzig Jahren vermählt hatte, war am 27. Februar eben in Chartres als Heinrich IV. zum König von Frankreich gekrönt worden. Eine Zeit ging damals zu Ende und eine neue begann.

Zu Ende ging die Zeit der Dynastie Valois, die seit dem 14. Jahrhundert Frankreich regiert hatte. Margarethas älterer Bruder Heinrich III. war der letzte König der Valois, und seit seiner Ermordung 1589 war sie die letzte Überlebende der Familie. Margarethas Gatte, Heinrich von Navarra, stammte als erster König aus dem Hause Bourbon, das nun Frankreich bis zum Ende der Monarchie im 19. Jahrhundert regieren sollte. Doch der Anfang der Bourbonen mit Heinrich IV. sollte zu einem Anfang ohne Margaretha werden.

Seit September 1593 wußte Margaretha, daß man ihre Ehe mit Heinrich IV. für ungültig erklären wollte. Man hatte sie um Einwilligung in die Schei-

dung gebeten. Überrascht haben wird sie das An-
sinnen der neuen Machthaber kaum, denn sie lebte
schon seit bald zehn Jahren getrennt von ihrem Gatten.

Wenn man von einer Ehe sagen kann, daß sie unter
keinem guten Stern gestanden hatte, von Anfang an
nicht, dann sicher von dieser zwischen Margaretha
von Valois und Heinrich von Navarra, geschlossen
am 18. August 1572. Es war eine politische Ehe, re-
sultierend aus dem Machtkalkül Katharinas von
Medici. Frankreich befand sich im Bürgerkrieg; die
Hugenotten, seit 1560 mit dem katholischen Königs-
haus im Streit, sollten der Krone zurückgewonnen
werden. Schon die Eheverhandlungen zwischen den
beiden Müttern, der katholischen Katharina von Medici und der protestantischen Königin von Navarra,
Jeanne d'Albret, ließen sich schlecht an. Heinrich,
der Sohn der überzeugten Protestantin Jeanne, sollte
katholisch werden. Diese Bedingung und das Klima
von Luxus und Dekadenz am französischen Hof
machten der protestantischen Mutter stark zu schaffen. Sie wurde krank und starb. Böse Zungen be-
haupteten später, Katharina von Medici hätte mit
Gift nachgeholfen, doch das ist Legende. Zwei
Monate später schon, Heinrich und die Hugenotten
waren in Trauergewändern angekommen, wurde in
Paris geheiratet. Gleich nach der Trauungszeremonie
trennte sich das Paar erstmals, denn Heinrich war

Protestant geblieben und nahm nicht an der Messe
teil.

Nur vier Tage nach der Hochzeit, die Pariser Festlichkeiten waren noch kaum vorbei, erfolgte das
Attentat auf den Hugenottenführer Admiral Coligny, das in der Folge zu den Massakern rund um die
Bartholomäusnacht führte. Gegen 20000 Hugenotten wurden in jenen Tagen in Frankreich ermordet,
davon um die 3000 in Paris selber. Die Anwesenheit
der vielen protestantischen Fürsten am königlichen
Hof hatte Katharina von Medici und ihre Berater zu
einer Kurzschlußhandlung verleitet. Sie wollten der
befürchteten Rache der Hugenotten für das Attentat
auf Coligny zuvorkommen, indem sie deren Anführer handstreichartig beseitigten. In jener Blutnacht
vom 23. auf den 24. August 1572 stürzte die Monarchie der Valois unter König Karl IX. zurück in die
tiefste Barbarei. Margarethas Memoiren werden
neben der Schilderung von Mergey, dem Sekretär
des Grafen von La Rochefoucauld, zum einzigen Au-
genzeugenbericht für das damalige Geschehen im
Louvre.

Was konnte man von einer Ehe erwarten, die als
«Pariser Bluthochzeit» begann? Die geplante Befriedung der Hugenotten war auf grauenvolle Weise
gescheitert, der Zweck der Verbindung zwischen
Navarra und Margaretha hatte sich in sein Gegenteil
verkehrt. Es war ein Fehlschlag, ein Desaster. Nichts

weist darauf hin, daß sich das Paar geliebt hatte.
Nach der Bartholomäusnacht wies Margaretha dennoch das Scheidungsangebot, das ihr die Königin
Mutter unterbreitete, entschieden zurück und stand
zu ihrem Gatten. Der König von Navarra lebte damals gleichsam als Gefangener am französischen Hof
und machte alles andere als gute Figur. Kaum etwas
deutete darauf hin, daß er dereinst König von Frankreich werden sollte. Gebildet wie Margaretha war,
verfaßte sie 1574 für ihn, den man der Konspiration
beschuldigte, in seinem Namen das *Mémoire justificatif* und rettete Heinrich mit dieser Verteidigungs-
schrift von fast schon verlorenem Posten. Schwer zu
sagen, was ohne Margarethas Hilfe damals aus ihm
geworden wäre.

   Ihr Engagement für Heinrich von Navarra und besonders auch das für ihren jüngeren Bruder Franz
von Alençon, den «Monsieur», brachte sie 1575/76
in Konflikt mit dem neuen König, ihrem Bruder
Heinrich III. Nicht ganz zu Unrecht witterte dieser
überall Verrat und beschränkte deshalb den Wir-
kungskreis seiner Konkurrenten, wo er nur konnte.
Als Margarethas beiden Verbündeten die Flucht vom
französischen Hof gelang, wurde sie im Louvre kur-
zerhand unter Hausarrest gestellt. Heinrich III. verbot
ihr, ihrem Mann an den Hof nach Nérac zu folgen.
Diese Trennung beendete die gemeinsame Zeit nach
der Bartholomäusnacht, jene dreieinhalb Jahre am

französischen Hof, die das Paar in seltsamer Koalition, mehr neben- als miteinander, verbracht hatte. Nun aber begann Margaretha in der französischen Politik eine neue Rolle zu spielen: die der Vermittlerin.

Während den zehn Jahren zwischen 1575 und 1585 erfüllte sie die politische Aufgabe, die ihr und ihrer Ehe eigentlich zugedacht war: Sie versuchte im Auftrag der Krone die zerstrittenen Religionsparteien zu einen. Seit Heinrich von Navarra in die Gascogne zurückgekehrt war, nahm seine Bedeutung bei den Protestanten von Jahr zu Jahr zu. Als Schwester des französischen Königs und als Gattin des hugenottischen Navarra stand Margaretha genau zwischen den Fronten. Die Gefahr, zum Spielball der Macht zu werden, war groß. Margaretha aber nützte ihren Spielraum geschickt und vorerst auch mit Erfolg. Sowohl am Frieden von Beaulieu 1576 wie auch an dem von Fleix 1580 hatte sie mit ihrem Verhandlungsgeschick wesentlichen Anteil. Auch ihre Reise nach Flandern 1577, von der ihre Memoiren ausführlich berichten, war diplomatisch ein großer Erfolg. Ihre Brüder hatten ihn allerdings, wie so vieles, was sie vermittelte, dann wieder verspielt.

Bezüglich ihrer Ehe mit Heinrich von Navarra ist freilich festzuhalten, daß diese nie im eigentlichen Sinne gelebt wurde. Die meiste Zeit gingen die beiden Gatten getrennte Wege. Sowohl politisch wie in

Liebesangelegenheiten. Margaretha teilte das Anliegen der Hugenotten kaum und war vor allem darauf bedacht, zwischen den Religionsparteien den prekären Frieden zu wahren. Sie vertrat zwar die Interessen ihres Mannes, aber ihre politische Sympathie lag eigentlich bei ihrem Bruder Franz von Alençon, den sie gern auf dem Thron gesehen hätte. Durch ihre Reisen oder wegen ihrer Verbindung mit ihrer Mutter und ihren Brüdern war sie die meiste Zeit über von ihrem Gatten getrennt. Nur von 1578 bis 1582 lebte sie für einige wenige Jahre am Hofe Heinrichs von Navarra in Nérac. In ihren Memoiren beschreibt sie diese Zeit allerdings als sehr glücklich und harmonisch – und täuscht sich über deren Dauer.

Heinrich von Navarra war bekannt für seine Mätressenwirtschaft. Er liebte die Frauen sehr und in großer Zahl. Margaretha gegenüber verheimlichte er dies nie. Auch sie fand, wie das im höheren Adel üblich war, ihre Liebhaber und Verehrer außerhalb der Ehe. Als das königliche Paar allerdings kinderlos blieb, wurden die Schwangerschaften der Mätressen allmählich zum Problem. Heinrich nahm sich immer weniger Zeit für Margaretha, und sie mußte befürchten, daß sie eines Tages ihren Einfluß auf ihn verlieren oder gar von einer seiner Favoritinnen verdrängt werden könnte. Mit der Schwangerschaft der Fosseuse, von der Margaretha am Schluß ihrer Memoiren berichtet, war es 1582 soweit. Heinrich von Navarra hatte sich von seiner Gattin zu sehr entfremdet, so daß er sie kaum mehr sah und sprach. Die Beziehung zwischen den beiden Gatten, die in ihrer besten Zeit gleichsam geschwisterlich gewesen war, begann zu zerbrechen. Margarethas politische Mission war damit in hohem Maße gefährdet. Ihr Bruder Heinrich III. holte sie von Nérac zurück nach Paris an den königlichen Hof. Von dort aus sollte Margaretha Heinrich von Navarra erneut gewinnen und ihn mit Briefen nach Paris holen. Doch der Gatte reagierte kaum, und Margaretha begann zu resignieren. Sie mußte damals schmerzhaft erkennen, daß ihre Rolle im Machtgefüge der Valois wohl verspielt war.

In dieser für sie wenig glücklichen Zeit flüchtet sie sich in die große Leidenschaft ihres Lebens. Im Winter 1580, noch während ihres Aufenthalts in der Gascogne, hatte sie Herrn von Champvallon kennengelernt und sich in ihn, den Oberstallmeister ihres Bruders Franz von Alençon, verliebt. Nachdem sie verschiedentlich Briefe mit ihm gewechselt hatte, traf sie Champvallon am Hof in Paris wieder. Es scheint, daß sie damals ihr ganzes Leben und Denken auf ihn verwandte. Es dürfte kein Zufall sein, daß diese Liebe mit der Trennung von ihrem Gatten und dem Scheitern ihrer politischen Aufgabe zusammenfällt. Die siebzehn Briefe, die als Fragment ihrer Liebe überliefert sind, zeigen uns Margaretha in einer philosophisch überhöhten literarischen Kunstwelt.

Sie schreibt Champvallon nach petrarkisch-neoplatonischem Muster von der Schönheit der Seele und macht ihren Geliebten zum Zögling ihrer Liebe:

> «Eure Seele will das, was ich will, und ihr gefallen heißt Euch gefallen; denn die Seele allein macht den Menschen aus. Zu einem Ganzen verbunden mit dem Körper, wie sie nun einmal ist, genügen ihr die beiden Sinne des Gesichts und des Gehörs, um ihr Begehren zu stillen, das, ganz und gar verschieden von den Begierden des Körpers, um so weniger Lust hervorbringt, je mehr man jenen anderen nachjagt, die keine wahre Liebe erzeugen können; denn in ihnen ist kein Verlangen nach Schönheit (Liebe aber ist nichts anderes), und die Schönheit kann nur begehren und geliebt werden von dem, der sie kennt.»

Der Gegensatz dieser geistigen Höhenflüge zu ihrem Alltag am königlichen Hofe ist offenkundig. Heinrich III. warf ihr Untätigkeit und Verschwendungssucht vor. Sie wurde ihm mit ihrer weltfremden Liebe und dem ständigen Wechsel zwischen Zurückgezogenheit und Festbesuchen unnütz und ein zunehmendes Ärgernis. Im Juni 1583 hielt Margaretha ihre Lage nicht mehr aus und wurde krank. Weil sie in ihrem Unglück unförmig und dick geworden war, dichteten ihr mißgünstige Höflinge eine Schwangerschaft an und setzten das Gerücht in Umlauf, sie hätte von Champvallon ein Kind. Ende Juli

kam es beim König, nachdem er Margarethas Briefe
an seinen Bruder Franz von Alençon entdeckt hatte,
zu einem Wutausbruch. Er vertrieb die Schwester
mit Schande vom Hof und ließ ihr sogar mit Häschern nachsetzen, als sie gegen seinen Willen ihre
Hofdamen mitgenommen hatte. Ihre große Zeit war
vorbei.

Es folgte für Margaretha eine Periode der Ungewißheit und der Ohnmacht. Zunächst flüchtete sie
sich nach der Stadt Agen, die zu ihrem Besitz gehörte, und blieb für acht Monate dort. Heinrich von
Navarra war politisch schlau genug, um aus der un-
rühmlichen Verstoßung seiner Frau vom Hofe Kapi-
tal zu schlagen. Schließlich mußte sich der König bei
ihm – nicht bei ihr! – entschuldigen. Margaretha zog
darauf zu ihrem Mann nach Nérac, wußte aber, daß
sie an seinem Hofe kaum mehr etwas zu gewinnen
hatte.

Heinrich von Navarra war damals ohnehin mehr
in Pau oder Hagetmau, wo seine neue Geliebte und
Verbündete lebte, die Gräfin von Guiche, mit dem
klingenden Namen Corisande. Für Margarethas Zukunft war das keine Perspektive. Sie machte sich eine
gewisse Zeit noch vor, daß sie ihren Mann vielleicht
doch noch zurückgewinnen könnte, wenn sie von
ihm ein Kind bekäme: einen Stammhalter. Die Hoffnung war vergebens. Heinrich ging seine eigenen
Wege.

Dann starb ihr Bruder Franz von Alençon, auf dessen Thronbesteigung sie insgeheim immer gehofft hatte. Ihre Lage wurde damit noch trostloser. Die Hugenotten sahen plötzlich die Übernahme der Macht in Reichweite, denn Heinrich von Navarra war mit dem Tode des «Monsieur» zum direkten Thronfolger nachgerückt. Eigentlich hätte Margaretha nun erneut und mit großer Dringlichkeit ihre Vermittlerrolle wahrnehmen müssen. Nach all den Vorfällen der letzten Zeit war das aber völlig ausgeschlossen. Gegen den Willen der gegnerischen Könige, ihres Bruders und ihres Mannes, zog sich Margaretha am 19. März 1585 erneut nach Agen zurück. Diesmal aber begann sie sich dort zu befestigen und zu rüsten. Den beiden Heinrichen war sofort klar, was dies bedeutete. Die geschmähte Schwester und Gattin hatte sich ihnen entzogen und wollte nun selber über ihr Geschick bestimmen. Der definitive Bruch mit den beiden Männern und ihrer Politik, in deren Dienst sie die letzten zehn Jahre gestanden hatte, war damit vollzogen.

Offenbar war Margaretha damals gewillt, auf die Partei der Liga zu setzen, auf die Guisen, die mit dem spanischen König Philipp II. verbündet waren und für den Katholizismus die Macht in Frankreich übernehmen wollten. Jedenfalls wandte sie sich mit ihrem militärischen Engagement im katholischen Agen dezidiert gegen ihren Mann und auch gegen den König, die beide die Thronansprüche der Guisen zu fürchten hatten. Man muß Margarethas Vorgehen wohl als Verzweiflungstat einschätzen, als Versuch eines Befreiungsschlags. Weil König Heinrich III. aber plötzlich umschwenkte und sich mit den Guisen verband, ging Margarethas Rechnung nicht auf. Sie war zudem alles andere als eine Kriegsherrin und hatte deshalb sowohl mit ihren Soldaten wie mit den Bewohnern von Agen große Probleme.

Schließlich nahmen die Truppen ihres Bruders ihre Stadt ein. Für Margaretha begann die Flucht. Mit einer kleinen Schar treuer Begleiter legte sie zu Pferde in wenigen Tagen gegen 250 Kilometer zurück. In Carlat, einer weiteren Stadt, die zu ihrem Besitz gehörte, konnte sie sich noch einmal für einige Monate halten. Immer größere Geldprobleme begannen sie zu plagen. Sie vermochte die wenigen Ergebenen, die ihr geblieben waren, kaum mehr für ihre Dienste zu entgelten. Zudem brach auch noch die Pest aus. Nach einer erneuten Flucht wurde sie schließlich eingeholt. Am 13. November 1585 setzte sie ihr Bruder, König Heinrich III., in der Festung von Usson in Gefangenschaft. Der tiefste Punkt ihrer Laufbahn war erreicht. Ausgeschlossen und isoliert war sie und als Verbündete oder Vermittlerin vollends untragbar. Es ergriff sie eine schwere Krankheit, von der sie erst im Februar 1586 genas. Es schien, als hätte sie aus dem Leben scheiden wollen.

Als Margaretha von Valois mit der Niederschrift
ihrer Memoiren begann, lebte sie fast zehn Jahre
schon zurückgezogen in der Festung von Usson.
Frankreich begann sich langsam, sehr langsam zu erholen, seitdem die Valois nicht mehr an der Macht
waren. Die alte Katharina von Medici war 1589 gestorben, und ihr Sohn Heinrich III. hatte sie kaum ein
halbes Jahr überlebt. Es zeichnete sich ab, daß unter
der neuen Herrschaft Heinrichs IV. die Religionskriege ein Ende nehmen würden. «Paris ist eine
Messe wert», soll Heinrich gesagt haben, um dann
zum Katholizismus zu konvertieren und sich zum
König von Frankreich krönen zu lassen. Seine Aufgabe war jedoch mit der Befriedung der Religionsparteien alles andere als gelöst. Nach dreißig Jahren
Bürgerkrieg war Frankreich ruiniert. Die Zahl der
Toten war nicht abzuschätzen. An die 250 Dörfer
waren verbrannt und entvölkert, ein großer Teil der
Äcker lag brach, der Handel war fast lahmgelegt,
und die Staatsschulden waren enorm. Aus den Ruinen dieses Frankreich hatte Heinrich IV. den Staat
neu aufzubauen – und daneben war auch eine neue
Dynastie zu begründen.

Margaretha konnte damals im Frühjahr 1594 nicht
wissen, daß noch nicht einmal die Hälfte ihrer Exilzeit vorbei war. Weitere elf Jahre hatten noch zu ver-
streichen, bevor sie Paris wiedersehen sollte. Eine
Gefangene im eigentlichen Sinne war sie zwar schon

länger nicht mehr. Der Marquis von Canillac, ihr wohlgesinnter Bewacher, hatte ihr nach einem halben Jahr die Festung übergeben und Usson darauf verlassen. Nach dieser großen Erleichterung hatte sie sich ihr Exil so eingerichtet, daß sich an ihrem kleinen Hofe leben ließ. Von ihrer wertvollen Bibliothek machte sie regen Gebrauch und las mit großem Interesse die philosophischen Werke von Platon oder Agrippa von Nettesheim oder auch die Mysterienschriften von Hermes Trismegistos. Gelehrte und Künstler, Musiker und Dichter vor allem, verkehrten bei ihr. Auch sie selber schrieb immer häufiger Gedichte. Margaretha hatte als Kind eine ausgezeichnete Bildung genossen und beherrschte neben dem Französischen auch das Latein sowie Italienisch und Spanisch. Ihre Memoiren berichten davon, wie sie erstmals während ihres Zimmerarrests im Louvre entdeckt hatte, daß ihr das Studium der Bücher im Unglück Erleichterung und Trost, ja sogar Freude bereiten konnte. In ihren Jahren in Usson wußte sie sich diese Erkenntnis zunutze zu machen und fand nach dem Scheitern ihrer politischen Laufbahn in der Pflege der Künste und Wissenschaften allmählich eine neue Lebensaufgabe.

Das Scheidungsbegehren des Königs hatte deshalb eine gewisse Unruhe an ihren Hof gebracht. Ihr zurückgezogenes Leben in Usson, ihr Umgang mit den Gelehrten und Dichtern – wurde es hier nicht gefährdet? Zu vieles schon hatte sie im Verlaufe ihres Lebens verloren. – Andererseits war ihre Situation natürlich alles andere als glücklich. Gesellschaftlich war sie geächtet und lebte nicht das Leben, das ihr als Königin zustand. Auch litt sie noch immer unter Finanzproblemen, ihre Besitzverhältnisse waren konfus und ungeregelt, und angesichts der großen Veränderungen, die Frankreich bevorstanden, war ihre Zukunft sehr unsicher. Die Scheidungsverhandlungen stellten deshalb sehr wohl auch eine Chance dar.

Die wollte genutzt werden. Der neue Anfang der Bourbonen konnte auch für Margarethas Situation eine Veränderung zum Besseren bedeuten. Sie wußte sehr gut, daß die Wiederaufnahme ihrer Ehe mit Heinrich IV. ausgeschlossen war. Aber eine Sicherung ihrer Position als Gelehrte und Mäzenin, ihre Rückkehr in die große Gesellschaft und vielleicht sogar dereinst der Wiedereintritt in das Spiel der Macht – vieles schien plötzlich wieder in den Bereich des Möglichen zu rücken. Da der König auf ihre Zustimmung angewiesen war, konnte sie Bedingungen stellen. Margaretha zauderte nicht und signalisierte ihre Bereitschaft zur Einwilligung in die Scheidung. Ihre Bedingungen waren, daß ihr der König die Schulden erlassen sowie eine Apanage und einen angemessenen Teil aus ihrem Familienerbe zugestehen sollte.

Die Verhandlungen aber waren kompliziert und dauerten lange, denn es mußten zu diesem Geschäft die verschiedensten Parteien ihre Zustimmung geben. Heinrich von Navarra selber war relativ rasch einverstanden, aber da gab es noch seine Minister, die Hugenotten, die alten Anhänger der Liga und vor allem auch die Kirche und den Papst. Hauptsächlicher Hinderungsgrund aber war Gabrielle d'Estrées, die zwielichtige neue Mätresse des Königs, von der – außer ihrem Clan – niemand wollte, daß sie als Heinrichs Gattin und Königin auf den Thron kam. Die Scheidungsverhandlungen sollten sich sechseinhalb Jahre hinziehen. Und so mußte Margaretha in ihrem Usson denn warten.

Sie nutzte diese ungewisse Zeit des Wartens zur Niederschrift ihrer Memoiren. Obwohl man nichts Genaueres zu diesem Punkte weiß, ist doch anzunehmen, daß die Entstehung der Memoiren zwischen 1594 und 1599 mit den gleichzeitigen Scheidungsverhandlungen zusammenhängt. Schrieb sie ihre Memoiren als Rechtfertigungsbericht? Wollte sie damit ihre Rückkehr an den Hof von Paris vorbereiten?

Den unmittelbaren Schreibanlaß, den Margaretha selber zu Beginn ihrer Memoiren erwähnt, lieferte ihr Pierre de Bourdeille, Herr von Brantôme. Er war wie sie von Heinrich III. vom Hofe verstoßen worden und führte auf seinen Gütern ein zurückgezogenes Leben. Brantôme verbrachte seine Zeit mit der Abfassung historisch-biographischer Rückblicke zum Leben der französischen Könige und anderer be-

kannter Persönlichkeiten vom Hofe. Er hatte mit
Margaretha, die er von seiner Zeit am Pariser Hofe
her kannte, um 1590 wieder Kontakt aufgenommen
und schickte ihr 1593 in großer Verehrung seine Beschreibung ihres Lebens. Margaretha nahm diese Gelegenheit wahr, um in Antwort auf Brantôme ihre
eigene Sicht der Dinge festzuhalten. Ein Wille zur
Imagekorrektur ist dabei offenkundig.

Wie sie einleitend in ihren Memoiren schreibt, war
ihr Brantômes Darstellung zu sehr Loblied, zuwenig
der Realität verpflichtet. In der Tat schwärmt Brantômes Werk über weite Strecken von Margaretha in
den höchsten Tönen und ist reinste Panegyrik. Damit ließe sich, sollte man denken, durchaus leben.
Das übertriebene Fürstinnenlob mußte ihr aber zum
Zeitpunkt der Scheidungsverhandlungen alles andere als gelegen kommen. Falls es an die Öffentlich-
keit gelangte, was durchaus zu erwarten war, konnte
es leicht als Anmaßung oder sogar als Vorwurf an die
Adresse des Königs verstanden werden.

Ein großes Auftrumpfen aber stand ihr in ihrer
Exilsituation nicht zu. Margaretha mußte deshalb
darum besorgt sein, daß ihr Bild insgesamt gemäßig-
ter ausfiele. Vor allem auch war zu vermeiden, daß
sie, als letzte überlebende Valois, für den König und
für die kritische Umbruchphase, in der sich Frankreich damals befand, als politische Gefahr erscheinen
konnte. Dies aber war durchaus der Fall bei jenen

«Irrtümern» Brantômes, wo er «von Pau» spricht,
von ihrer «Reise nach Frankreich», «vom Marschall
von Biron», «von Agen» und «vom Abzug aus dem
Orte des Marquis von Canillac» (vgl. Anfang ihrer
Memoiren). Brantômes Informanten vom Hofe
waren Partei und hatten ihm über vermeintliche
Machtansprüche Margarethas und ihren Einfluß auf
die königliche Politik wenig Vorteilhaftes berichtet.
Eine Richtigstellung in diesen Punkten war dringend
nötig. Die Niederschrift ihrer Memoiren sollte dazu
die passende Gelegenheit bieten.

Daß sie für ihr Unternehmen die «unverfälschte
Wahrheit» beansprucht, erklärt sich aus Margarethas
Rechtfertigungswunsch. Da es neben Wahrheit und
Lüge hierbei freilich wesentlich um die Wahrung
ihrer vitalen Interessen ging, wird man diesen
Anspruch relativieren müssen. Am ehesten ist ihm
gerecht zu werden, wenn man ihn als redliche
Absichtserklärung einstuft. Eine schönfärberische
Selbststilisierung jedenfalls hätte sich Margaretha in
ihrer Situation kaum leisten können. Es wäre deshalb
verfehlt, wenn man an der grundsätzlichen Wahrheit
ihrer Darstellung zweifeln wollte. Allerdings fällt
auf, daß ihre Memoiren in einigen Punkten, so vor
allem in ihren außerehelichen Liebesangelegenheiten, absolutes Stillschweigen wahren.

Eine Würdigung ihrer Memoiren aus heutiger Sicht wird ohnehin nicht in erster Linie auf deren Wahrheitsgehalt abheben. Zwar ist die Lebensbeschreibung der Margaretha von Valois, nicht zuletzt wegen den schon erwähnten Passagen zur Bartholomäusnacht, für die Historiker eine wichtige Quelle, und für ihre Biographie ist sie natürlich ein unverzichtbares Dokument. Die eigentliche Bedeutung der Memoiren ist aber kulturgeschichtlicher Art, und dies gleich in doppelter Hinsicht: Einerseits bilden sie eines der frühesten Zeugnisse der modernen Memoirenschriftstellerei überhaupt, und andrerseits werfen sie ein Schlaglicht auf die Geschichte der Frauen, auf die ‹grandes dames› der Renaissance, und speziell dann auch, betrachtet man die Rezeptionsgeschichte, auf die Frauengeschichtsschreibung.

Margaretha war eine der allerersten Frauen der beginnenden Neuzeit, die Memoiren schrieb. Die Entwicklung dieses Genres verlief im Frankreich des 17. Jahrhunderts mit Richelieu, La Rochefoucauld, Kardinal Retz, dem Herzog von Saint-Simon und vielen anderen dann rapide, so daß die Memoirenliteratur eine wahre Blütezeit erlebte. Doch zu Margarethas Zeit hatte diese Entwicklung noch kaum begonnen. Mit andern Worten: Margarethas Memoiren gehören zu den wenigen Initialtexten einer neuen Gattung. Ihre Nachfolgerinnen und Nachfolger haben sich später auf sie als Vorbild berufen. Paul

Pellisson etwa, Sekretär der Académie française, hatte 1653 rückblickend erklärt, Margarethas Memoiren hätten für ihn zu den vier Referenztexten gehört, die ihm den Vorrang der französischen Sprache gegenüber dem Latein bewiesen hätten.

Worin das Neue und Moderne von Margarethas Schreibweise bestand, wird besonders im Vergleich mit Brantôme deutlich. Margaretha verzichtete weitgehend auf die damals übliche Schwulstrhetorik sowie auf antikisierende Bildungsreminiszenzen und entwickelte dagegen ein chronologisch linear geordnetes Erzählen, das klar, direkt und ohne Pomp zur Sache geht. Ihr Stil ist lebendig und zugleich nüchtern. Reflexionen und Abschweifungen treten hinter die Ereignisabfolge zurück, die Handlung treibt sich stetig voran. An einigen Stellen, etwa in den Passagen ihrer Reise nach Flandern, werden ihre Schilderungen ungewöhnlich konkret und anschaulich. Sie scheint ein außerordentlich gutes Gedächtnis für Lokalitäten und Kleider gehabt zu haben. Die Städte und Personen, die Zusammenkünfte und Feste, die sie auf diese Weise schildert, erhalten eine Authentizität, die man in andern Texten der Epoche sonst vergeblich sucht.

Die Erinnerungsleistung ihrer Memoiren ist insgesamt erstaunlich. Da sich Margaretha beim Schreiben nicht auf Dokumente stützen konnte und alles aus dem Gedächtnis zu rekonstruieren hatte, muß eigentlich überraschen, daß sie sich nicht öfters täuschte. Obwohl sie kaum Daten und Jahreszahlen nennt, stimmt die Zeitabfolge ihres Berichtes mit den Fakten, wie sie die Geschichtsforschung auf breiter Quellenbasis rekonstruiert, in sehr hohem Maße überein. Das mag unter anderem daran liegen, daß sich Margaretha streng ans eigene Erleben hält und politische Ereignisse, an denen sie nicht persönlich teilnahm, beiseite läßt. Natürlich hat dieses Auswahlverfahren auch seine Grenzen: vom politischen Geschehen erfährt man insgesamt eher wenig. Margaretha hat indes selber in ihrer Einleitung darauf hingewiesen, daß sie für die «Ausarbeitung» eines abgerundeten Geschichtsbildes «weder die Fähigkeit noch die gehörige Muße» habe. Obwohl ihre Schrift in manchem durchaus mehr leistet, als sie beabsichtigt, muß man sie in dieser Hinsicht doch beim Wort nehmen.

Überblickt man den Inhalt der Memoiren, dann fällt einem auf, daß vor allem der Kampf um den Machterhalt der Valois thematisiert ist, und zwar auf der sehr persönlichen Ebene der familialen Beziehungen. Margaretha beschreibt ihre politische Position im prekären Gleichgewicht zwischen drei, später zwei rivalisierenden Brüdern, einer dominanten Mutter und dem Eindringen familienfremder Machtanwärter. Letztere sind durch die zwei gegnerischen Parteien der Hugenotten und der Liga charakterisiert.

Im Zentrum aber steht, so wollen es die Gesetze dieser neuen Gattung Memoiren, Margaretha selber. Sie tritt auf als politische Vermittlerin und immer deutlicher auch als unschuldig Verfolgte. Heinrich von Navarra, der aus der Sicht der Historiographen als Gewinner aus dieser Konstellation hervorgeht, spielt dabei neben den Valois erstaunlicherweise eine relativ bescheidene Rolle. Man erhält den Eindruck, daß der Familienzwist im Hause Valois Margaretha wichtiger war als das Schicksal ihres Gatten.

Es ist viel gerätselt worden, weshalb Margarethas Memoiren mit ihrer Abreise aus der Gascogne und der Trennung von ihrem Mann im Jahre 1582 vorzeitig abbrechen. Da die Handschrift der Druckvorlage an einzelnen Stellen fehlende Seiten aufweist und Margarethas Originalmanuskript nicht erhalten ist, neigt die neuere Forschung zur These, der Rest der Lebensbeschreibung müsse verlorengegangen sein. Vereinzelt war man auch der Auffassung, daß beim ersten Erscheinen des Textes im Jahre 1628, dreizehn Jahre nach Margarethas Tod, einflußreiche Kreise Zensur ausgeübt haben könnten. Frühere Herausgeber der Memoiren im 19. Jahrhundert erklärten dagegen ohne große Skrupel, Margaretha hätte sich für die Fortsetzung ihrer Lebensbeschreibung schlicht schämen müssen und habe deshalb auf sie verzichtet. All diese Erklärungen bleiben jedoch Vermutungen und sind kaum zu beweisen.

Margarethas Aufzeichnungen haben das Ziel, das sie einleitend formulieren, bei ihrem Abbrechen sicher nicht erreicht. Die Ereignisse der späteren Jahre etwa, die Margaretha Brantôme gegenüber mit besonderem Hinweis hatte richtigstellen wollen, kommen nicht zur Sprache. Anspruch und Durchführung der Memoiren bilden deshalb einen auffälligen Kontrast. Und sie tun dies wohl nicht nur in diesem einen Punkt. Einiges deutet darauf hin, daß sich Margarethas Vorhaben beim Schreiben unter der Hand allmählich verändert hatte. Falls die Memoiren, wie zu vermuten ist, die Position der Verfasserin im Hinblick auf die Scheidungsverhandlungen hätten festigen sollen, muß man sie sogar als gescheitert betrachten. Das Scheitern aber ist in Wahrheit ein Glücksfall, denn dessen Ursache ist eigentlich die hohe Qualität des Textes. Anstelle eines Rechenschaftsberichts nämlich war unversehens ein spannungsvoller Lebensbericht entstanden. In seinem Zentrum steht dabei immer weniger die ergebene Tochter, Schwester und Gattin, sondern vielmehr das Handeln und Leiden einer jungen Königin, die in relativ aussichtsloser Lage im politischen Machtgefüge ihrer Familie um eine eigenständige und sinnvolle Position ringt. Heinrich IV. allerdings, sein Verhältnis zu Margaretha und seine Stellung gegenüber den Valois insgesamt, erscheint dabei alles andere als in einem guten Licht.

Aus dem allem läßt sich folgern, daß Margaretha ihr Schreibexperiment wohl ganz bewußt frühzeitig abgebrochen hat. Es war etwas anderes entstanden, etwas Neues und Außerordentliches sogar, aber als Rechtfertigungsbericht taugte es nicht. Wäre der Text in Margarethas Sinne zum Ziel gelangt, hätte sie ihn wohl auch in Umlauf gebracht und noch zu ihren Lebzeiten publiziert. So aber blieb er unveröffentlicht und unbekannt liegen, bis ihn eine spätere Generation mit Bewunderung und Erstaunen ans Tageslicht brachte.

Sehr wahrscheinlich fällt der Abbruch der Memoiren auch in die Zeit, in der Margaretha endlich das Resultat ihrer Scheidungsverhandlungen erfuhr. Ihr Warten hatte sechseinhalb Jahre gedauert. Nach dem Tod von Gabrielle d'Estrées im April 1599 kam der Bescheid dann relativ schnell, und er war positiv. Der König entsprach Margarethas Forderungen und erlaubte ihr zudem, daß sie weiterhin den Titel einer Königin führen durfte. Mit diesem Entscheid waren nicht nur ihre Finanzprobleme gelöst, sondern als offizielle «Königin Margaretha» war sie auch weitgehend rehabilitiert. Angesichts dieser Sachlage dürften sich ihre Bedenken gegenüber Brantômes Lebensbeschreibung zerstreut haben, und auch die Fortführung ihrer Memoiren wurde damit weniger dringlich, wenn nicht sogar überflüssig. Jetzt war es

nur noch eine Frage der Zeit, daß sie nach Paris zurückkehren konnte.

Vorerst gab es allerdings unerwartete Probleme,
denn Heinrich IV. hatte mehr versprochen, als er halten konnte – bei der prekären Finanzlage Frankreichs
eigentlich kein Wunder. Die Begleichung ihrer
Schulden zögerte sich immer wieder hinaus. Dann
wurde ihr von verschiedenen Konkurrenten auch das
zugesprochene Erbe streitig gemacht. Vor allem ihr
Neffe Charles von Valois, illegitimer Sohn Karls IX.
und zugleich Halbbruder der neuen Favoritin Heinrichs IV., machte ihr mit seinen Erbansprüchen, bei
denen er sich auf einen Erlaß Heinrichs III. berufen
konnte, schwer zu schaffen. Margaretha führte von
Usson aus einen aufreibenden Kampf um ihre
Rechte. Schließlich fand sie für all ihre Probleme eine
nahezu geniale Lösung. Sie ernannte Heinrichs IV.
kleinen Sohn Louis, den Thronfolger und künftigen
Ludwig XIII., zu ihrem Alleinerben. Auf diese Weise
brachte sie nicht nur ihre Loyalität den Bourbonen
gegenüber zum Ausdruck, sondern gewann zugleich
mit Heinrich IV. und seiner Gattin Maria von Medici
zwei mächtige Verbündete gegen Charles von Valois, dem sie nun den Prozeß machte.

Auch war damit schließlich der Anlaß zur Rückkehr nach Paris gegeben. Im Juli 1605 reiste Margaretha von Usson ab, denn sie konnte, wie sie glaubhaft
versicherte, ihren Prozeß gegen Charles von Valois

erfolgreich nur aus unmittelbarer Nähe in Paris führen. Und der König ließ das nicht nur geschehen,
sondern er bereitete ihr am Hof sogar einen freund-
lichen und würdigen Empfang. Ihre Exilzeit ging,
nach neunzehn Jahren in Usson, glücklich zu Ende.

Margaretha gewann ihren Prozeß, kam zu Reichtum und wurde damit endlich, im Alter von 53 Jahren, frei und unabhängig. Nachdem sich ihre Beziehungen zur Königsfamilie immer entschiedener als
freundschaftlich und in bezug auf den kleinen Louis
gar als herzlich herausgestellt hatten, begann sie sich
in Paris standesgemäß einzurichten. Sie baute am linken Seine-Ufer gegenüber dem Louvre eine pracht-
volle Palastanlage, deren Gebäude sich zwischen der
heutigen Rue de Seine und der Rue de Bellechasse
erstreckten und zu der auch ein Kloster mit einer Kapelle gehörte. Diese Bautätigkeit großen Ausmaßes
war inzwischen wieder möglich, da Heinrich IV. das
Land befriedet hatte und die Konjunktur blühte.

Ihre letzten Jahre in Paris, es waren immerhin noch
fast zehn, verlebte Margaretha als Königin auf der
Höhe all ihrer Möglichkeiten. In ihrem neu erstellten
Hôtel des Augustins gründete sie einen Musenhof
nach dem Muster von Usson und versammelte die
namhaften Künstler und Wissenschaftler der damaligen Zeit um sich. Bei ihr verkehrten Philippe Des-
portes, François Maynard, François de La Roque,
Jean de Champeygnac, Claude Garnier, Pierre de

Deimier, Marc de Maillet, Jean Alary, Vital d'Audi-
guier, Jacques Corbin, Mathurin Régnier, Théophile
de Viaux, François de Malherbe und viele andere
mehr. Auch gelehrte Frauen wie Mlle de Choisy,
Antoinette de La Tour oder Mlle de Beaulieu fehlten
nicht. Es versteht sich, daß Margaretha als Förderin
der Künste bald allseits beliebt war. In unzähligen
Werken finden sich Widmungen an sie. In Honoré
d'Urfés Schlüsselroman *L'Astrée* erscheint sie als Fee
Galathée. Ihre ausgedehnten Tafelrunden mit theo-
logischen, philosophischen und galanten Streitge-
sprächen waren ebenso sprichwörtlich wie ihre großen Bälle und Empfänge.

Ein schriftliches Zeugnis aus jener Zeit von Margarethas eigener Hand, übrigens ihr einziger Druck zu
Lebzeiten, vermittelt einen repräsentativen Eindruck
vom damaligen Geistesleben an ihrem Hof: Im *Dis-
cours docte et subtil* von 1614, einem philosophischen
Brief, verteidigt sie klug, witzig und gelehrt in acht
Thesen die Ehre des weiblichen Geschlechts gegen
eine misogyne moraltheologische Schrift des Jesui-
tenpaters Loryot.

Neben ihrem kulturellen Engagement war Königin Margaretha besonders auch für ihre Wohltätig-
keit und Großzügigkeit bekannt. So ließ sie jährlich
die Zinsen ihres Vermögens unter den Kranken und
Armen, die sie in den Spitälern besuchte, verteilen
und schüttete jeweils an ihren Geburtstagen für die

Pariser Bevölkerung große Summen aus. – Was für eine Wende zum Schluß! Die ehemals Verstoßene und Vergessene war nun als Mäzenin und Wohltäterin allseits bewundert und verehrt.

Eine letzte Erschütterung erlitt Margarethas Leben 1610 mit der Ermordung Heinrichs IV. An ihrer äußeren Lage allerdings änderte der tragische Tod ihres ehemaligen Gatten und nachherigen Freundes nichts mehr. Die Königin-Witwe Maria von Medici, die an Stelle des noch unmündigen Dauphin die Regentschaft übernahm, hatte Margaretha nie als Konkurrentin, sondern immer gleichsam als Schwester behandelt, und sie erhielt ihr die Freundschaft auch jetzt. Am 27. März 1615 starb Königin Margaretha von Valois nach kurzer Krankheit in ihrem 63. Altersjahr.

Die Geschichtsschreibung hat sich im Verlauf der vergangenen vier Jahrhunderte eingehend mit Margaretha von Valois befaßt – leider aber zu einem großen Teil auch auf sehr fragwürdige Weise. Darüber hinaus wurde ihr Leben verschiedentlich zum Roman- und schließlich auch zum Filmstoff. Patrice Chéreaus opulenter Film *La Reine Margot* von 1994 mit Isabelle Adjani, der auf Alexandre Dumas' gleichnamigem Erfolgsroman von 1852 basiert, zeugt für das anhaltende Interesse an Margaretha bis in unsere Gegenwart.

Film und Buch deuten es schon an: Margarethas
Leben hatte im Verlaufe der Zeit legendenhafte Züge
angenommen. Rund um den Übernamen ‹Margot›,
den die Königin von ihrem Bruder Karl erhalten
haben soll, fügte sich allmählich aus Gerüchten, Halb-
wahrheiten und Verunglimpfungen ein schillerndes
und zugleich wenig vorteilhaftes Bild. Mit der realen
Margaretha berührte es sich insgesamt kaum noch.
Ein seltsames Gemisch aus Bewunderung und Haß,
das seine eigene Faszination auszuüben schien, beflü-
gelte immer wieder die Phantasien nicht nur der Dichter, sondern durchaus auch der Historiker. Man
kommt nicht umhin, es deutlich zu sagen: Es waren
Männerphantasien. Als Frau figurierte Margaretha
als das Andere der Vernunft und wurde zur Pro-
jektionsfläche gleichermaßen von Wunsch- und
Schreckbildern. So hat man sie wegen ihrer Schönheit
bewundert, noch mehr aber schließlich geschmäht
und verteufelt. Margaretha erschien in den Männerphantasien allmählich immer mehr als Hetäre oder gar
als Hure, als verkommene Medicitochter am deka-
denten Hof der letzten Valois, die in unmäßiger Lust
Männer brauchte und verbrauchte, bis diese in Intrige, Mord und Krieg ihr schlimmes Ende fanden.
Man stilisierte dabei Margarethas Lebensweg nach
dem Dekadenz- und Niedergangsmodell. So figurierte sie als faszinierend-abstoßendes Beispiel eines
erbärmlichen Sitten- und Persönlichkeitszerfalls.

Selbst bei seriösen Historikern war dieses Bild in mehr oder weniger deutlicher Ausprägung lange Zeit verbreitet, vereinzelt bis zum Anfang unseres Jahrhunderts. In Lexika und Handbüchern hat es teilweise sogar bis heute überlebt.

Es ist der Verdienst von Margarethas Biographin Éliane Viennot, daß diese Legende heute in all ihren Entwicklungsstufen erkannt und kritisch aufgearbeitet ist.* Wenn man Entstehung und Entwicklung der Legende überblickt, fällt einem auf, daß Margarethas Memoiren neben vermeintlich seriöseren Quellen immer wieder abgewertet wurden. Viel eher als ihr selbst glaubte man allen andern. Die bei Memoiren gebotene Skepsis verleitete offenbar gegenüber den übrigen Quellen nachgerade zur Leichtgläubigkeit.

So übernahm man ohne große Skrupel im Rückblick nicht nur historisch-revanchistische Berichte von politischen Gegnern der Valois, sondern etwa auch Aussagen und Behauptungen aus zeitgenössischen Schmähschriften. Solche aber begannen nach der Bartholomäusnacht immer öfter aufzutauchen und begleiteten auch wieder den Machtwechsel zwischen den Valois und den Bourbonen. Für Margaretha von zentraler Bedeutung sollte der *Divorce Satyrique* von 1607 werden. Das Pamphlet, an sich ein kleines Meisterwerk der Gattung, befaßte sich mit der

* Vgl. Literaturangaben am Schluß.

Scheidung Margarethas von Heinrich IV. und diffamierte – um dem König Hörner aufzusetzen – Margarethas Lebensführung als sexuell ausschweifend und pervers. Der vermutlich aus höfischem Umfeld stammende Text versammelt kenntnisreich und detailliert Daten und Ereignisse aus Margarethas Biographie und verbindet sie mit schlimmen Gerüchten und grotesken Unterstellungen. So verbreitet er auch, um ein Beispiel zu nennen, den schon früher erhobenen Inzestvorwurf mit Karl IX., in dessen Zusammenhang übrigens auch der doppeldeutige, alles andere als schmeichelhafte Übername ‹Margot› (franz.: Grete / Elster / Klatschmaul) gesehen werden muß.

Im Gegensatz zur zeitgenössischen Wirkung solcher Verleumdungen, die gerade etwa beim *Divorce Satyrique* mangels Verbreitung eher gering war, ergab sich im summierenden Rückblick der Historiker für Margaretha schließlich ein vernichtendes Bild. Während ihr Ruf bei den Zeitgenossen nach ihrem Tode kaum hätte besser sein können, verschlechterte er sich schon in der zweiten Hälfte des 17. Jahrhunderts rapide. Diese Änderung geschah keineswegs zufällig; nicht historische Distanz und auch nicht Unwissen waren dafür verantwortlich. Richelieu hatte seine Historiographen damit beauftragt, die ‹grandes dames› der Renaissance und ihren Einfluß auf die Geschichte Frankreichs als gefährliche Fehl-

entwicklung darzustellen und zu verurteilen. Im
Zentrum dieses misogynen Unterfangens stand
vorab Maria von Medici, die 1630 ihrem früheren
Schützling Richelieu im Machtkampf unterlegen
war und in die Niederlande hatte flüchten müssen.
Zu ihrer endgültigen Ausschaltung wurde die Geschichte im Interesse der neuen Machthaber kurzer-
hand umgeschrieben. Auch Margaretha erschien dabei in einem neuen Licht. Ihr politisches Engagement
wurde ihr als ungehörige Einmischung aus niederen
Beweggründen ausgelegt: Haß, Eifersucht, Neid
und sexuelle Begierde hätten bei ihr zu Günstlings-
wirtschaft und Verschwendung geführt; zur Durch-
setzung ihrer Interessen aber hätte sie selbst Mord
und Krieg in Kauf genommen. Diese Vorwürfe sind
an sich stereotyp und wurden den politisierenden
Frauen gegenüber insgesamt erhoben. Da man aber
mit vermeintlich wahren biographischen Details und
Enthüllungen aufwartete, verfehlten sie schließlich
ihre Wirkung nicht.

Seit Richelieu wurde dieses äußerst schiefe und
mißgünstige Bild von Margaretha in der offiziellen
nationalen Geschichtsschreibung wirkungsmächtig
verbreitet. Die Historiker Ludwigs XIV. verschlim-
merten es noch zusätzlich, denn unter dem absoluti-
stischen Sonnenkönig sollten die alten Adelseliten
als überständig und degeneriert erscheinen. Auch
die Aufklärung des 18. Jahrhunderts brachte vorerst

keine Verbesserung, eher sogar eine weitere Trü-
bung. In ihrer Abwendung vom Ancien Régime und
der ständischen Kultur fanden die neuen bürger-
lichen Geschichtsschreiber für die Frauen der Renaissance keinerlei Verständnis. Als Symbole von Dekadenz und Barbarismus wurden sie gar verachtet und
weitgehend totgeschwiegen. Katharina von Medici
erlebte stellvertretend für das ganze weibliche Ge-
schlecht ihre Verteufelung zur mörderischen Tyran-
nin. Voltaire hielt die letzten Valois für Monster, und
über ihre Frauen verlor er kaum ein Wort.

Als 1777 die erste größere Biographie zu Margaretha von Valois entstand, hatte ihr Verfasser Antoine
Mongez reichlich mit Vorurteilen aufzuräumen.
Stiftsherr und Bibliothekar Mongez war Margaretha
wohlgesinnt und machte sich entschieden zu ihrem
Verteidiger. Wenn auch seine Darstellung im Detail
noch verschiedene Fehlurteile aus dem 17. Jahrhundert weiterschreibt, gelang ihm aus dem Geist der
Aufklärung schließlich doch der Anfang von Margarethas Rehabilitierung. Sein Werk erschien nur leider
zu einem sehr ungünstigen Zeitpunkt. Im Umfeld
der Französischen Revolution fand es alles andere als
eine gewogene Aufnahme. Die Revolutionäre erneu-
erten damals die allerschlimmsten Gerüchte und Diffamierungen, die je über Margaretha und die anderen
großen Frauen der Renaissance zirkuliert hatten.

Die Umorientierung nach dem Scheitern der Re-

volution und das damit verbundene historische
Interesse an der voraufklärerischen Zeit führte im
19. Jahrhundert zur Wiederentdeckung der spätmit-
telalterlichen Geschichte und besonders auch der Renaissance. In diesem Zusammenhang erlebte auch
Margarethas Bild nochmals entscheidende Korrek-
turen und Umwertungen. Vor allem rückte es aus
dem engeren Bereich der Geschichtsschreibung nun
entschieden hinüber in die Dichtung. In Mérimées
frühem historischen Roman *Chronique du règne de
Charles IX.* (1829) figuriert Margaretha vorerst noch
als Staffage. In Stendhals Roman *Le Rouge et le Noir*
(1830) dann erscheint sie als metaphorisches Motiv
für Mathilde de La Molles Vergangenheitsverklä-
rung. Nachdem sie als Heldin in Opern von Ferdi-
nand Hérold (*Le Pré-aux-Clercs*, 1832) und Giacomo
Meyerbeer (*Les Huguenots*, 1836) auftauchte, wurde
sie über Alexandre Dumas' Erfolgsroman *La Reine
Margot* (1845) dann allgemein bekannt. Insgesamt
kann man sie schließlich als die damals wohl populär-
ste Prinzessin Frankreichs bezeichnen. Allerdings
hatte auch diese neue Margot des 19. Jahrhunderts,
obwohl nun sympathische Heldin mit bürgerlich
melodramatischer Liebesgeschichte, nur wenig mit
ihrem realen Vorbild zu tun. Dumas' Roman erlebte
bis 1914 zwanzig Neuauflagen.

Daneben sorgte ein zünftiger Historiker dafür, daß
sich das alte frauenverachtende Bild Margarethas in

ebenfalls popularisierter Form noch eine Weile halten konnte. Es war Jules Michelet, der in seiner vielbändigen *Histoire de France*, die als eine Art Volksbibel angelegt war, durchgehend ein frauenfeindliches Geschichtsbild verbreitete. In seinem Band 12 von 1857 erneuerte er nicht nur die alten Anschuldigungen gegenüber Margaretha, sondern erfand sogar noch neue hinzu. Mit ihm sollte aber dieses unehrenhafte Kapitel der Historiographie endlich zu Ende gehen.

Margarethas Rehabilitierung war den Historikern des Positivismus im späteren 19. Jahrhundert vorbehalten. Die Legende von Königin Margot hatte sich nicht zuletzt auch deshalb bilden können, weil die Quellenbasis im 17. und 18. Jahrhundert eher schmal war. Bei den vielen Informationslücken stand der willkürlichen Deutung und Umdeutung deshalb kaum viel im Wege. Diese Situation änderte sich in der zweiten Hälfte des 19. Jahrhunderts mit den großen Quelleneditionen zur französischen Nationalgeschichte grundlegend. Die Historiker gingen über die Bücher und suchten in immenser, teils jahrzehntelanger Arbeit aus Bibliotheken und Archiven Briefe, Memoiren und Akten zusammen. Das historische Informationsgefüge erreichte schließlich mit den neu entstandenen kommentierten Ausgaben und Sammelwerken eine bislang nie dagewesene Dichte; die Geschichte der frühen Neuzeit mußte revidiert werden.

Für Margaretha von Valois besorgte diese Revision in erster Linie Graf Léo de Saint-Poncy (1887) mit seiner monumentalen zweibändigen Biographie *Histoire de Marguerite de Valois, reine de France et de Navarre*.* Das Werk ist nicht einfach eine Biographie, sondern vielmehr eine auf Faktenmaterial basierende minutiöse Rekonstruktion einer ganzen Epoche. Saint-Poncy erstellte erstmals und möglichst detailliert eine haltbare Chronologie von Margarethas Leben und widerlegte damit eine Vielzahl von Behauptungen und Spekulationen seiner Vorgänger als unmöglich oder falsch. So erwiesen sich viele der Margaretha nachgesagten Liebschaften, etwa mit La Molle, Turenne und anderen, eindeutig als Erfindungen. Auch Kinder hatte Margaretha nie gehabt. Ebenso war sie an der Ermordung de Guasts, wie das nahezu drei Jahrhunderte lang behauptet wurde, in keiner Weise beteiligt. Saint-Poncy konnte auch erstmals genau nachweisen, wer die falschen Anschuldigungen ursprünglich zu verantworten hatte. Es sind dies vor allem die zeitgenössischen Chronisten Théodore-Agrippa d'Aubigné und Pierre de L'Estoile sowie auch Pierre de Brantôme, der aber im Gegensatz zu den beiden ersten ohne böse Absicht einfach zu leichtgläubig weitergegeben hatte, was ihm von anderer Seite zugetragen wurde.

---

* Vgl. Literaturangaben am Schluß.

Die Hauptverantwortung schließlich für die späteren
historischen Verdrehungen unter Kardinal Richelieu
liegt bei Scipion Dupleix, der im Namen seines
Herrn aus damaliger Staatsraison nachweislich gelogen hatte.

Das Werk von Saint-Poncy blieb nicht allein. Ver-
gleichbare Arbeiten folgten auch für die andern Königinnen und Frauen der Renaissance, so daß sich das
neue Bild des 16. Jahrhunderts allmählich rundete
und sich an der Wende zum 20. Jahrhundert eine ad-
äquatere Sicht endlich durchsetzte. Den Schlußstand
dieser Forschungsphase dokumentieren für Margarethas Biographie die beiden Werke von Charles
Merki (1905) und Hugh Noel Williams (1907). Das
20. Jahrhundert konnte auf dieser soliden Basis wei-
terbauen. Als vorläufig letztes Werk der neueren Be-
mühungen, dem der Verfasser dieser Zeilen viel ver-
dankt, präsentiert sich die ausgezeichnete Arbeit von
Éliane Viennot: *Marguerite de Valois. Histoire d'une
femme, histoire d'un mythe* von 1993.

Zum Schluß ist auf den Text unserer Ausgabe sowie
auf Friedrich und Dorothea Schlegel einzugehen.
Ihre Übersetzung von Margarethas Memoiren gehört in den eben besprochenen historischen Zusammenhang. Schlegels Textedition von 1803 erfolgte
noch vor der genannten Popularisierung Margarethas und auch vor ihrer historischen Rehabilitierung

im späteren 19. Jahrhundert. Der vorliegende Text repräsentiert mithin – sieht man von unseren neu hinzugefügten Anmerkungen ab – den Forschungsstand des 18. Jahrhunderts. Vor allem aber dokumentiert er das zeitgenössische Interesse der Romantik an Mittelalter und Renaissance.

Ähnlich wie die Klassiker mit der Antike suchten auch die Romantiker ihr poetisches Ideal in der Ferne und der Fremde. Margarethas Memoiren waren für Schlegel deshalb gleich mehrfach interessant. Die Königin faszinierte ihn – wie er in seinem Vorwort schreibt – einerseits als eine in Vergessenheit geratene geheimnisvolle Fürstin aus zwar nicht allzu ferner, so doch «schwer zu ergründender Epoche». Andererseits glaubte Schlegel in Margarethas Memoiren Aufschluß über den «Charakter der französischen Nation» zu finden. Wie andere Romantiker auch begann sich Schlegel damals für den «Nationalcharakter» als geschichtsphilosophische Leitvorstellung zu begeistern. Die Parallelen zwischen den in den Memoiren berichteten Grausamkeiten der Glaubenskriege und den eben erlebten Geschehnissen der Französischen Revolution schienen Schlegel die nationalistischen Spekulationen zu bestärken.

Friedrich und Dorothea Schlegel waren nach dem Zerfall der Jenaer Frühromantik Ende Mai 1802 nach Paris gezogen, wo sie sich sowohl finanziell wie geistig eine Besserung ihrer Situation versprachen.

Während sich Schlegel auf seine indischen Studien konzentrierte, begann seine Frau Dorothea in seinem Auftrag und wohl wesentlich aus finanziellen Überlegungen einige Übersetzungen aus französischen Manuskripten und Drucken herzustellen. Die so entstandenen Arbeiten erschienen als Einzelbändchen zwischen 1802 und 1805 unter Friedrich Schlegels Namen. Man wußte lange Zeit nicht, daß Schlegels Frau Dorothea die Übersetzerin war. Dieser Sachverhalt ist für die damalige Zeit, die sich ansonsten überaus revolutionär gebärdete, durchaus typisch. Von Selbständigkeit und Gleichstellung der Frau konnte jedenfalls nicht die Rede sein. Auch Friedrich Schlegel, der immerhin die Zeitgenossen in seinem Roman *Lucinde* (1799) mit einer frivol-emanzipatorischen Liebesphilosophie schockiert hatte, bildet hierin keine Ausnahme.

Obwohl die eigentliche Übersetzungsarbeit also von Dorothea Schlegel stammt, ist dennoch auch Friedrichs Leistung nicht zu unterschätzen. Sie besteht in der Auswahl und Zusammenstellung der Textvorlagen sowie in der Einleitung und den kurzen Anmerkungen.

Der vorliegende Text in seiner Gesamtheit ist mithin ein Resultat partnerschaftlicher Zusammenarbeit.

Er umfaßt die folgenden Teile:

a. eine Vorrede von Friedrich Schlegel

b. «Aus der Notiz der französischen Herausgeber, nebst einigen Zusätzen aus der Lebensbeschreibung von Mongez.»

c. «Mémoiren der Margaretha von Valois, Königin von Frankreich und Navarra. An Brantôme.»

d. den Bericht eines unbekannten Autors über die verbleibenden Jahre der Königin von ihrem Leben am Hofe Heinrichs III. bis zu ihrem Tode 1615.

e. «Zusätze und Erläuterungen aus der Lebensbeschreibung von Mongez, und aus den Notizen der französischen Herausgeber der Memoiren.»

Der von den Schlegels erstellte Text darf insgesamt in seiner eigenwilligen Kombination von Memoiren und historischen Quellenfragmenten als originäres Zeugnis romantischer ‹Universalpoesie› gelten. Die Brüder August und Wilhelm Schlegel hatten das Konzept der Universalpoesie, das für die Romantik zentral wurde, um 1798 in Jena und Berlin zusammen mit Novalis entwickelt und in ihrer Zeitschrift *Athenäum* propagiert. Sie wollten die Gattungen der Literatur sprengen und mischen und in einer Art Gesamtkunstwerk Poesie und Bildungsstoffe aller Art vermengen, so daß aus der Verbindung heterogenster Elemente schließlich ein Spiegel der Zeit entstehen konnte. Der Anspruch dieses Programms erwies sich aber schon bald als utopisch. Allenfalls ansatzweise wurde er eingelöst in den späteren Werken Eichendorffs, Arnims und E. T. A. Hoffmanns, vereinzelt auch von Tieck und Brentano. Bei Schlegel und auch bei Novalis blieb es bei einzelnen Versuchen.

Die hier vorliegende Übersetzung und Edition der Memoiren Margarethas von Valois gehört zu den weniger bekannten und eher unspektakulären universalpoetischen Unternehmungen. Da das ursprüngliche Textmaterial nicht von den Schlegels stammt und deshalb an sich nicht romantisch ist, macht es unseren autor- und urheberzentrierten Vorstellungen große Mühe, überhaupt von einem romantischen Text zu sprechen. Trotzdem sollte man dies für das hier vorliegende Ensemble von Texten bedenkenlos tun. Neben Margarethas Memoiren, die für sich gesehen natürlich ein integrales eigenständiges Werk bleiben, fügen sich die zusätzlich von Schlegel eingearbeiteten historischen Quellen und Kommentare zusammen mit dem Haupttext zu einem insgesamt genuin romantischen Potpourri. Im universalpoetischen Sinne gehen dabei Gattungen durcheinander, Texte und Fragmente vermengen sich, und Leserinnen und Leser erhalten schließlich tatsächlich – wie Schlegel das wünschte – einen «Spiegel der ganzen umgebenden Welt, ein Bild des Zeitalters». Genau genommen sind es sogar mehrere Zeitalter, die sich ineinander brechen und spiegeln, denn es sind nicht nur die französische Renaissance und nicht nur die historische Forschung des 17. und

18. Jahrhunderts, die uns hier entgegentreten, sondern auch und vielleicht sogar in erster Linie das Weltbild des Romantikers, unter dessen Blick sich diese Welt als Text überhaupt erst fügt.

Zum romantischen Konzept der Universalpoesie gehörte auch das Übersetzen. Nicht nur Gattungen sollten von der romantischen Poesie gesprengt werden, sondern auch die Grenzen der einzelnen Sprachen und Kulturen. «Das Romantische selbst ist eine Übersetzung», schrieb Clemens Brentano in seinem Roman *Godwi* (1801). Ein gewichtiges Zeugnis der romantischen Übersetzungsbestrebungen bilden die heute noch bekannten epochalen Übersetzungen der Dramen Shakespeares von L. Tieck und A. W. Schlegel. Daneben hatten die Frühromantiker aber auch ein breites Spektrum unterschiedlicher Übersetzungskonzeptionen formuliert. Sowohl bei Friedrich Schlegel wie bei Novalis erfährt dabei das Übersetzen eine poetologische Ausweitung und erweist sich schließlich als Grundvorgang romantischer Poesie sowie als Chiffre für die angestrebte Romantisierung der Welt. Auch in diesem Sinne also steht Dorothea Schlegels genaue und wortgetreue Übersetzung für ein genuin romantisches Unternehmen.

Unsere Ausgabe gibt den Schlegelschen Text ungekürzt nach dem Erstdruck von 1803 in Leipzig wieder. Rechtschreibung und Zeichensetzung wurden behutsam modernisiert.

Anhang

ERLÄUTERUNGEN

Kursiv gesetzte Erläuterungen stammen aus Schlegels Ausgabe (1803), diejenigen in gewöhnlicher Schrift vom Herausgeber dieses Bandes.

1 Antoine Mongez: Histoire de la reine Marguerite de Valois, première femme du roi Henri IV. Paris 1777. Mongez verfaßte die erste größere Biographie über Margaretha von Valois und führte die verschiedensten Quellen zu ihrem Leben erstmals kritisch zusammen. Seine ausgewogene und wohlwollende Darstellung räumte zu einem großen Teil mit den Fehlurteilen und Diffamierungen auf, die von den Geschichtsschreibern des 17. und 18. Jahrhunderts über Margaretha verbreitet wurden. – Die folgenden einleitenden Notizen wie auch die an Margarethas Memoiren anschließenden Zusätze und Erläuterungen geben in etwa den Forschungsstand des späten 18. Jahrhunderts wieder. Da sie Bestandteil der Schlegelschen Übersetzung sind, werden sie hier als zum Text gehörend betrachtet und mitabgedruckt. In ihrer Mischung aus faktischen Informationen und zum Teil fragwürdigen und offen widersprüchlichen Wertungen bilden sie einen spannenden Kontrast zum zurückhaltenden und ausgeglichenen Ton von Margarethas Memoiren. – Zur kritischen Beurteilung der älteren Forschung vergleiche man die Erläuterungen und das Nachwort des Herausgebers dieses Bandes.

2 *Le Divorce Satyrique* (1607) ist eine Schmähschrift, die Scheidung der Ehe von Margaretha und Heinrich IV. betreffend. Das Pamphlet, leider ein kleines Meisterwerk seiner Gattung, diffamiert mittels pikanter Details Margarethas Lebensführung als sexuell ausschweifend und pervers. Die Zuschreibung an Théodore-Agrippa d'Aubigné (1552–1630) ist unsicher.

3 *Der erste Herausgeber dieser Memoiren war der Meinung, sie wären an den Baron von la Châtegneraie, Karl von Vivonne, gerichtet. Colomiez bewies, daß sie vielmehr an Brantôme, als Beantwortung seiner übertriebenen Schmeicheleien gerichtet sein müssen.* Brantôme, Pierre de Bourdeille (1535–1614) gehörte als Kammerherr zu den Höflingen Karls IX. Er überwarf sich mit Heinrich III. und mußte den Hof verlassen. Den Rest seines Lebens verbrachte er mit der Abfassung eines umfangreichen Vitenwerks, in dem er die französischen Könige und Königinnen des 15. und 16. Jahrhunderts und andere wichtige Persönlichkeiten des Hofes verehrend porträtierte.

Margarethas Lebensbeschreibung ist durch einen besonders panegyrischen Ton gekennzeichnet. So schreibt Brantôme in seinen *Vies des dames illustres* über sie: «Nie kann eine Göttin schöner gewesen sein als sie. Um ihre Schönheiten, ihre Verdienste und Tugenden zu verkünden, müßte Gott also die Welt verlängern und den Himmel höher emporziehen, in dem der Raum der Welt und des Luftkreises viel zu eng ist für den hohen Schwung ihrer Vollkommenheit und ihres Ruhms.»

4 Karl IX. (1550–1574), König seit 1563, war einer der vier Brüder Margarethas. In seine Regierungszeit fällt

das Blutbad der Bartholomäusnacht vom 23./24. August 1572, bei dem in Paris gegen 3000 Hugenotten ermordet wurden. Die Verantwortung für das Massaker trägt indes weitgehend die Königin Mutter, Katharina von Medici, die damals über die Köpfe der Valois hinweg die Politik Frankreichs bestimmte.

5 *Ein Stoß ins Auge mit einer Lanze tötete Heinrich den II. bei einem Turniere, den 10. Julius 1559.*

6 *Margaretha von Valois war den 14. Mai 1552 geboren, damals also sieben Jahre alt, Brantôme weiß sie wegen der zwei oder drei Jahre, die sie sich jünger macht, sehr artig zu entschuldigen; solche kleine Versehen, sagt er, begegnen der Eigenliebe ganz unbewußt.* Nach der heutigen Forschung wurde Margaretha am 14. Mai 1553 in Saint-Germain-en-Laye geboren.

7 Heinrich von Lothringen (1550–1588), Herzog von Guise, Führer der Katholiken gegen die Hugenotten, einer der Mitverantwortlichen für die Bartholomäusnacht, trat 1576 an die Spitze der Liga und wurde auf Betreiben Heinrichs III. als Feind der Krone ermordet.

8 Édouard Alexandre (1551–1589), dritter Sohn von Heinrich II. und Katharina von Medici, änderte seinen Namen 1564 in Heinrich; er war Herzog von Anjou (1566–1573), König von Polen (1573–74) und wurde als Heinrich III. König von Frankreich (1574–1589). Im Gegensatz zu ihren andern Brüdern hatte Margaretha bis auf die kurze Zeitspanne, die sie einige Seiten später beschreibt, zu Heinrich III. kaum je ein gutes Verhältnis. Sie nennt ihn in ihren Memoiren vorwiegend «von Anjou».

9 Das Kolloquium von Poissy fand 1561 statt. In der Folge hatten zwischen 1562 und 1598 nicht weniger als

acht Religionskriege Frankreich erschüttert. Das Königtum wurde dabei sowohl von den Hugenotten als
auch von den extremistischen Katholiken der Liga bedrängt. Spanien unterstützte die Herzöge von Guise,
die die Liga anführten, England die Hugenotten.

10 Margarethas jüngerer Bruder (1554–1584) hieß zuerst
Hercule, später Franz, genannt ‹Monsieur›; er war
Herzog von Anjou, ab 1566 Herzog von Alençon und
ab 1576 wieder Herzog von Anjou. Margaretha nennt
ihn in ihren Memoiren vorwiegend «von Alençon».

König Heinrich II. von Valois (1519–1559) und Katharina von Medici (1519–1589) hatten zehn Kinder:

a) Franz II. (1544–1560), ab 1559 König von Frankreich, vermählt mit Maria Stuart;

b) Elisabeth (1545–1568), Königin von Spanien, vermählt mit Philipp II. von Spanien;

c) Claudia (1547–1575), Herzogin von Lothringen,
vermählt mit Karl II., Herzog von Lothringen;

d) Ludwig (1549–1550), als Kleinkind verstorben;

e) Karl IX. (1550–1574), ab 1560 König von Frankreich, vermählt mit Elisabeth von Österreich;

f) Heinrich III. (1551–1589), Herzog von Anjou, König von Polen, ab 1574 König von Frankreich, vermählt mit Luise von Lothringen;

g) Margaretha (1553–1615), Königin von Navarra,
vermählt mit Heinrich IV., König von Navarra,
später König von Frankreich;

h) Hercule/Franz (1554–1584), Herzog von Alençon/Anjou, verlobt mit Königin Elisabeth I. von
England;

i) zwei Zwillingsschwestern, die bei der Geburt verstarben.

11 Margaretha richtet sich hier wie auch verschiedentlich
   später wieder an Brantôme, den Verfasser ihrer ersten
   Lebensbeschreibung. Frau von Dampierre war Brantômes Tante.

12 Brantômes Cousine Catherine de Clermont Dampierre, Herzogin von Retz, war eine der besten Freundinnen Margarethas.

13 1564–1566.

14 *Katharina von Medici nahm ihre Tochter mit auf der Reise
   durch die mittäglichen Provinzen des Königreichs. Die
   scheinbare Ursache dieser Reise war das Verlangen, ihre
   Tochter Elisabeth, Königin von Spanien, wiederzusehen;
   die bald darauf folgenden Kriege entdeckten aber die wahren
   Beweggründe davon; das enge Bündnis zwischen dem Hofe
   und den Guisen gegen die Colignys und die Montmorencys,
   welches damals befestigt ward, die langen geheimen Unterredungen der Königin Mutter mit dem Herzog von Alba, in
   welchen sie jene entsetzlichen Projekte entwarfen, die sechs
   Jahre nachher ausgeführt wurden, beweisen wohl zur Ge-
   nüge, daß es mehr Politik als mütterliche Zärtlichkeit war,
   die sie zur Reise bewog.*

   *Auf dieser Reise sah Margaretha zum ersten Mal den
   Prinzen von Navarra und den Herzog von Guise; beide
   zeichneten sich sehr vorteilhaft vor allen andern Prinzen und
   Herren aus; beide huldigten schon damals der jungen Prinzessin Margaretha, deren aufblühende Schönheit die Aufmerksamkeit des ganzen Hofes auf sich zog. Ihre Mutter
   war entzückt über das Lob, das ihrer Schönheit zuteil ward;
   mit Freuden sah sie ihre Tochter den Haufen der schönen
   Frauen vermehren, den sie, um ihre politischen Absichten zu
   unterstützen, um sich zu versammeln wußte.*

   Den Prinzen von Navarra erwähnte einer der Magistrats-

personen zu Bordeaux in drei verschiedenen Briefen, die
Herr von Gomberville bekannt gemacht und die wir hier mitteilen. «Wir haben hier den Prinzen von Béarn; eine schöne
Kreatur! Er ist dreizehn Jahre alt und besitzt alle Eigenschaften eines achtzehn- oder neunzehnjährigen Jünglings.
Er ist angenehm, artig und gefällig gegen jedermann, man
sollte glauben, er wisse noch gar nicht, wer er sei? Da ich ihn
aber sehr oft bemerke, so versichre ich Ihnen, daß er es recht
wohl weiß. Es drängt sich alles zu ihm, und er ist immer von
Menschen umgeben, weil er jedem verbindlich zu begegnen
versteht; dabei ist sein Anstand so edel, als es einem so großen Prinzen zukommt. Er führt jede Unterhaltung wie ein
gebildeter Mann. Was er sagt, ist immer das Rechte, und
wird etwas, das den Hof betrifft, gesprochen, so sieht man
wohl, wie er von allem aufs beste unterrichtet ist; er sagt
durchaus nichts, als was auf der Stelle, auf der er steht, gesagt
werden muß. Mein ganzes Leben durch werde ich diese neue
Religion hassen, weil sie uns eine so würdige Person ent-
führt. Ohne diese Erbsünde wäre er sicher der erste nächst
dem Könige, und man würde ihn sicher in kurzer Zeit an der
Spitze der Armeen sehen.»

«Der Prinz von Béarn erhält mit jedem Tage neue Verehrer, er schmeichelt sich auf eine unglaubliche Weise in alle
Herzen ein. Alle Männer achten und verehren und alle
Frauen lieben ihn; obgleich er rotes Haar hat, finden sie ihn
dennoch schön. Er sieht auch wirklich gut aus; er hat eine
sehr regelmäßige Nase, sehr sanfte Augen, eine braune, aber
frische Gesichtsfarbe, und seine ganze Gestalt ist von einer
so ungewöhnlichen Lebhaftigkeit beseelt, daß wohl ein be-
sondrer Unstern walten müßte, wenn er sich nicht sehr gut
mit allen Damen stehen sollte.»

«Wir haben das lustigste Karneval von der Welt. Der

*Prinz von Béarn hat unsre Damen dahin vermocht, sich zu
maskieren, und alle nach der Reihe müssen Bälle geben. Er
spielt gern und liebt die Fröhlichkeit. Fehlt es ihm an Geld,
so weiß er sehr geschickt welches aufzutreiben, und zwar auf
eine neue wohlgefällige Art; er sendet nämlich denen, die er
für seine Freunde hält, eine eigenhändig geschriebene und
unterzeichnete Verschreibung, mit der Bitte, ihm diese oder
die darin bestimmte Summe zurückzuschicken. Urteilen Sie
selbst, ob er irgendwo zurückgewiesen wird? Man rechnet es
sich sehr zur Ehre, eine solche Verschreibung von ihm zu
besitzen; man gibt ihm mit Freuden Geld, weil zwei Astrologen hier die Versicherung gegeben haben, dieser Prinz
würde einst der größte Monarch in Europa.»* –

15 *Die Insel Aiguemeau auf der Adour*

16 *Der Dauphin von Auvergne, nachmals Herzog von Mont-
pensier, einer der Ritter der Liebe, überreichte bei diesem
Feste an Margaretha eine allegorische Medaille; auf dieser
war ein Nest mit drei jungen Vögeln abgebildet, denen die
Mutter die Nahrung in den Schnabel reicht; ein Amor trug
dieses Nest in der rechten Hand, in der linken faßte er den
Bogen mit der Umschrift:* Aequus Amor. *Es war eine Anspielung auf die Liebe der Katharina von Medici für ihre drei
Kinder, die damals bei ihr waren, Karl der IX., der Herzog
von Anjou und Margaretha; der Herzog von Alençon war
bei seinen Lehrern zu Vivonne geblieben.*

17 Dritter Religionskrieg 1568–1570.

18 Es war am französischen Hofe zu jener Zeit üblich,
daß das Aufstehen und Zubettgehen offiziell von den
Höflingen begleitet wurde. Das «Kabinett» ist das
persönliche Wohnzimmer, das jedes Mitglied der königlichen Familie hatte; es ist mit dem Schlafzimmer
verbunden.

19 *Ludwig Béranger von Guast hatte damals sich des Vertrauens des Herzogs von Anjou bemeistert. Er mußte diese Ehre teuer büßen; sein tragischer Tod im Jahre 1575 wurde der Rache der Königin Margaretha zugeschrieben.*

20 *Die Liebe des Herzogs von Guise zur Margaretha war schuld, daß sie mit ihrem Bruder, dem Herzog von Anjou, zerfiel. Der Herzog von Guise hielt sich ihrer nicht unwert; er stammte mütterlicherseits von königlichem Geblüt und vereinigte mit allen Tugenden eines Helden die größte Liebenswürdigkeit des Geistes und des Körpers. In seinem zwanzigsten Jahre kommandierte er die Arriergarde der katholischen Armee zu Jarnac und hatte Poitiers gegen den erfahrenen Admiral Coligny mit außerordentlicher Tapferkeit und vieler Klugheit verteidigt. Von seinen Ahnen hatte er den Mut, die Ehrbegierde und die Menschenfreundlichkeit geerbt, die Aufmerksamkeit des ganzen Hofs Karls des IX. war auf ihn gerichtet, und Karl selber bezeugte ihm die größte Achtung. So große Vorzüge waren wohl fähig, der jungen Prinzessin Liebe einzuflößen; ihre Feinde behaupten, sie habe ihm nicht widerstehen können und er hätte nicht Ursache gehabt, sich über zu große Strenge bei ihr zu beklagen. Der Herzog von Anjou, als er von ihrer Neigung, die sie nicht genug zu verbergen wußte, Nachricht bekam, ward ganz wütend darüber; von der Zeit an nährte er den Haß und den Neid, der in der Folge den Abgrund zu den Füßen des Herzogs von Guise öffnete, in welchen beide sich hineinstürzten. Eine heimliche Ahndung bezeichnete ihm diesen Helden als den gefährlichsten unter seinen Mitbewerbern, in seinen Augen war es also ein unverzeihliches Verbrechen, diesen Mann zu lieben, und er war von dem Augenblick an der unversöhnliche Feind seiner Schwester. Auch diese Entzweiung ist in den Libellen der Zeit entsetzlich vergiftet*

worden. Man ging so weit, in der Unzufriedenheit des Herzogs von Anjou einen Ausdruck des Zorns bemerkt haben zu wollen, der nur dem beleidigten Geliebten* natürlich ist. Wie dem auch sei, Margaretha hatte vielen Verdruß und Leiden davon; sie selber gesteht in ihren Memoiren nichts über diese Liebe; entgehen kann es indessen nicht, daß der Herzog von Guise ihr nicht mißfiel. Ungeachtet sie aber diese unglückliche Neigung so zu verbergen wußte, so hatte der Herzog von Anjou doch nicht Unrecht, ihrer geheimen Verbindung mit den Guisen zu mißtrauen. Eine Frau hat kein Geheimnis für den Mann, den sie liebt. Karl der IX. ward endlich selbst von dieser genauen, laut gewordnen Verbindung unterrichtet.

21 Die heutige Forschung zweifelt nicht daran, daß Margaretha mit Guise damals ein Verhältnis oder eher einen Flirt hatte. Daß es sich hierbei aber um eine große Leidenschaft und den Beginn eines Lebens in schamloser Promiskuität gehandelt hätte, gehört der Legende an. In Margarethas Memoiren sind ihre Liebesbeziehungen kein Thema. Diese Leerstelle in Sachen Erotik ist für damalige Lebensbeschreibungen typisch und darf deshalb nicht als gezieltes Verschweigen oder als falsche Beschönigung angesehen werden.

22 *Sebastian, König von Portugal, ließ durch Gesandte bei Karl dem IX. um seine Schwester Margaretha anhalten. Dieser aber hatte während der Friedensunterhandlungen von 1570 den Protestanten und der Königin von Navarra die*

---

* Es gehörte zu den in Umlauf gebrachten Schmähungen, daß man der Königin Margaretha neben allgemeiner sexueller Freizügigkeit auch den Inzest mit ihren Brüdern vorwarf.

Verbindung von Margaretha mit dem jungen Prinzen von Navarra angetragen, weil er wichtige Vorteile von dieser Verbindung voraussah. Papst Pius V. erfuhr einiges von diesem Projekt auf Margaretha und schickte einen Legaten an den französischen Hof, der sich für den Antrag des Sebastian von Portugal interessieren sollte. Karl der IX. gab diesem Legaten unbestimmte Antworten, der Kardinal sagte ihm aber nach einiger Zeit, er dürfe keine befriedigende Antwort vom Hofe erwarten, weil Margaretha schon mit dem Herzog von Guise versprochen sei.

Der Legat hinterbrachte auf der Stelle der Königin Mutter und dem Könige die Worte und Projekte der Guisen. Karl der IX., der über alle Beschreibung argwöhnend und gegen die allerkleinste Beleidigung aufs äußerste empfindlich war, beschloß diese Verbindung auf jede Weise zu zerstören, sowohl weil sie ein Hindernis für seine politischen Absichten war, als weil er sie als eine Verunehrung seines Hauses ansah; in seinem Ungestüm überschritt er alle Grenzen der Mäßigung; sein unehelicher Bruder, Heinrich von Angoulême, Großprior von Frankreich, ward sogleich zu ihm gerufen: «Von diesen beiden Degen», rief er ihm zu, «ist der eine bestimmt, dich zu ermorden, wo du mit dem andern morgen auf der Jagd nicht den Herzog von Guise ermordest!» Dann redete er mit ihm ab, daß er sichre und entschloßne Leute mit sich nehmen und unter dem Vorwand eines Streites den Herzog auf der Jagd ermorden sollte. Der Großprior versuchte wirklich diesen Meuchelmord zu verüben, aber sein Mangel an Mut verhinderte die Ausführung, und als ihm der König seine Feigherzigkeit in harten Ausdrücken vorwarf, beschloß er diesem zu willfahren, es koste was es wolle; der Herzog von Guise wußte es aber zu verhindern. Er war von d'Entragues, dem Vertrauten des Königs, im Geheimen benachrichtigt, daß

man nach seinem Leben trachte, und er vermied daher alle
Jagdpartien. Da er aber fürchten mußte, den Argwohn und
die Wut des Königs nicht besänftigen zu können, wenn er
nicht eine andre Verbindung schlösse, so vermählte er sich
mit Katharina von Clèves, Witwe Antons von Croy, Fürsten von Porcien. Ihr zu Gunsten ward die Grafschaft Porcien oder Porcian zum Fürstentum erhoben. Diese Vermählung ward in aller Geschwindigkeit und Stille ohne alle Festlichkeit vollzogen; woraus der Hof auf die Genauigkeit des
Verhältnisses mit Margaretha schloß, da er ein so entschei-
dendes Mittel anwenden mußte, es zu endigen. Doch soll es
einem treuen Berichte zufolge zu dieser Zeit noch nicht völlig geendigt worden sein, der Herzog blieb ihr Anbeter bis zu
ihrer Vermählung mit dem Prinzen von Navarra. Es ist
vielleicht hier ein schicklicher Ort, etwas über den Charakter
Karls des IX. zu sagen. Die Historiker waren stets zu sehr
bemüht, das abscheuliche Blutbad, das unter seinem Namen
angerichtet worden ist, der mit großem Recht so verhaßten
Katharina von Medici allein zuzuschreiben; diese scheinen
aber den Charakter Karls des IX. nicht genug studiert zu
haben. Im Anfange seiner Regierung gab er einen schwachen
Schimmer von Hoffnung, er war aber von Natur hart, ungestüm und blutdürstig. Bis auf seine Ergötzlichkeiten trug alles das Gepräge seines wilden Gemüts; er wollte einst einen
Herrn seines Hofes, mit dem er gespielt hatte, umbringen,
dieser hatte noch eben Zeit, sich in ein Kabinett zu retten und
die Türe hinter sich zu verschließen. Die beabsichtigte Ermordung des Herzogs von Guise kann uns zur Bestätigung
dieses Gemäldes dienen. Nach diesen Beispielen darf man
wohl voraussehen, daß Karl der IX. niemand brauchte als
sich selbst, zu dem Plan, eine Million seiner Untertanen in
einer Nacht zu ermorden.

23 *Margaretha erzählt die Vermählung des Herzogs von Guise
nicht ganz ebenso; sie schreibt es sich selber zu, sie zustande
gebracht zu haben, aber ihre Memoiren weichen von allen
andern der Zeit ab; überhaupt wußte sie manche Stelle ihres
Lebens geschickt zu umgehen.*

24 *Philipp II.*

25 *Unter dem nichtigen Vorwande, die Prinzessin Margaretha
sei noch zu jung, wurden die portugiesischen Gesandten zurückgeschickt. Kaiser Maximilian II. hielt nochmals für Ru-
dolph, König von Ungarn, um sie an. Aber ihr unglück-
licher Stern widersetzte sich dieser Verbindung, durch welche
sie glücklich und zufrieden geworden wäre; sie war unwiderruflich dem Prinzen von Navarra bestimmt; Karl IX. schlug
jedes andre Gesuch um sie eigensinnig und unerbittlich ab,
weil jene Verbindung in seine politischen Absichten paßte,
und Margaretha mußte ihre Unzufriedenheit und ihren
Schmerz in sich verschließen.*

*Pibrac hat die Bemerkung gemacht, daß die Gemahlinnen
der Könige von Navarra nie glücklich und ruhig und nie mit
ihren Gemahlen in Einigkeit gelebt haben. So war Ludwig
Hutin, König von Frankreich und Navarra, und Margaretha von Burgund, die er wegen ihrer Ausschweifungen
einsperren und hernach erdrosseln ließ. Philipp der Lange,
König von Frankreich und Navarra, und Johanna von Burgund, die genötigt war, sich durch einen Eid von beschimpfenden Beschuldigungen zu reinigen. Karl der Schöne, König von Frankreich und Navarra, und Blanka von Burgund,
die er wegen ihrer schlechten Aufführung verließ und ein-
sperrte. Heinrich d'Albret, König von Navarra, und Margaretha von Valois, Schwester Franz I., die von ihrem Gemahl übel behandelt ward und noch mehr hätte leiden müssen, wenn er nicht ihren Bruder, den König, gefürchtet hätte.*

Endlich Anton von Bourbon, König von Navarra und Vater
Heinrichs IV., der ganz getrennt von seiner Gemahlin, Jo-
hanna d'Albret, lebte. Margaretha von Valois, Gemahlin
Heinrichs IV., beschließt und vollendet diese traurige Reihe.

26 Heinrich IV. (1553–1610) aus dem Hause Bourbon,
    seit 1572 König von Navarra und seit 1589 König von
    Frankreich. Er war mit Margaretha von Valois zwi-
    schen 1572 und 1599 vermählt, ließ diese erste Ehe
    annullieren und heiratete 1600 Maria von Medici
    (1573–1642). Margaretha beginnt mit der Nieder-
    schrift ihrer Memoiren im Jahre 1594.

27 *Die Königin von Navarra war nach den Schwierigkeiten,*
    die ihr einige Minister machten, sehr in Zweifel geraten; sie
    schrieb an mehrere verständige und gelehrte Protestanten so-
    wohl in Frankreich als auswärts und bat sie dringend, ihr zu
    sagen, ob diese Vermählung sich mit dem Frieden der Kirche
    und ihres Gewissens vertrüge. Die Antworten, welche sie
    erhielt, waren ebensoviel Zeugnisse der verschiedenen Mei-
    nung eines jeden. Die, welche nichts gründlich untersuchten
    und nur den augenblicklichen Frieden vor Augen hatten, wa-
    ren für diese Verbindung und baten die Königin, sie zu be-
    schleunigen. Andre aber, die mehr in den Geist des Hofes
    eindrangen, hegten gerechten Argwohn. Sie beschworen Jo-
    hanna d'Albret, sich an die Verdrießlichkeiten zu erinnern,
    welche der König, ihr verstorbener Gemahl, am französi-
    schen Hofe erlitten hatte; daß sie nicht vergessen möchte, daß
    Katharina von Medici niemals verzeihe und nicht aufhöre,
    den König mit den tödlichsten Feinden der Protestanten zu
    umgeben. Sie unterstützten von beiden Seiten diese Mei-
    nung mit vielen Gründen, sowohl theologischen als politi-
    schen, und Johanna d'Albret ward nur noch unentschlossener
    durch diese Verschiedenheit der Meinungen. Ihr Kanzler

*Francourt aber, der Admiral, der Marschall von Cossé und
die andern Häupter der Partei machten durch ihr wiederhol-
tes Anliegen, daß sie sich auf die Seite des Hofes neigte, und
die Briefe des Königs und der Königin Mutter befestigten
ihren Entschluß. Der Hof bezeigte ihr das größte Zutrauen
und überließ es völlig ihr allein, alles zu bestimmen und zu
ordnen. Ihr Schicksal wollte es so, daß sie ihrem Unglück
freiwillig entgegengehen sollte. Sie suchte ihre Zweifel, ihre
Furcht, ihre Kenntnis der italienischen List zu vergessen,
reiste zum Leidwesen aller Einwohner von la Rochelle ab
und begab sich mit einem großen Gefolge nach Blois, wo sich
der französische Hof befand. Die Liebkosungen, mit denen
sie dort empfangen ward, sind nicht zu beschreiben. Karl IX.
studierte recht darauf, ihr alle nur erdenkliche Beweise der
Freundschaft zu geben. Er nannte sie seine liebe Tante, seine
gute Tante, sein Alles, seine Vielgeliebte; und nachdem er
von ihr ging, sagte er zur Königin Mutter: «Nun, spiele ich
meine Rolle nicht gut?» – «Recht gut», erwiderte diese,
«aber das Ende muß erst alles krönen!»*

*Während des Aufenthalts des Hofes zu Blois wurde das
Osterfest mit allem Glanz und aller ausschweifenden Pracht
gefeiert, von welcher Katharina beständig umgeben war.
Brantôme gibt uns ungefähr eine Idee davon, indem er beschreibt, wie Margaretha am Palmsonntage bei der Prozession geschmückt war. «Ich sah sie bei der Prozession, sie war
so schön, als man nie wieder auf der Welt etwas so Schönes
sehen wird; denn außer der Schönheit ihres Gesichts und
ihres hohen, schön gebauten Körpers war sie sehr reich und
prächtig gekleidet und herrlich geschmückt. Ihr schönes An-
gesicht glich dem Himmel in seiner freudigsten heitersten
Klarheit, und ihr Kopf war von einer solchen Menge großer
Perlen und glänzender Diamanten und andern Edelsteinen*

*in der Form von Sternen geschmückt, daß man wohl sagen
konnte, die natürliche Schönheit des Gesichts und die künst-
liche der Sterne stritten mit dem gestirnten Himmel um den
Preis der Schönheit. Ihr schöner Leib und ihr reicher hoher
Wuchs waren in Goldstoff gekleidet, der vortrefflichste und
reichste, den man je in Frankreich gesehen; es war ein Geschenk des Großsultans an den französischen Gesandten,
Herrn von Grand-Champ; es ist seine Gewohnheit, den
Gesandten der großen Höfe ein solches Stück von fünfzehn
Stab zu schenken; dieser Grand-Champ sagte mir: der Stab
habe hundert Taler gekostet, denn es war ein rechtes Meisterwerk. Bei seiner Zurückkunft in Frankreich wußte Grand-
Champ diesen prächtigen Stoff nicht besser anzuwenden, als
daß er ihn an die Prinzessin Margaretha überreichte, damit
er, von ihr getragen, nach seinem vollen Wert gewürdigt er-
scheine. Sie ließ sich ein Kleid davon verfertigen und trug es
an diesem Tage zum ersten Mal, und es stand ihr ganz un-
vergleichlich schön. Sie trug es den ganzen Tag, obgleich es
sehr schwer war; ihr schöner, starker, reicher Wuchs konnte
es wohl ertragen; wenn sie ein schwacher, kleiner, spannlan-
ger Knirps gewesen wäre, so wie ich selbst wohl solche Damen gesehen habe, sie wäre unter der großen Last eingesun-
ken, oder sie hätte müssen, wie es viele andre tun, ein anderes
Kleid anziehen. Und wie sie nun so nach ihrem Rang mit der
Prozession ging, das Gesicht unbedeckt*, um die Welt an
diesem schönen Tage nicht ihres schönsten Lichtes zu berauben; in der einen Hand die Palme tragend (so wie es von
jeher bei unsern Königinnen Gebrauch ist), mit königlicher*

---

* Zu ihrer Zeit trugen die Damen gewöhnlich Masken, wenn sie ausgingen

Majestät, mit hoher sanfter Anmut und auf eine ihr ganz eigentümliche Weise, die von allen andern verschieden war, so hätte gewiß ein jeder, auch ohne sie zu kennen, gesagt: Diese Prinzessin übertrifft alle andern! Wir Hofleute riefen auch alle einstimmig: Diese Prinzessin mag wohl die Palme tragen, denn sie übertrifft jede andre an Schönheit, Anmut und Vortrefflichkeit! Bald aber begegnete man der Königin von Navarra nicht mehr so freundlich und zuvorkommend, als anfangs geschehen war; Katharina war nun sowohl der Häupter der Protestanten als der Begierde des Prinzen von Navarra, sich mit Margaretha zu vermählen, sicher geworden, sie tat sich also weniger Gewalt an und ließ die Königin von Navarra die kränkendsten Demütigungen erfahren. Diese erklärte sich gegen ihren Sohn darüber in dem folgenden Briefe, worin sie ihn abzuraten scheint, Béarn zu verlassen. Laboureur sagt: «In diesem Briefe stehen sehr sonderbare Dinge das unsittliche Leben am Hofe betreffend, welche sichtbar die Absicht Gottes rechtfertigten, das Haus der Valois im Feuer des Bürgerkrieges zu zerstören und durch ein und dasselbe Mittel das Reich wieder herzustellen und zu vereinigen.»

«Mein Sohn, ich bin hier in großen Nöten und dermaßen aufs äußerste gebracht, daß ich viel leiden müßte, wenn ich mich nicht vorgesehen hätte. Ich sende Dir den Boten in großer Eil, wodurch ich verhindert werde, Dir wie das vorige Mal einen weitläufigen Bericht zu erstatten; ich kann ihm nur kurze Memoiren und Zettel mitgeben, das Ausführliche mag er Euch mündlich sagen. Ich hätte Euch wohl Richardieren senden können, er ist aber zu ermüdet, auch könnte er wohl diesem Boten, welchen ich wegen verschiedener Dinge besonders sende, bald folgen dürfen, da die Sachen sich so wenden und sich verhalten. Ich muß jetzt ganz anders unter-

*handeln, als ich erst hoffen durfte nach den Versprechen, die
ich erhielt. Man läßt mich weder mit dem Könige noch mit
der Prinzessin sprechen, sondern mit der Königin Mutter
allein; und diese begegnet mir sehr zweideutig und sehr
spitz, so wie der Bote es Euch auch mündlich erzählen wird.
Monsieur Herzog von Anjou begegnet mir sehr zutraulich,
aber immer halb scherzhaft, halb verstellt, wie Ihr ihn schon
kennt. Die Prinzessin sehe ich nie, außer bei der Königin,
von welcher sie sich nicht entfernt; sie geht nicht eher in ihr
Zimmer, als zu einer für mich sehr unbequemen Stunde, und
selbst dann rührt Frau von Curton sich nicht von ihrer Seite,
so daß ich ihr gar nichts sagen kann, was diese nicht hören
soll. Euren Brief habe ich ihr noch nicht zeigen können, aber
es soll gewiß bald geschehen. Ich sagte ihr davon, sie ist sehr
zurückhaltend und antwortet mir immer in allgemeinen
Ausdrücken des Gehorsams und der Achtung gegen mich und
Euch, als Eure künftige Gemahlin.*

*Da ich nun sehe, mein Sohn, daß nichts vorwärts rückt
und daß man mich dahin bringen will, die Sachen zu übereilen,
anstatt sie ordentlich zu führen, so habe ich schon dreimal
mit der Königin davon gesprochen; aber diese verspottet
mich nur und sagt, wenn ich den Rücken wende, den Leuten
ganz etwas anders wieder, als was ich ihr sagte; so daß meine
Freunde mich hernach darüber tadeln, und doch kann ich die
Königin keiner Unwahrheit zeihen; denn wenn ich zu ihr
spreche: ‹Gnädige Frau, es heißt, ich habe Euch diese oder
jene Worte gesagt›, so leugnet sie es geradezu ab, obgleich sie
recht wohl weiß, daß es durch sie herkommt, lacht mir gerade
ins Gesicht und behandelt mich auf eine Weise, daß ich
wahrlich so viel Geduld brauche als Griseldis. Sage ich ihr
meine Ursachen, warum ich glaube, sehr entfernt von den
schönen Hoffnungen zu sein, die sie mir gegeben, und denke*

dann auf eine gute Art mit ihr zu unterhandeln, so leugnet sie
alles ab. Der Überbringer wird Euch die Memoiren solcher
Unterredungen geben, aus denen Ihr meine ganze Lage beurteilen könnt. Geh ich dann von ihr, so finde ich einen
Schwarm Hugenotten, die mehr in der Absicht zu spionieren
als mir beizustehen, mich von den Anführern und von Leuten unterhalten, denen ich hernach wieder viele Reden führen
muß, welches ich doch wieder ohne Streit nicht ausweichen
kann. Andre sind mir wieder auf eine andre Art hinderlich,
die ich mir aber, so gut ich kann, vom Halse schaffe; das sind
nämlich die Hermaphroditen der Religion. Ich kann nicht
sagen, daß ich ohne Ratgeber bin, denn jeder erteilt mir einen
andern. Da die Königin nun sieht, wie sehr ich schwanke, so
behauptet sie, sich nicht mit mir vergleichen zu können, und
verlangt, daß einige von den Eurigen sich versammeln und
Mittel finden sollen. Sie hat mir die genannt, die von beiden
Seiten dazu ernannt werden sollen. Es geschieht alles nur
durch die Königin, und darum, mein Sohn, schicke ich Euch
in Eil diesen besondern Boten. Ich bitte Euch, sendet mir
meinen Kanzler, denn ich habe hier keinen Menschen, der so
viel wüßte und bewerkstelligen könnte als dieser. Ich muß
sonst alles verlassen, denn bisher bin ich nur durch das Versprechen herumgeführt worden, daß die Königin sich mit mir
vergleichen würde. Aber sie tut nichts als spotten, will von
der Messe nichts ablassen, von der sie niemals so als jetzt
gesprochen hat. Von der andern Seite verlangt der König,
daß ich an ihn schreiben soll. Sie haben mir erlaubt, daß ich
mir darf Geistliche kommen lassen, um mir Rats bei ihnen
zu erholen. Ich habe nach den Herren von Espina, von Mer-
lin und nach einigen andern geschickt, die ich befragen will.
Euch bitte ich zu bemerken, daß man Euch durchaus hier
haben will; überlegt Euch das, wenn der König darauf be-

*stände, wie man sagt, das wäre mir sehr unlieb. Sollte Herr
von Francourt Schwierigkeiten machen, herzukommen, wie
ich ihn darum ersucht habe, so bitte ich Euch, mein Sohn, ihn
dazu zu überreden und es ihm zu befehlen. Gewiß, Ihr würdet mich bedauern, wenn Ihr meine Not kenntet! Es begegnen mir harte Dinge hier; anstatt ernsthaft mit mir zu unterhandeln, so wie das Geschäft es eigentlich verdient, höre ich
nichts als Spöttereien und leere Worte; da ich es mir nun zum
Gesetz gemacht habe, mich nicht aufbringen zu lassen, so
habe ich viel Geduld nötig, auch ist meine Geduld ein wahres
Wunder; ich werde ihrer immer mehr bedürfen, das weiß ich
gar wohl; wenn ich nur nicht erkranke, denn ich fühle mich
gar nicht wohl!*

*Euer Brief ist ganz nach meinem Wunsch; sobald es mög-
lich ist, werde ich ihn der Prinzessin zeigen; was ihr Porträt
betrifft, so will ich es von Paris holen lassen. Sie ist schön,
anmutig und sehr verständig, aber in der verderbtesten, ver-
ruchtesten Gesellschaft auferzogen, die jedem etwas mitteilt,
der hineingerät. Eure Muhme, die Marquise von Conti, ist
so durch diese Gesellschaft verändert, daß sie nicht einmal
mehr den Schein unsrer Religion hat, ausgenommen, daß sie
keine Messe hört; diese Abgötterei ausgenommen, ist ihre
übrige Lebensart ganz wie die der Papisten. Die Prinzessin,
meine Schwester*, macht es noch ärger; dies schreibe ich
Euch im Vertrauen! – Der Überbringer wird Euch erzählen
von des Königs Ausgelassenheit; es ist zum Erbarmen! Ich
wollte um keinen Preis, daß Ihr hier bleiben müßtet, darum
wünsche ich es sehr, Euch vermählt zu sehen und daß Ihr
Euch mit Eurer Frau aus dieser Verderbnis zurückzieht, die
ich noch größer finde, als ich sie vermutete. Hier werben die*

---

* Margaretha von Bourbon, Herzogin von Nevers

Männer nicht um die Frauen, sondern die Frauen werben um die Männer; wärt Ihr hier, so könntet Ihr ohne die besondre Gnade Gottes gar nicht davon loskommen. Ich sende Euch einen Strauß, ihn auf das Ohr zu stecken, weil Ihr verkauft werden sollt, und Knöpfe zu einer Mütze. Die Männer tragen jetzt viele Edelsteine. Für hunderttausend Taler sind schon für Euch angeschafft, und es sollen täglich mehr gekauft werden. Man sagt, die Königin ginge mit Monsieur nach Paris. Wenn ich noch hier bleibe, so gehe ich nach dem Vendômois. Ich bitte Euch, mein Sohn, sendet mir den Boten gleich zurück, und in Eurem Briefe an mich setzt: daß Ihr nicht an die Prinzessin schreiben dürft, aus Besorgnis, sie zu erzürnen, weil Ihr nicht wißt, wie sie Euren ersten Brief aufgenommen hat.

Ich bleibe bei meiner Meinung, daß Ihr wieder zurück nach dem Béarn müßt. Mein Sohn, Ihr habt aus meinem vorigen Briefe wohl schließen können, daß man im Sinne hat, Euch zu trennen von Gott und von Eurer Mutter. Dieser Brief enthält nicht das Gegenteil, und Ihr könnt wohl denken, wie besorgt ich um Euch bin. Ich bitte Euch, betet zu Gott, denn Ihr habt seinen Beistand jeder Zeit, und besonders jetzt, recht sehr nötig; so wie ich für Euch zu ihm bete. Er gebe Euch, mein Sohn, alles was Euer Herz wünscht.

Blois, den 8. März.

Eure gute beste Freundin

Johanna

P. S. Mein Sohn, seit ich diesen Brief geschrieben, habe ich der Prinzessin gesagt, was in Eurem Briefe steht, denn Ihr den Brief selber zu geben, fand ich nicht tunlich. Darauf sagte sie: Man wisse ja wohl, daß, eh' noch von irgend etwas die Rede war, sie stets dem Glauben, in welchem sie geboren

sei, sehr angehängt habe. Darauf antwortete ich ihr, daß die-
jenigen, die diese Sache zuerst betrieben, nichts davon er-
wähnt hätten, sondern im Gegenteil mir die Sache wegen der
Religion als etwas Leichtes vorstellten, als etwas, wozu sie
selber Neigung habe; ich würde sonst gar nicht so weit gegan-
gen sein, ich bäte sie also sehr, es zu überlegen. Ehemals hat
sie nie weder so hart noch bestimmt geantwortet; ich glaube,
sie sagt nichts, als was man für gut findet, sie sagen zu las-
sen; so wie auch alles, was man von ihrem Verlangen zu
unsrer Religion behauptete, nur geschah, um uns zu betrü-
gen. Ich verliere keine Gelegenheit, etwas aus ihr hervorzu-
locken, was mich befriedigen könnte. Auf den Abend fragte
ich sie, ob sie Euch nichts zu bestellen habe? Sie schwieg aber
ganz still, und als ich in sie drang, sagte sie, sie dürfe ohne
Erlaubnis Euch nichts bestellen lassen; sonst ward mir aufge-
tragen, sie Euch zu empfehlen und daß Ihr herkommen müß-
tet! Ich aber sage Euch das Gegenteil.»

Ohngeachtet ihrer Ahndungen und ihres Widerwillens,
konnte die Königin von Navarra dennoch nicht der List des
Hofes entgehen, und der Heirats-Kontrakt ward zu Blois
den 11. April unterzeichnet. Karl IX. verspricht seiner
Schwester darin dreimal hunderttausend Taler; die Königin
Mutter zweimal hunderttausend, die Herzoge von Anjou
und von Alençon jeder fünfundzwanzigtausend. Das Wit-
wengehalt ward auf vierzigtausend Livres jährlicher Renten
bestimmt, nebst dem Schloß Vendôme mit den Möbeln zur
Wohnung. Johanna d'Albret verschrieb ihrem Sohn darin
den Nießbrauch und die Nutzung der obern und niedern
Grafschaft Armagnac und überließ ihm zwölftausend Livres
von ihrem Witwengehalt, die sie von der Grafschaft Harle
hatte. Der Kardinal von Bourbon gab auch aus Freundschaft
für seinen Neffen, den Prinzen von Navarra, alle Rechte

*auf, die ihm als Bourbon zukamen, und ernannte ihn zum
ältesten rechtmäßigen Erben des Hauses.*

*Margaretha zeigte sich nach und nach etwas geneigter ge-
gen den Prinzen von Navarra; es sei, daß die Bitten seiner
Mutter sie bewegt oder daß die Heftigkeit des Königs sie erschreckt hatte oder auch, daß sie befürchtete, den Lärm wegen
des Herzogs von Guise wieder aufs neue zu erregen, wenn
sie länger sich weigerte. Johanna d'Albret reiste sogleich
nach Paris, um Anstalten zur Vermählung zu treffen und
den kostbarsten Schmuck und die schönsten Kleinodien zu
kaufen. Sie wohnte in Paris im Hause des Bischofs von
Chartres, Johann Guillart, der sich öffentlich für den Protestantismus erklärt hatte. Sie war kaum angelangt, so durch-
lief sie alle Magazine, kaufte Kleinodien und tausend
Kleinigkeiten, mit denen der französische Hof sich gern
schmückte.*

*Diese Beschäftigung konnte aber ihren innern Gram nicht
zerstreuen. In dem Briefe an ihren Sohn ist es sichtbar, wie
gepreßt ihr Herz war; hätte sie einen Schritt zurück tun
können, so wäre diese Verbindung gewiß nie zustande gekommen. Sie sah die traurigen Folgen voraus und erhielt
täglich die erschreckendsten Winke. Diese wiederholten heftigen Erschütterungen rissen sie mitten in ihrer Laufbahn dahin. Sie starb am 9. Juni in ihrem 44. Jahre. Ihre gleichzeitigen Geschichtsschreiber verbreiteten vielerlei Volksgerüchte
über die Ursache ihres Todes; es hieß, sie wäre durch den
Geruch vergiftet worden, von einem Paar wohlriechenden
Handschuhen, die sie von dem Italiener René, einem Anhänger der Königin Mutter, gekauft hatte. Der einzige
d'Aubigné gibt diese Sage für Gewißheit aus und stützt sich
einzig nur auf die Weigerung der Ärzte, ihr Gehirn zu untersuchen, als auf Befehl des Königs ihr Leichnam geöffnet*

wurde. Man darf d'Aubignés Aussage verwerfen, wegen seiner Parteilichkeit für den Protestantismus. Außerdem gibt es
keine Gründe, warum Johanna d'Albret nicht eines natürlichen Todes gestorben sei. Ihre Sorgen und der vielfache
Verdruß waren genug Ursachen des Todes.

Keine Fürstin verdiente es mehr beweint zu werden als
diese! Sie zeigte in ihrem sehr unruhevollen Leben einen
unerschrocknen Geist und unüberwindlichen Mut. Sie war
ihrer Religion sehr ergeben und sparte weder Mühe noch
Reichtümer, um sie zu unterstützen. Nach Biscajen, welches zu dem Königreich Navarra gehörte, schickte sie Prediger, welche die baskische Landessprache redeten, um das
Volk zu unterrichten, und ließ die Genfer Gebetbücher in
diese Sprache übersetzen. «Eine sehr geistreiche Fürstin!»
sagt Mathieu von ihr, «sehr kunstreich in allen schönen Erfindungen; sie liebte die Dichtkunst, machte selbst gute
Verse, besaß ein starkes Gedächtnis, konnte die Psalmen
auswendig hersagen und wußte jedesmal genau die Zahl des
Verses. Ihre Prediger erteilten ihr die Erlaubnis, während
der Predigt ihre Stickerei zu verfertigen, damit sie nicht einschlafe; und ihr Gedächtnis war so stark, daß sie hernach die
ganze Predigt Wort für Wort auswendig wußte.»

Nach dem Tode des Prinzen Condé sah sie ohne Erschrekken ihre Partei beinah völlig niedergeworfen, die ganze
Macht des Königs gegen sich gewendet und den Haß der Katholiken gegen ihren Sohn entflammt. Ungeachtet aller dieser Gefahren sah man sie mutig ihr Land verlassen, ins Lager eilen, ihr Leben, ihre Güter, ja ihren Sohn preisgeben,
um die Sache der Protestanten zu verteidigen, ihre Häupter
anzufeuern und zu unterstützen, und endlich sich ihrer Länder und ihres kostbarsten Eigentums entäußern. Sie erklärte
in ihrem Testamente ihren Sohn zum einzigen rechtmäßigen

Erben, empfahl ihm, Gott zu fürchten, dem Könige zu dienen, seinen Vetter den Prinzen von Condé zu lieben, dem
Rat des Admirals Coligny zu folgen, seinen Glauben nie zu
verlassen und auf keine Weise zuzugeben, daß seine Schwester Katharina an einen Mann von einer andern Religion
vermählt würde. Dann starb sie ruhig, von ihren Geistlichen
umgeben. So war das Ende dieser Fürstin. Sie war, sagte
d'Aubigné, bloß dem Geschlechte nach eine Frau; ihr Geist
war der eines Mannes; ihr Verstand mächtig in großen Dingen und ihr Herz unüberwindlich im Unglück.

Wegen der Trauer um die Königin Johanna ward die Vermählung noch aufgeschoben; diese Zeit benutzte der geheime
Rat, die Maschine ins Werk zu setzen. Man schmeichelte
dem Admiral, den man mit den andern Häuptern der Protestanten fangen wollte, mit dem Generalgouvernement, das er
in dem flandrischen Kriege zu haben wünschte; und schrieb
ihm Briefe über Briefe, so daß er sich gegen die Wünsche und
den Willen seiner Freunde, wie von seinem Schicksal gezogen, überreden ließ, Châtillon zu verlassen und an den Hof
zu gehen. Als er zu Pferde steigen wollte, kam eine Bäuerin
aus Châtillon eiligst gelaufen, warf sich zu seinen Füßen
und umfaßte sie: «Ach mein guter Herr!» rief sie, «wo geht
Ihr hin in Euer Verderben? Wir sehen Euch nie wieder,
wenn Ihr nach Paris geht, denn dort müßt Ihr sterben, sowohl Ihr als alle, die mit Euch sind. Wenn Ihr nicht Mitleid
habt mit Euch selber, so habt Mitleid mit Eurer Gemahlin,
mit Euren Kindern und mit den vielen guten Leuten, die mit
Euch gehen und Eurentwegen sterben werden.» Als er sie
zurückstieß und sie wahnwitzig nannte, wandte sie sich zur
Frau von Coligny und beschwor sie, ihren Mann abzuhalten, daß er nicht nach Paris reise, denn sie könnte versichern,
daß er nie wieder zu den Seinigen kehren und Schuld an dem

Tod von mehr als Zehntausenden sein würde. L'Etoile hat
dieses von einem gehört, der dabei war.

Die Handschrift, die den französischen Drucken der
Memoiren als Vorlage dient, hat oben im Text an dieser
Stelle eine Überlieferungslücke; die Mitteilungen über
Jeanne d'Albret, die Mutter Heinrichs von Navarra,
fallen deshalb bei Margaretha relativ spärlich aus.

28 *Der Admiral und die Fürsten, welche nach ihm kamen, wur-*
den sehr wohl am Hofe aufgenommen. Die Trauerkleider, in
welchen sie ihren Einzug hielten, wurden von vielen für eine
traurige Vorbedeutung gehalten. Um sie in ihrem Zutrauen
einzuschläfern, ließ der König im ganzen Reiche aufs neue
die Bestätigung des Friedens bekanntmachen; bei allen Gele-
genheiten gab er ihnen mehr, als sie verlangten, und sagte
dann zu seinen Günstlingen: «Ich locke die Vögel wie der
Falkonier.» Man sprach sogar ganz laut bei Hofe davon,
daß die Livreen am Hochzeittage rot sein würden und daß
mehr Blut dabei vergossen werden sollte. Der Kardinal von
Bourbon fand irgend etwas nicht recht bestimmt in dem
Päpstlichen Breve von Gregorius XIII.; er schickte es noch
einmal zurück, um es gehörig ändern zu lassen. Der König,
ganz ungeduldig über diesen Aufschub, sagte zu dem Admi-
ral in einem Ton, der scherzhaft sein sollte, der aber seinen
Grimm verriet: «Der alte Scheinheilige mit seinen Heuche-
leien bringt meine dicke Schwester Margot um viel Zeit.»
Der Eifer des Königs und seine Eil hätten den dunkeln Ge-
rüchten über jene blutigen Absichten mehr Gewicht geben
müssen, aber er diente im Gegenteil vielmehr, sie zu zer-
streuen und die Protestanten dergestalt zu blenden, daß sie
alle Winke verachteten, die sie von allen Seiten erhielten,
sowohl über die Gefahr, in welcher sie in Paris wären, als
über die Truppen, welche die Guisen zusammenzogen, und

endlich bestimmt über den entsetzlichen Ausgang der Hoch-
zeitfeste. «Das sind Träume, Wahnwitzige», sagte dann
der Admiral, «ich bin ganz fest entschlossen, die Katastro-
phe abzuwarten; lieber will ich mich durch die Straßen von
Paris schleifen lassen, als einen vierten Bürgerkrieg veran-
lassen!»

29 *Der König von Frankreich, der König von Navarra, die*
    Herzöge von Anjou und von Alençon und der Prinz von
    Condé trugen Uniformen, Kleider von blaßgelbem Atlas,
    mit Perlen und Edelsteinen reich gestickt. Es ward bemerkt,
    daß, ausgenommen den Bräutigam, alle Protestanten sehr
    einfach gekleidet waren, die katholischen Herrn sich aber in
    der größten Pracht zeigten.

30 An dieser Stelle haben Margarethas Memoiren eine
    zweite Überlieferungslücke, wahrscheinlich von we-
    nigen Zeilen, so daß vermutlich die Beschreibung der
    Messe weggefallen sein dürfte.
    Sie wurden von dem Kardinal von Bourbon nach einem For-
    mular, worüber beide Parteien übereingekommen waren, ge-
    traut, am Sonntage den 17. August. Als Margaretha gefragt
    wurde, ob sie den König von Navarra zum Gemahl haben
    wollte, antwortete sie nicht; der Kardinal stieß sie von hinten
    an den Kopf, um sie ein Zeichen der Einwilligung geben zu
    lassen, in Ermangelung der Sprache. D'Avila sagt: Der
    König selber habe sie an den Kopf gestoßen; darin kommen
    alle Historiker überein, die Prinzessin Margaretha als ein
    trauerndes Opfer der despotischen Gewalt zu schildern;
    denn ihr Bruder hatte ihr nur die Wahl zwischen dieser Hei-
    rat und dem Kloster gelassen. Dem Herzog von Guise, der
    sich etwas auf die Fußspitze erhob, um Margaretha in jenem
    Moment recht in die Augen zu sehen, warf der König einen
    so entsetzlich drohenden Blick zu, daß er vor Schmerz und

*Entsetzen beinah ohnmächtig ward. Die Prinzessin hörte
dann die Messe, während der König von Navarra und die
Protestanten in der Kirche und dem Kloster Notre-Dame
umhergingen. Nach diesen Zeremonien führte Heinrich von
Damville, Bruder des Marschall von Montmorency, den
Bräutigam zurück, der seine Braut in Gegenwart des Königs
und der Königin Mutter umarmte und sich einige Zeit mit ihr
unterredete. Von da ging man in die Bischöfliche Abtei, wo
eine vortreffliche Mahlzeit bereitet war, während die He-
rolde goldne Denkmünzen mit silberner Einfassung unter
dem Volke auswarfen. Auf diesen Denkmünzen befanden
sich auf der einen Seite die Anfangsbuchstaben der Namen
des Brautpaars: H. und M. mit der Umschrift, die zugleich
die Namen umschlang:* constricta hoc discordia vinclo –
*dieses Band fesselt die Zwietracht. Auf der Rückseite
eine weibliche Figur in sittsamem Gewande, welche einer
flammenden Glut eine Schlange entgegenhält, die sich in den
Schwanz beißt, mit der Umschrift:* aeterna quae munda,
*welches bedeutete, daß der Frieden, den diese Verbindung
stiftete, ewig dauern solle, und da die Schlangen mit ihrem
Gifte das Feuer löschen, so war sie ein doppeltes Symbol des
künftigen Friedens. Andre hatten ein Lamm mit dem
Kreuze, mit den Worten:* vobis annuntio pacem – *ich*
verkünde euch den Frieden.

*Nach dem Mittagessen ging der Hof nach dem Louvre
zurück, wo der König die Cour annahm und die Stände der
Stadt aufs herrlichste bewirten ließ. Dann eröffnete er den
Ball, den er aber bald wieder unterbrach, wegen des Balletts,
in dem er eine der vorzüglichsten Rollen hatte. Man sah
nämlich drei große Wagen in der Form von silbernen Felsen
hereinkommen, auf jedem derselben saßen fünf Musiker mit
verschiedenen Instrumenten; zwei stellten sich auf beide Sei-*

ten des Saals, auf dem dritten, der in der Mitte blieb, stand
der berühmte Sänger Le Roy. Dann kamen drei Wagen mit
Nischen, die von vier silbernen Säulen getragen wurden, in
jeder war eine Meernymphe. Hierauf kamen noch vier
Wagen, welche Seetiere vorstellten, gleichfalls von Silber,
mit einem Löwenkopf und einem Fischschwanz; auf diesem
saßen Gottheiten auf vergoldeten Muscheln und in Goldstoff
gekleidet. Zuletzt kam ein vergoldetes Seepferd, das den
Neptun mit seinem Dreizack auf einer goldnen Muschel
trug. Dieser Neptun war der König von Frankreich; auf dem
ersten Wagen befanden sich der König von Navarra und die
Prinzen von Geblüt. Alle diese Maschinen bewegten sich in
den großen Saal des Louvre, und wenn sie stillstanden, sangen die Musiker vortreffliche Verse, die eigens von den Hof-
poeten dazu gedichtet waren. Einen großen Teil der Nacht
brachte man damit zu, dieses Schauspiel zu bewundern,
dann ging man auseinander. Der Admiral schrieb, als er
nach Hause gegangen war, Briefe an seine Gemahlin, die
noch vorhanden sind, die ein ewiges Zeugnis seiner Liebe
zur Einigkeit und zum Frieden bleiben, die er bei diesen
Festlichkeiten fühlte, wie auch Karl IX. und seine Manifeste
ihn verleumdet haben.

   Den Tag darauf gab der König von Navarra in dem Hotel
d'Anjou ein herrliches Mahl, der Ball im Louvre dauerte
hernach bis tief in die Nacht. Die Feste am Mittwoch über-
trafen alles an Pracht, was bis dahin gesehen worden war. In
einem Saal des Palastes Bourbon nah am Louvre ward ein
Paradies oder eine Maschinerie, den Himmel vorstellend, erbaut; den Eingang zu diesem Himmel verteidigte der König
und seine beiden Brüder in völliger Rüstung; auf der andern
Seite war die Hölle, in welcher sich eine große Anzahl von
Teufeln und kleinen Teufelchen, ein großes Rad mit kleinen

*Glöckchen, unter seltsamen Gebärden und Sprüngen mit
vielem Lärm unaufhörlich herumdrehten. Ein Fluß mit dem
Nachen des Charons trennte Hölle und Paradies. Weiter zurück hinter diesem sah man die elysäischen Gefilde wie einen
schönen grünen Garten mit Bäumen und Blumen, den ein
Sternenhimmel umgab, nämlich ein Rad mit den zwölf Zeichen des Zodiakus; den sieben Planeten und eine Menge
kleiner Sterne von Kristall, welche alle durch die in dem
Himmel herum verteilten Lichter erleuchtet waren. Die Bewegung des Rades drehte zugleich das Paradies umher,
worin zwölf Nymphen im einfachen Gewande sichtbar
waren.*

*Mehrere irrende Ritter, vom Könige von Navarra ange-
führt, nahten sich, um die Nymphen aus dem Paradiese zu
entführen, sie wurden aber von den drei Rittern, die es be-
wachten, zurückgetrieben. Nachdem sie einige Lanzen gebrochen und eine Zeitlang mit den Degen herumgefochten
hatten, wurden sie von den Hütern des Paradieses in den
Tartarus gestürzt und sogleich von den Teufeln in Fesseln
gelegt. Dann kamen Merkur und Kupido von einem Hahn
getragen vom Himmel herab und begrüßten mit Gesängen
die Wächter des Paradieses wegen ihres Siegs. Darauf gingen die Ritter hin, holten die Nymphen und tanzten mit
ihnen um einen Springbrunnen, der mitten im Saale stand,
wohl eine Stunde lang, worauf sie sich von dem einstimmi-
gen Bitten aller bewegen ließen, die gefangenen Ritter zu
befreien. Sie holten sie heraus und brachen einige Lanzen
mit ihnen. Der ganze Saal war voller Funken und Blitze,
die von dem Stoß ihrer Waffen hervorsprangen. Alles das
verschwand aber, indem auf einmal ein Feuerwerk am
Springbrunnen angezündet ward, mit schrecklichem Ge-
töse, mit Feuerströmen, die in wenigen Minuten die ganze*

Maschinerie zerstörten, und so endigte das gotische Schau-
spiel.

 Niemals hatte man den König und die Königin Mutter
fröhlicher gesehen, sie vergaßen ganz den Schlaf bei diesen
Festen und Ergötzlichkeiten. Aber die Musik war nur die
Ouvertüre zu dem darauf folgenden Trauerspiel. Durch
diese Feste suchte man die Protestanten zu zerstreuen, damit
sie auf die Winke, die ihnen aus ganz Frankreich gegeben
wurden, nicht achten sollten; bei dem Admiral gelang es ih-
nen auch völlig. Einige seiner Vertrauten aber waren nicht so
ruhig als er; sie machten ihn auf die Anspielung in den Fe-
sten vom Mittwoch aufmerksam; dieser Himmel, der vergeb-
lich vom König von Navarra und den Häuptern der Partei
angegriffen ward, ihre Gefangennehmung in der Hölle, das
Feuer, mit welchem das Schauspiel endigte, alles hatte ihnen
Verdacht eingeflößt, und sie suchten ihn dem Admiral mit-
zuteilen. Am Donnerstag morgen ging Langoiran zu ihm
und nahm von ihm Abschied. Da er ihn um die Ursache
dieser eiligen Abreise fragte, sagte Langoiran die propheti-
schen Worte: «Ich gehe, weil man Euch hier so gar wohl
aufnimmt und bewirtet, ich mag mich lieber mit den Toren
retten, als mit denen, die sich weise dünken, umkommen.»
Er nahm den Geschichtsschreiber d'Aubigné mit fort, der sich
wegen eines Duells entfernen mußte; so ward uns in d'Au-
bigné eine glaubwürdige Feder der damaligen Begebenheiten
erhalten, obgleich er oft parteiisch für seine Religion ist. Die-
sen Fliehenden folgte der Marschall von Montmorency und
wenige andre nach. Am Mittwoch schon bat der Hauptmann
Blosset, ein Burgunder, der dadurch bekannt war, daß er die
Festung Vezelay so brav gegen die Katholiken verteidigt
hatte, den Admiral um die Erlaubnis, nach seiner Provinz
zurückgehen zu dürfen; «Warum?» fragte dieser; «Weil

man uns hier nicht gewogen ist.» – «Wie meint ihr das?»
fragte der Admiral; «glaubt sicher, der König ist uns gut!» –
«Er ist uns gar zu gut», sagte Blosset, «eben darum habe ich
gar große Lust, nach Hause zu gehen. Dächtet Ihr ebenso,
das wäre für Euch und für uns sehr gut.» – Er ließ sich nicht
zurückhalten und ging.

Den Donnerstag endigten die Festlichkeiten mit einem
Turnier, das vor dem Louvre gehalten ward. Der König,
seine beiden Brüder, die Herzoge von Guise und von Au-
male erschienen als Amazonen gekleidet von der einen Seite;
von der andern der König von Navarra und sein Gefolge in
türkischer Kleidung von Brokat und einem Turban; sie be-
gegneten sich und kämpften Lanze gegen Lanze. Von bei-
den Seiten waren Bühnen errichtet worden, auf denen die
Königin Mutter, die Königin, Gemahlin Karls IX., die Kö-
nigin Margaretha von Navarra, ihre Schwester, die Herzo-
gin von Lothringen, und viele andre Damen saßen und dem
Turniere zusahen!

31 Gaspard de Coligny (1519–1572), Seigneur de Châtillon, von Margaretha meist «der Admiral» genannt,
war neben Prinz Louis I. von Condé (1530–1569) der
wichtigste Führer der Hugenotten. Er hatte zugunsten
der Hugenotten zunehmend Einfluß auf Karl IX. gewonnen und wurde deshalb von der Gegenseite ermordet.

32 *Nun wurden die festlichen Kränze gegen Trauerzypressen*
vertauscht, und die Ausführung des entsetzlichen Vorsatzes
begann. Das erste Opfer war der brave Gaspard von Coli-
gny; er focht und kommandierte die Armee unter Franz I.,
Heinrich II., Franz II. und Karl IX.; er war der Wiederher-
steller der Disziplin bei den Armeen, keiner im Rat kam ihm
an Weisheit gleich, noch weniger auf dem Schlachtfelde je-

*mand an Tapferkeit. Maurevert, der den Guisen angehörte,
schoß nach ihm aus einem Fenster, den Freitag morgen, als
er, einige Depeschen lesend, zu Fuß vom Louvre hinunter-
ging. Die Wunde ward gleich für tödlich erklärt. Der Hof
hatte geglaubt, der Anblick des verwundeten Chefs würde
die Protestanten zur Rache an den Guisen, den Urhebern des
Mordes, auffordern, und so würde Karl IX. seine Feinde sich
untereinander selbst aufreiben sehen. Coligny faßte demohn-
geachtet keinen Argwohn gegen den König; auf den Tod
verwundet, verteidigte er doch gegen die von seiner Partei,
denen dieser Schlag die Augen vollends geöffnet hatte, noch
immer die Aufrichtigkeit und die Treue Karls IX. Man
drang vergeblich in ihn, sich aus Paris tragen zu lassen; er
verwarf ihren Rat und Argwohn und beschäftigte sich mit
nichts als mit dem Heil seiner Seele. Der König tat sehr
erschrocken wegen dieses Mordes. Als man ihm die Nachricht davon brachte, spielte er grade Federball; er warf wie im
Schrecken das Rakett nieder, zerbrach es und rief mit einem
Fluch: «Werde ich niemals Ruhe erlangen?» Der König von
Navarra und sein Vetter, der Prinz Condé, kamen sogleich
zu ihm, beklagten sich und forderten Urlaub, die Stadt verlassen zu dürfen, weil ihr Leben hier nicht sicher sei. Der
König war aber so voller Zorn und Ärger (er rief: er selbst
wäre durch diesen Streich verwundet!), und die Königin
Mutter schien so wahrhaft bekümmert, daß jene unmöglich
auf ihrer Forderung bestehen konnten. Weit weniger noch,
da der König eine Kommission ernannte, das Verbrechen zu
untersuchen; da er selber, von seinem ganzen Hof umgeben,
den Admiral besuchte, und indem er ihn mit Schwüren und
Versicherungen zu beruhigen suchte, sagte er: «Ihr werdet
vielleicht geheilt von Eurer Wunde; ich selbst aber empfinde
eine tödliche Betrübnis; eher aber will ich Verzicht tun auf*

das Heil meiner Seele, als nicht eine denkwürdige Rache ausüben!»

Den Sonnabend früh hielt man den Admiral für weniger gefährdet. Der König von Frankreich sandte seine Edelleute sehr oft, sich nach ihm zu erkundigen; der König von Navarra verließ ihn gar nicht, und auch Margaretha besuchte ihn. Das beste Vernehmen schien zwischen dem Hof und den Protestanten zu herrschen, als man des Abends zu Coligny kam und ihm sagte: Man nähme in allen Quartieren eine allgemeine Bewegung wahr, eine große Anzahl Bewaffneter würden in den Häusern der Katholiken und Lastträger, mit Waffen aller Art beladen, in dem Louvre bemerkt; nebst noch tausend andern Zurüstungen zum Krieg und zum Kampf. Aber Téligny, der Schwiegersohn des Admirals, der unglücklicherweise von seiner eignen Redlichkeit auf die der andern schloß, schalt sie feige Memmen, verwarf ihre Meinung als gar nicht gegründet und war überzeugt, die nach dem Louvre getragenen Waffen wären zum Angriff einer Festung bestimmt, die in dem Schloßhof zur Belustigung des Königs und des Hofes erbaut wäre.

33 Es ist nie erwiesen worden, daß der Admiral wirklich Urheber des Mordes des Herzogs von Guise vor Orléans gewesen.

34 Charry ward von Chatellier Portant umgebracht. Wahrscheinlich hat der Bruder des Admirals, von Andelot, stillschweigend zu diesem Morde beigetragen, wenn er selbst auch unschuldig daran war.

35 *Die Königin Mutter ging mit ihren geheimen Räten, dem Könige, der Königin, seiner Gemahlin, den Herzogen von Anjou, von Nevers, dem Bastard von Angoulême, dem Kanzler Birague, dem Marschall von Tavannes und dem Grafen von Retz in dem Garten der Tuilerien spazieren. Da ward der letzte Entschluß zum Blutbade gefaßt, das Ver-*

*derben der Protestanten beschworen! Die einzige Rücksicht,
die ihnen von einiger Bedeutung schien, war die auf den
König von Navarra und den Prinzen Condé*. Der Rat war
einstimmig der Meinung, das Leben des Königs von Navarra zu schonen: die soeben geschloßne Verbindung, sagten
sie, und die königliche Würde erfordern es. Überdies würde
die allgemeine Metzelung schon an sich sehr verabscheut
werden, weit mehr aber noch, wenn man den König, den
nahen Verwandten Seiner Majestät, den Gemahl seiner
Schwester, in dem Palast unter den Augen seines Schwa-
gers, des Königs, und gleichsam in den Armen seiner Gemahlin ermorden wollte. Alles, was man tun würde, um die
Schuld auf die Guisen allein zu wälzen, würde nicht hinreichen, den König jemals von dieser schrecklichen Untat
zu reinigen! Mehr Schwierigkeiten gab es, den Prinzen
Condé zu retten; er hatte noch den ganzen Haß gegen sich,
den der Hof gegen seinen Vater gehegt; indessen retteten
ihn doch noch sein Rang, seine Würden und der Herzog
von Nevers, der ihn beschützte und sich für seine Treue und
Unterwürfigkeit verbürgte. Die ältern Verbindungen, welche den Herzog von Nevers und den Prinzen Condé vereinigten, wurden durch die Vermählung des letztern mit Maria von Clèves, Schwester der Gemahlin des Herzogs von
Nevers, erneuert und befestigt. Er ward also von der Liste
der Schlachtopfer ausgestrichen, so wie auch sein Vetter,
der König von Navarra. Man schaudert, wenn man sieht,
wie das Leben des besten Fürsten, Heinrichs IV., und das*

---

* Prinz Henri I. von Condé (1552–1588) war der
  Sohn des Hugenottenführers Prinz Louis I. von
  Condé (1530–1569).

Glück, dessen Frankreich unter seiner Regierung genoß, von einem so geringen Umstand abhing!

Alles war bald bereit; die Guisen mit ihren Gendarmen umgaben den Louvre und erwarteten das Zeichen, das eine Glocke eine Stunde vor Tagesanbruch geben sollte. Katharina glaubte einige Ungewißheit bei dem Könige wahrzunehmen und ging noch um Mitternacht zu ihm in sein Zimmer, von ihren geheimen Räten begleitet; sie suchte ihn in seinen Vorsätzen zu stärken; stellte ihm vor, wie er durch diese Ungewißheit eine Gelegenheit vorübergehen ließe, seine Feinde zu verderben, die Gott selber ihm in seine Hände gegeben. «Und», setzte sie hinzu, «ist es nicht besser, diese faulen Glieder zu zerstören als den Schoß der Kirche, die Braut des Herrn?» – Wer erkennt an dieser Sprache dieselbe wieder, die, als man den übeln Ausgang einer Schlacht gegen die Protestanten fürchtete, sich mit dem größten Leichtsinn tröstete und sagte: «Nun, wenn sie siegen, so gehen wir zur Predigt, anstatt Messe zu hören!» – Ihre Vorwürfe der Lauigkeit und der Feigherzigkeit setzten Karl IX. in Wut. Er gibt den Mordbefehl, – und sogleich wurde vom nächsten Turm beim Louvre Sturm geläutet! Dies geschah Sonntags den 24. August am Tage des heiligen Barthélemy.

Auf dieses Signal liefen die Soldaten nach dem Louvre, wo die Metzelei ihren Anfang nehmen sollte. Einige protestantische Edelleute drangen mit hinein, um den Grund dieser Unruhen zu erfragen; sie erhalten die Antwort, es wären Anstalten zu einem Turnier, und als sie weiter vor in den Palast dringen wollten, um mehr zu erfahren, wurden sie von den Wachen und den Schweizern niedergestoßen. Sogleich ging der Herzog von Guise nach dem Hause des Admirals, wirft die Türen ein und macht einen Teil seiner Leute nieder. Das Geräusch der Waffen unterrichtete den

*heldenmütigen Coligny von seinem Schicksal und daß seine
letzte Stunde gekommen sei; er stand mit großer Anstrengung auf, kleidete sich an und schickte alle zurück, die ihm
Hülfe anboten. «Meine Freunde», sagte er, «menschliche
Hülfe kann ich forthin nicht mehr brauchen; ich nehme aus
Gottes Hand willig meinen Tod, Ihr aber eilt, Euch zu retten!» Dann kniete er bei seinem Bette nieder; die Mörder
drangen ein, einer von ihnen, Besme genannt, fragte ihn, ob
er der Admiral sei? «Junger Mensch», antwortete er, «billig
solltest du meine grauen Haare ehren; um vieles wirst du
aber mein Leben nicht abkürzen!» In demselben Moment
erhielt er auch den Todesstreich und starb mit den Worten:
«Stürb' ich doch durch den Arm eines Ritters, und nicht
durch einen Troßbuben!»*

36 *Der Herzog von Guise hatte die Grausamkeit, mit seinem
Schnupftuch ihm das Blut vom Gesicht zu waschen, um es
recht zu erkennen. Der wütende, blutdürstige Pöbel warf
sich auf seinen entseelten Körper und schleifte ihn durch den
Kot, so wie er es sich selbst prophezeit hatte.*

37 *Karl IX. hatte in dem Tumulte seinem Schwager geraten,
daß er zu seiner Sicherheit und um den Anschlägen der Guisen zu entgehen, alle die von seiner Partei, auf die er das
größte Vertrauen setzte, zusammenrufen und sie die Nacht
bei sich im Louvre sollte zubringen lassen. Der König von
Navarra folgte unvorsichtigerweise diesem Rat und schloß so
seine treuesten Freunde und Anhänger mitten unter den
Meuchelmördern ein.*

38 *Als der König von Navarra das Schlafzimmer seiner Gemahlin verließ, kam eine starke Wache ihm entgegen; ihm und
dem Prinzen Condé ward befohlen, ihr zu folgen, und man
nahm ihnen ihre Degen. Sie gehorchten, und man führte sie
zum König. In dem Vorsaal mußten sie mit ansehen, wie man*

ihre Edelleute und treueste Diener ermordete. Karl IX., die Augen rot vor Zorn und ganz außer sich selbst, erklärte ihnen: Alles was sie sähen, geschehe auf seinen Befehl, weil er kein anderes Mittel finden könnte, den Bürgerkrieg zu endigen, er würde nie vergessen, welches Übel sie in seinem Reiche durch die Partei gestiftet hätten, von welcher sie selber sich als Anführer erklärt; er versicherte sie seines ganzen Hasses, er nähme jedoch mehr auf ihre nahe Verbindung und Verwandtschaft Rücksicht als auf sein Gefühl, darum wolle er ihnen verzeihen, wenn sie sich bekehren und zur katholischen Kirche zurückkehren wollten; «denn», fügte er hinzu, «ich bin entschlossen, nur eine Religion in meinen Staaten zu dulden und euch wie die übrigen Protestanten zu behandeln, wofern ihr nicht jenen Irrlehren abschwört.»

Der König von Navarra beschwor ihn demütig, sich seines Versprechens zu erinnern und des Bandes, welches sie vereinigte; übrigens versicherte er ihm, er sei bereit, ihm jede Genugtuung zu geben, wenn Se. Majestät nur auch in Betracht ziehen möchten, wie hart es ihm sein müßte, die Religion seiner Väter zu verlassen! – Der Prinz Condé antwortete ihm mit mehr Festigkeit; der König geriet aufs äußerste in Wut gegen ihn, schimpfte ihn einen Trotzigen, einen Aufrührer, Rebellen, Sohn eines Rebellen und erklärte ihm, er würde ihm den Kopf abhauen lassen, wenn er in drei Tagen seinen Entschluß nicht geändert hätte.

39 *In diesem Augenblicke wahrscheinlich bat sie den König um Gnade für ihren Gemahl, für dessen Leben sie fürchtete, denn sie wußte nichts von dem Beschluß im geheimen Rat, in Betreff seiner, und der Zorn und die Wut ihres Bruders Karl erschreckten sie. Sie sah, wie dieser ganz kaltblütig die Ermordung der Edelleute des Königs von Navarra mitansah, die im Hof des Louvre hingerichtet wurden; wie er ganz*

ruhig die Vorwürfe wegen seiner Grausamkeit und seiner
Verräterei mitanhörte, die ihm Piles, der brave Verteidiger
von St. Jean d'Angely, machte, in dem Augenblicke, da er
schändlich ermordet wurde; sie hörte ihn aus dem Fenster des
Louvre auf die armen Schlachtopfer schießen, die sich durch
Schwimmen über die Seine zu erretten dachten; sie zitterte
also gewiß nicht ohne Ursache für das Leben ihres Gemahls.
Brantôme versichert, von einer großen Fürstin gehört zu ha-
ben, die sei ihrem Bruder zu Füßen gefallen und habe ihn
beschworen, ihren Gemahl zu verschonen; und der König
habe es ihr nur mit Mühe verwilligt, obgleich sie seine ge-
liebte Schwester war. Der Autor des Lebens der Katharina
von Medici, ein eifriger Protestant, versichert: Der König
von Navarra verdanke einzig seine Rettung seiner Gemah-
lin, der Schwester Karls IX.. Sie selber sagt nichts davon in
ihren Memoiren; da sie diese aber während des Lebens ihres
Gemahls geschrieben, so hat sie wohl aus Delikatesse ver-
mieden, davon zu sprechen, um ihm nicht eine Art von Vor-
wurf zu machen.

Das Gemetzel dauerte noch sechs Tage mit einer hölli-
schen Blutgier fort; fünfhundert Edelleute wurden ermordet
und mehr als viertausend Personen jedes Geschlechts und Al-
ters, von dem Kinde im Mutterleibe bis zum achtzigjährigen
Greis. Nicht Rang noch Wissenschaft, ja selber die Religion
wurden in diesen unseligen Tagen nicht verschont. Peter
Ramus, ein berühmter Mathematiker und ein guter Katho-
lik, starb durch einen seiner Neider, der den Tumult be-
nutzte, ihn zu ermorden. Denis Lambin, ein gelehrter Kom-
mentator, auch gut katholisch, starb vor Schrecken, da er
Ramus ermordet sah; Perrot, ein geschickter Rechtsgelehr-
ter, ward ermordet; auch der berühmte Musiker Claude
Gondimel zu Lyon; der unglückliche Francourt, Kanzler

von Johanna d'Albret, der allein sie dazu bewog, in diese Verbindung zu willigen.

Die Provinzen folgten fast alle dem Beispiel der Hauptstadt, und während dem ganzen Septembermonat waren die Bürger Frankreichs in zwei Parteien geteilt; in Henker und in Hingerichtete! Einige Gouverneure in den Provinzen versagten diesem entsetzlichen Befehl den Gehorsam; ihre Namen wurden schon tausendmal genannt und verdienen immer wieder genannt zu werden und zu der spätesten Nachwelt zu gelangen. Es waren die Grafen von Tendes in der Provence und von Charni in Burgund, die Herrn von St. Huran in Auvergne, Tannegui le Veneur zu Rouen, von Gordes in der Dauphiné, von Mandelot zu Lyon, von Ortez zu Bajonne und von Strozzi in Guyenne; laßt uns zuletzt noch den Scharfrichter zu Lyon nennen, der zu den Mördern sagte, als sie ihn zum Morden aufhetzen wollten: «Meine Hände arbeiten nur für Recht und Gericht!»

Am Sonntag und Montag war das Wetter schön und heiter in Paris; der König stand am Fenster und sagte: «Ich glaube, das Wetter freut sich über die Hinrichtung der Hugenotten!»

Am Barthélemytage war auf dem Gottesacker der Innocens ein Weißdorn aufgeblüht; dies wurde für ein Wunder gehalten und trug nicht wenig dazu bei, die Einbildung des Volks zu erhitzen und ihre Wut zu erhöhen. Karl IX., seine Brüder, die drei Königinnen und alle Damen des Hofes gingen noch denselben Abend hin, das Wunder zu sehen. Auf dem Rückwege besahen sie die Körper der Erschlagenen; unter andern wollte die Königin Mutter den Leichnam des Prinzen von Soubise sehen, der mit seiner Frau im Prozeß wegen Unvermögens war.

Wer kann alle die Gotteslästerungen erzählen, die diese Ungeheuer, diese eingefleischten Teufel in der Wut und während den Mordgreueln ausstießen! Das Stürmen; das unaufhörliche Schießen; das entsetzliche Schreien der zu Tode Gemarterten und das Geheul der Mörder; die aus den Fenstern geworfenen Körper, welche man unter sonderbarem Zischen und Pfeifen durch die Straßen schleifte; das Einschlagen der Türen und Fenster mit Steinen und das Plündern von mehr als sechshundert Häusern... es ist ein ewig dauerndes Bild des Entsetzens und Elends!

40   *Der ganze Hof war damit beschäftigt, den König von Navarra und den Prinzen Condé zu bekehren; durch sie, die Häupter der Partei, glaubte man alsdenn die eigensinnigsten mitzuziehen. Zuerst hatte der König es mit sanftern Mitteln versucht; er gab ihnen zu verstehen, es wäre schon genug, wenn sie nur bei den Dankfesten zugegen sein wollten, die in allen Kirchen wegen dieses Siegs gehalten wurden. Ihr Oheim, der Kardinal von Bourbon, wandte alle seine Kräfte an, sie zu bewegen, daß sie dieser Gefahr ausweichen sollten. Der König von Navarra zeigte auch den Geistlichen, die ihn überzeugen sollten, einige Nachgiebigkeit; der Prinz Condé aber blieb unbeweglich; er wollte durchaus nichts anhören und stieß alle zurück, die an seiner Bekehrung arbeiten wollten.*

Nach drei Wochen glaubte Karl IX. die Frucht seiner Mordtaten verloren zu haben, wenn er diese beiden Pfeiler des Protestantismus nicht beugte; er blieb sanft gegen den König von Navarra, dessen geschmeidigen Geist er kannte; seinen Vetter aber beschloß er mit der äußersten Strenge zu behandeln. Er forderte seine Waffen, ließ seine Leibwache kommen und schwor darauf, den Rest der verruchten Sekte auszurotten und mit dem Prinzen Condé anzufangen. Die Königin Elisabeth, seine Gemahlin, fiel ihm zu Füßen und beschwor ihn, nicht so rasch zu strafen, sondern erst die Räte

*zusammen zu berufen. Ihre Tränen rührten den König, er
ließ sich entwaffnen, schickte die Leibwache fort und ließ den
Prinzen Condé vor sich kommen, rief ihm aber mit einem
erschrecklichen Blick die drei Worte entgegen: «Messe, Tod
oder Bastille!» Jeder andre wäre von diesen Worten und dem
begleitenden Blick und Ton erschrocken; der Prinz Condé
aber sagte mit der größten Ruhe: «Meine Pflicht erlaubt mir
nicht, das erste zu erwählen, Ew. Majestät kommt es zu,
zwischen den beiden andern zu entscheiden, ich aber bete zur
göttlichen Vorsehung, Euch in dieser Wahl zu erleuchten.»
Karl IX., von dieser Seelenruhe betroffen, schickte ihn wieder zurück. Ein Geistlicher, der zur katholischen Religion
übergegangen war, erhielt den Befehl, den Prinzen Condé,
seine Gemahlin, den König von Navarra und die Prinzessin
Katharina, seine Schwester, zu bekehren. Seine Lehren,
mehr aber noch die Langeweile ihrer gezwungenen Ein-
schränkung, besiegten sie; sie ergaben sich einer bald nach
dem andern, hörten Messe lesen und schrieben dem Papst
unterwürfige Briefe.*

*Da Katharina es nun dahin gebracht hatte, ihren Schwie-
gersohn zu ihrem Glauben zurückgeführt zu sehen, gab sie
ihm einen Kanzler und Diener, welche sie selber wählte, an
der Stelle seiner alten, die ermordet waren. Dann mußte er in
seinen Ländern ein Edikt bekannt machen lassen, nach welchem er jede Religion außer der römisch-katholischen unter-
sagte. Sein Schicksal ward durch seine Glaubensverände-
rung wenig gebessert, er blieb immer genau bewacht, der
geringste Einwohner von Paris genoß mehr Freiheit als er.
L'Etoile erzählt: «Ich sah den König von Navarra mit dem
Herzog von Guise Ball spielen; er ward schlecht behandelt,
und bei jeder Gelegenheit ward der kleine gefangne König
empfindlich geneckt, mit Sticheleien und Redensarten, wie*

der geringste Hoflakai; jedem ehrlichen Menschen, der dabei war, tat es leid.» Diese Bewegung dauerte, bis er entfloh. Er gestand nachmals: Katharina von Medici sei die einzige Frau, die er aufrichtig gehaßt habe.

41 Hier haben Margarethas Memoiren die dritte und letzte Lücke, sicher die gravierendste. So fehlt der Bericht aus der Zeit des vierten Religionskrieges unmittelbar nach der Bartholomäusnacht von 1573; der Text setzt erst wieder ein Jahr später ein mit der Verschwörung der Malcontents von 1574.

42 *Katharina von Medici hatte von ihren Wahrsagern gehört, alle ihre Kinder würden auf den Thron kommen. Bei den beiden ältesten Söhnen, Franz II. und Karl IX., war die Prophezeiung in Erfüllung gegangen; Margaretha war Königin; nun fehlten also noch die Herzoge von Anjou und von Alençon; da nun der König von Polen starb, ergriff sie die Gelegenheit, den Herzog von Anjou zum Könige von Polen wählen zu lassen. Die Geschicklichkeit ihres Geschäftträgers Montluc, Bischof von Valence, mehrere politische Rücksichten, aber mehr als alles das Gold der Königin Mutter machten, daß die Unterhandlung gelang, und Heinrich, Herzog von Anjou, wurde gewählt, obgleich man anfangs nicht für ihn geneigt war, denn sowohl die Katholiken als die deutschen Protestanten waren wegen seines Eifers bei der St. Barthélemy gegen ihn.*

Der ganze Adel des französischen Hofes ging den polnischen Gesandten bis Metz entgegen und führte sie nach Paris. Sie wunderten sich über die große Menge Volks, das zusammenlief, sie zu sehen, und glaubten, als sie alle Fenster und die Dächer voller Menschen erblickten, ganz Frankreich hätte sich in Paris zusammengedrängt. Die Pariser sahen auch mit Erstaunen die hohen Gestalten der

Fremden, ihren trotzigen Blick, ihre langen Bärte, die hohen mit Edelsteinen besetzten Pelzmützen, den gekrümmten Säbel*, den Bogen und Köcher und die geschornen Hinterköpfe. «Aber», sagt Mézeray, «ungeachtet des wilden Ansehens war doch nicht einer unter ihnen, der nicht einige wissenschaftliche Kenntnisse besaß und der nicht lateinisch sprechen konnte und es sehr gut verstand. Unsre zierlich wie Jungfrauen geputzten Hofleute aber waren größtenteils so unwissend, wie nur Frauen sich erlauben dürfen zu sein, so daß sie die Fremden nur mit Reverenzen unterhalten und ihre Fragen nur mit Kopfschütteln beantworten konnten; da lernten sie über ihre Unwissenheit erröten und die Wissenschaften schätzen. Die Polen waren ebenfalls sehr erstaunt, Edelleute zu sehen, die kein Lateinisch wußten, und tadelten die schlechte Erziehung der Franzosen.»

Sie machten zuerst dem Könige und der Königin ihre Aufwartung, dann dem Herzog von Anjou. Sie kamen in kostbarem Goldstoff gekleidet, auf prächtig geschirrten Pferden mit gestickten Satteldecken, Zaum und Gebiß von Silber und reich mit Edelsteinen besetzt. Ihre Pagen und Stallmeister gingen vorauf, vier bis fünf Fuß lange eiserne Keulen tragend. Von da führte man sie zur Audienz bei dem Könige und der Königin von Navarra. Brantôme sagt: «Die Königin von Navarra erschien ihnen so schön, so reich und herrlich geschmückt und mit solcher anmutsvollen Majestät, daß sie alle ganz verloren waren im Anstaunen dieser Schönheit; ich hörte Albert Laski, Palatinus von Sicradski, einen der

---

* *Die Pariser kannten damals keine andren Waffen als Spieße, Lanzen, Pistolen und Büchsen*

vornehmsten der Gesandtschaft, beim Hinausgehen sagen:
‹Nein, ich will nie wieder etwas anschauen, nun ich diese
hohe Schönheit sah! Gern will ich, wie die Türken, wenn
sie nach dem heiligen Grabe ihres Propheten gewallfahrtet
haben, mir die Augen mit einem glühenden Erze blenden
lassen, um nichts Gemeines mehr zu sehen auf eine solche
Herrlichkeit!›» Mehr aber noch waren sie von ihren Kennt-
nissen entzückt; denn da der Bischof von Krakau ihr eine
lange lateinische Anrede hielt, antwortete sie ihm mit großer
Zierlichkeit in derselben Sprache, und zwar auf jeden Punkt
seiner Rede besonders. Sie gingen von ihr, voll von Bewun-
derung, daß eine Fürstin von dem Alter so viele Kenntnisse
besäße, an einem Hof, wo die Männer kaum schreiben konn-
ten. Die Königin Katharina war nicht so gut unterrichtet
und mußte sich bei den Gesandten eines Dolmetschers bedie-
nen; zur Ehre ihres Geschlechts muß man hinzusetzen, daß
eine Frau diese Stelle des Dolmetschers vertrat. Es war Frau
von Annebaut, die wegen ihrer Kenntnisse sowohl als wegen
ihrer Schönheit berühmt war.

Den Gesandten zu Ehren wurden viele Festlichkeiten
veranstaltet, besonders aber gab die Königin Mutter ihnen
ein sehr prächtiges Gastmahl in dem Garten der Tuilerien.
Sie ließ, um einen großen Pavillon für die Gäste zu erbauen,
einen hochstämmigen Wald umhauen, mehr um den Polen
einen Begriff von ihrer Pracht zu geben, als weil es ihr sonst
an Raum gefehlt hätte. Nach der Tafel war wieder ein Bal-
lett, worin sechzehn Nymphen (alle Hofdamen der Königin
Mutter) die sechzehn französischen Provinzen vorstellten.
Sie sangen und rezitierten Verse von Ronsard und Daurat,
zwei der größten Poeten des Jahrhunderts, zum Lobe Frank-
reichs und des Königs von Polen und überreichten diesem
kostbare Geschenke. Die Königin Margaretha schmückte

das Fest durch ihre Gegenwart. Auch diesesmal noch müssen wir Brantôme seine Beschreibung anhören; sie ist auf eine eigne Weise so übertrieben als naiv. «An diesem Tage erschien die Königin Margaretha in einem inkarnatfarbnen samtnen, reich mit Flittern und Folie gesticktem Kleide; sie trug eine Mütze von demselben Samt, mit Federn und Edelsteinen so reich und schön verziert, als man niemals vorher gesehen. Sie war so schön in diesem Anzuge, daß sie ihn seitdem noch oft trug und sich auch darin malen ließ. Als sie damals so geschmückt in den Tuilerien erschien, sagte ich zu Herrn Ronsard, der neben mir stand: ‹Erscheint die Königin in diesem Anzuge nicht wie Aurora, wenn sie die Sonne verkündet?› Herr von Ronsard fand diese Vergleichung so treffend und wahr, daß er ein sehr schönes Sonett daraus machte; er teilte es mir mit, und ich würde viel darum geben, es hier einrücken zu dürfen.» – Karl IX. begleitete mit seinem ganzen Hof den König von Polen bis an die Grenze, unter dem Vorwande der brüderlichen Liebe; der eigentliche Grund aber war, um ihn desto sicherer aus Frankreich zu schaffen, weil er besorgte, sein Bruder würde sich in einer von der Hauptstadt entlegnen Provinz niederlassen, denn er verließ Frankreich eigentlich ungern, sowohl wegen des Ruhms, den er sich daselbst erworben, als wegen seiner Liebe zur Prinzessin Condé. Doch konnte der König ihn nicht so weit begleiten, als er willens gewesen war; er ward zu Vitry schon von einem bösartigen schleichenden Fieber festgehalten; die Königin Mutter aber, der Herzog von Alençon, der König und die Königin von Navarra begleiteten ihn bis an die Grenze. Beim Abschied sagte ihm die Königin Mutter weinend die bedeutenden Worte: «Geh mein Sohn, du wirst nicht lange dort bleiben!» –

43 *Da sie ihrer Antwort mit keiner Silbe erwähnt, so war sie
vermutlich eine abschlägliche. Sie war damals zu sehr einig
mit Karl IX., um die Partei seines Bruders zu nehmen.*

44 *Die Protestanten versuchten noch einmal den König von Navarra und den Herzog von Alençon zu entführen. Zweihundert Edelleute erschienen bei St. Germain mit Truppen. Der
König von Navarra, der Vicomte von Turenne, der Herzog
von Thoré und von la Nocle drangen deswegen in den Herzog von Alençon; aber er konnte sich aus Mangel an Festigkeit zu nichts entschließen; einmal waren es ihm zu viel
Reiter, die durch ihr Geräusch sie verraten würden, und
dann waren es wieder nicht genug zur sichern Begleitung.
Während seiner Unentschlossenheit ward der ganze Plan im
Schlosse entdeckt; Margaretha hört davon und verrät ihn der
Königin Mutter; diese bringt sogleich den ganzen Hof in
Alarm, schreit, man wolle den König entführen und töten,
und läßt sogleich alle Zimmer im Schlosse durchsuchen. Um
zwei Uhr in der Stadt ward der König eiligst in einer Sänfte
nach Paris getragen, und der ganze Hof folgte mit der größten Hast. Den König von Navarra und den Herzog von
Alençon brachte die Königin Mutter in ihrem eignen Wagen
nach Vincennes, wo sie zwar nicht wie Gefangne behandelt,
aber doch sehr genau bewacht wurden. Die Marschälle von
Montmorency und von Cossé wurden in ein Gefängnis ge-
worfen, La Molle und Coconnas, die Günstlinge des Herzogs von Alençon, in Verhaft genommen und inquiriert.
Karl IX. schob alles auf La Molle, was der Herzog von
Alençon verbrach. Während der Belagerung von la Rochelle
schrieb er ihm zweimal und befahl ihm, La Molle aufzuhän-
gen; da der Herzog aber nicht gehorchte, entschloß er sich
selber, ihn umzubringen. Er wußte, daß La Molle oft eine
Dame im Louvre auf ihrem Zimmer besuchte, er stellte sich*

also auf den Gang, durch den dieser durchgehen mußte, wenn er von dem Zimmer des Herzogs seines Herrn nach dem der Dame wollte; nahm den Herzog von Guise und noch sechs andere Edelleute mit, denen er Stricke gab, mit dem Befehl, den damit zu erwürgen, den er ihnen zeigen würde, er selber nahm ein Licht, um ihnen zu leuchten. La Molle nahm aber gerade den Abend einen andern Weg zu seiner Dame, ohne jedoch von dieser königlichen Mordpartie etwas zu wissen.

Das Pariser Volk war erschrocken, da es den Hof in solcher Bestürzung von St. Germain ankommen sah, und erbot sich selber dazu, die Marschälle zu bewachen. Diese Gelegenheit ließ die schlaue Katharina nicht entschlüpfen, alle die vom Hofe zu entfernen oder doch sicher zu bewachen, die durch ihren Einfluß oder durch Intrige verhindern könnten, daß sie die Regentschaft nicht bekommen hätte, zu der sie nun durch den nahen Tod Karls IX. die Aussicht hatte. Sie suchte also den König zu überreden, die Gefangnen hätten eine Verschwörung gegen sein Leben und seine Krone gemacht; dann ließ sie, um das Volk in seiner Stimmung zu erhalten, das Blut der sogenannten Verbrecher fließen. La Molle und Coconnas wurden auf die Folter gebracht; der erste bezeigte mehr Standhaftigkeit, als von seiner großen Jugend zu erwarten war. Er gestand zwar, daß er willens gewesen sei, den Prinzen auf ihrer Flucht zu folgen, aber ohne irgend eine andre Absicht, als ihnen die Freiheit zu verschaffen; die Verschwörung gegen den Staat und den König leugnete er standhaft. Coconnas aber war erschrocken, als er die Folterwerkzeuge erblickte, und gestand die Verschwörung in des Königs Gegenwart; er hoffte durch dieses Geständnis der Folter und dem Tode zu entgehen. Katharina überließ sie aber der ganzen Strenge der ihr zugetanen Richter, und beide junge

*Männer wurden auf dem Grève-Platz enthauptet. Die letz-
ten Worte des La Molle geben eine Idee von dem Gemisch
von Religion und Galanterie der damaligen Zeit. Auf dem
Gerüste rief er: «Gott und du, heilige Jungfrau, erbarme
dich meiner Seele und erhalte mich in der Gunst der Königin
von Navarra und der Damen.» Beim Entkleiden fand man
ein Hemde von Notre-Dame de Chartres, das er als eine
Reliquie beständig auf dem bloßen Leibe trug.*

45 *Wahrscheinlich um den jungen La Molle zu retten, war
Margaretha so tätig für die Errettung der Prinzen. Sie verwandte all ihr Genie und ihren ganzen Geist auf das Mani-
fest für ihren Gemahl, welches immer als ein Meisterwerk in
seiner Art bekannt war. Heinrich erhält sich darin mit einer
heldenmütigen Festigkeit in seinem Rang und seiner königlichen Würde, mehr in dem Ton des Anklägers als des Angeklagten, indem er seine ganze Verteidigung auf die Be-
schimpfungen stützt, welche die Prinzen von Geblüt, und
besonders er, von den Guisen, unterstützt von der Königin
Mutter, erfahren haben. Diese erschrak über den Mut des
Königs von Navarra und begnügte sich damit, ihn bis zum
Tode des Königs in Vincennes eingesperrt zu halten.*

46 *Karl IX. starb am 30. Mai 1574.*

47 *Nach Karls IX. Tode bemächtigte Katharina sich der Regentschaft. Sie ließ sogleich den König von Navarra und den
Herzog von Alençon, von nun an Herzog von Anjou genannt, vom Schlosse zu Vincennes nach dem Louvre bringen; hier ließ sie ihnen Zimmer dicht neben dem ihrigen
einräumen, in denen vorher die Fenster mit dichten Gittern
versehen wurden. Mit ihrer Macht verband sie noch List,
benutzte die Jugend und die Neigung des Königs von Navarra für die Frauen, um ihn in den Banden der Liebe zu
fesseln. Ihre Politik hatte immer darin bestanden, eine große*

Anzahl schöner Frauen in ihrem Gefolge zu haben; auf ih-
ren Befehl mußten diese, nichts weniger als strenge Schön-
heiten, jeden in ihr Netz fangen, den sie an ihrem Hofe fest-
halten und dessen Geheimnisse sie erfahren wollte. Frau von
Sauve rührte das Herz des Königs von Navarra und zu glei-
cher Zeit den Herzog von Anjou; bald vergaßen sie über
diese Leidenschaft, daß sie eigentlich Gefangne waren, und
unternahmen nichts für ihre Freiheit.

48 *Der König von Polen entfloh aus Krakau und eilte nach*
Frankreich, wohin alle seine Wünsche ihn zogen. Er ver-
mied auf dieser Rückreise den Kurfürsten von der Pfalz, der
ihm auf der Hinreise seinen Abscheu gegen die Greuel der
St. Barthélemy sehr deutlich zu erkennen gab; die Art, wie
er ihn empfing und behandelte, verdient hier beschrieben zu
werden. Zweitausend Mann zu Pferde im stärksten Galopp
empfingen ihn an der Grenze, umringten ihn wie Feinde und
führten ihn wie einen Gefangenen nach dem Schloß des Kur-
fürsten. Dort fand er eine doppelte Wache an den Türen;
Kanonen vor allen Zugängen gepflanzt, und er mußte durch
zwei Reihen Soldaten mit geladenen Gewehren; der Vorhof
des Schlosses still, kein Mensch ihm entgegen; nachdem er
eine zeitlang gewartet hatte, entschloß er sich, allein in die
Zimmer zu gehen. Mitten im großen Vorsaal erblickte er
den Rheingrafen und zwei Edelleute aus Paris, die sich aus
der St. Barthélemy gerettet hatten; diese kamen ihm entge-
gen und entschuldigten den Kurfürsten, daß er nicht selber
käme, ihn unten zu empfangen, weil das Podagra ihn auf
seinem Zimmer festhielte. Er erwartete den König vor der
Tür seines Zimmers; dieser gegenüber und das erste, was
ihm sogleich in die Augen fiel, war ein großes Gemälde,
welches die St. Barthélemy so natürlich darstellte, daß man
gleich auf den ersten Blick die Mörder und die Ermordeten

erkennen mußte. Der Kurfürst fragte den König, der das Gemälde betrachtete, ob er diese Unglücklichen kenne? Und als Heinrich sagte, er kenne sie, erwiderte der Kurfürst mit einem zornentflammten Blick und im schmerzlichsten Tone: «Die Ermordeten waren ehrliche Leute und gute Franzosen; aber die Mordenden sind lauter Verräter und Bösewichter.» – Beim Abendessen ward der König von lauter Edelleuten bedient, welche jener entsetzlichen Nacht entronnen waren; er sah nichts als drohende Gesichter, häufiges Hin- und Herrennen und ein beständiges Zischeln und in die Ohren Raunen, wie geheime Befehle; andre wieder, die ganz laut auf die Urheber der Pariser Bluthochzeit schimpften, die Herzoge von Nevers und von Mayenne, Günstlinge des Königs von Polen, italienische Verräter und lothringische Schlächter nannten. Um das Entsetzen Heinrichs auf das höchste zu treiben, entstand in der Nacht ein Feuerlärm, wegen eines Schornsteines, der im Schlosse brannte. Der Lärm, der Tumult war so entsetzlich, daß er in der Tat glaubte, nun für die St. Barthélemy büßen zu müssen. Das ehrwürdige Alter des Kurfürsten berechtigte ihn wohl, dem jungen Könige von Polen diese Warnung mit auf den Weg zu geben.

49 *Er hatte einst dem von Guast Briefe zugeschickt, die er der Königin von Navarra übergeben sollte. Er ging zitternd zu ihr, denn er kannte ihren Zorn gegen ihn und wußte es wohl, daß er ihr Anlaß zur Unzufriedenheit gegeben hatte. «Herr von Guast», redete sie ihn an, «es ist ein großes Glück für Euch, daß Ihr der Überbringer der Briefe meines Bruders seid, den ich liebe und hochachte. Ohne diese hätte ich Euch wohl zeigen wollen, was es heißt, von einer Fürstin wie mir ohne die ihr schuldige Ehrfurcht zu sprechen!» Guast, mehr tot als lebendig, behauptete, er sei unschuldig und bei ihr*

*verleumdet worden; die Königin wandte sich aber voller
Verachtung von ihm, ohne ihn anhören zu wollen. Der König von Polen, der viel von der Königin Margaretha hoffte,
trug es Frau von Dampierre auf, sie mit seinem Günstling
wieder auszusöhnen. Diese glaubte einst einen günstigen
Augenblick bei der Königin von Navarra gefunden zu haben
und wiederholte ihr alles, was Guast ihr schon über seine
Unschuld vorgebracht hatte; sie setzte noch hinzu: Sie
möchte bedenken, wie wichtig es ihr sein müßte, sich mit
einem Menschen zu vereinigen, der bei ihrem Bruder Heinrich alles vermöchte; dieser würde bald König von Frankreich und dadurch in Stand gesetzt werden, ihr viel Gutes,
aber auch viel Böses zu erweisen. Übrigens, fügte sie noch
hinzu, «habe ich zur Zeit Franz II. gesehen, daß eure Tan-
ten, die Prinzessinnen Margaretha und Magdalena, die eine
nachmals Königin von Schottland, die andre Herzogin von
Savoyen, dem Herrn von Sardis sehr schmeichelten, obgleich er nur Garderobenmeister des Königs war; und das
bloß weil sie viel durch ihn zu erlangen hofften.» Die Königin, welche bis dahin sie ruhig angehört hatte, fiel ihr hier
lebhaft in die Rede: «Ein solches Beispiel paßt für Sie, Frau
von Dampierre, denn Sie müssen sich um Gnade und um
Gunst bemühen; mir aber kommen sie zu, als Tochter,
Schwester und Gemahlin eines Königs, und wenn mein Bruder sie mir einem elenden Günstling zu Gefallen versagen
könnte, so würde er sich selber mehr Schande dadurch zuzie-
hen, als mir Verdruß!»*

50 *Ungeachtet des Eifers und der Freimütigkeit, mit welcher der
König sein Unrecht wieder gut zu machen suchte, konnte es
ihm Margaretha dennoch nie vergeben; sie ward nie wieder
seine Freundin. Eigensinn und eine Neigung zur Rachsucht
lag in dem Charakter der Königin von Navarra; diese Fehler*

verursachten in der Folge das Unglück ihres Lebens und brachten sie um die Liebe ihres Gemahls.

Aus heutiger Sicht ist diese abwertende Charakterisierung unzutreffend.

51 *Auf der Reise nach Avignon ward auf der Rhone ein Teil des Gepäckes der Königin Margaretha verloren. Dies war damals keine unbedeutende Begebenheit. Die ungeheuren Verschwendungen des Königs und der Königin Mutter hatten alle Ressourcen und alle königlichen Schätze erschöpft. Der Mangel war so groß bei Hofe, daß die meisten Pagen des Königs ihre Mäntel auf der Reise versetzten, um sich etwas zu essen zu kaufen; hätte nicht ein Schatzmeister der Königin Mutter 5000 Livres geborgt, so wären alle ihre Damen und Hoffräulein davon gelaufen. Man sprach von nichts als von dem Teufel Geld, das, wie es damals hieß, gestorben war und dem sie eine Grabschrift in Versen setzten. Zu Avignon besuchte der König die büßenden Brüder; diese Andachtsübung ist nur in den mittäglichen Provinzen Frankreichs bekannt; sie bestand damals in Prozessionen, denen man in Sack gekleidet und sich öffentlich geißelnd folgte. In diesem Aufzuge erschien der König Heinrich III., der Kardinal von Lothringen und der König von Navarra, der aber, wie Heinrich III. bemerkte, nicht dazu paßte. Der Kardinal starb zu Avignon, und die Königin Mutter ward durch seinen Tod von einem schrecklichen Gegner bei der Administration der Reichsgeschäfte befreit. Sie eilte, den König nach Lyon zurückzuführen, der sich auch willig wieder unter ihre Vormundschaft begab.*

52 *Celestina:* Tragikomödie, vermutl. von Fernando de Rojas (1461–1541).

53 *Der Hof ging wegen der zwiefachen Zeremonie nach Reims, nämlich wegen der Vermählung des Königs mit der Prinzes-*

sin Louise von Vaudémont und wegen der königlichen Krönung. * *Man wollte während beiden viele üble Vorbedeutungen wahrnehmen, und man ahndete deshalb nichts Gutes von dieser Regierung. Erstlich konnte erst am Abend Messe gelesen werden, weil der König den Tag über mit seinem Anzuge, dem Haarkräuseln der Königin und mit dem Fälteln ihrer Halskrause beschäftigt war; zweitens fiel ihm die Krone wieder vom Kopfe, nachdem die Bischöfe sie ihm aufgesetzt hatten; und endlich wurde zuletzt das gebräuchliche Tedeum zu singen vergessen.*

54 Louis de Clermont d'Amboise, Herr von Bussy, genannt Bussy d'Amboise war ein Favorit des Hofes und trat als treuer Beschützer und Verehrer Margarethas auf.

55 *Heinrich III. unterdessen lebte in seiner müßigen Weichlichkeit unbekümmert fort und glaubte seinen Bruder hinlänglich bewacht. Mézeray sagt: «Die Nächte brachte er mit Gastmahlen und Balletten zu, den Morgen mit der Anordnung seines Anzuges und mit Erfindungen neuer Moden und den Rest des Tages, mit seiner Gemahlin herumzufahren und alle kleine Hunde wegzufangen, die er in den Bürgerhäusern oder in den Nonnenklöstern fand, um dann über die Klagen der Weiblein zu lachen, die mehr ihren Mops als ihre Kinder lieben.»*

Wahrscheinlich ist dies eine Anspielung von Mézeray auf Ludwig XIII., der diese Worte als ein Knabe sagte. Im Zimmer seiner Mutter, der Königin Maria von Medici, war er so unglücklich, den kleinen Hund seiner Mutter zu treten; der Hund biß ihn in den Fuß; Maria von Medici, ohne auf die

---

* 4. Januar 1575.

Wunde ihres Sohnes zu achten, schalt ihn in Gegenwart des Hofes, daß er den Hund getreten; darauf sagte Ludwig, als er sich den Fuß verbinden ließ: «Wahrscheinlich liebt meine Mutter ihren Hund mehr als mich!»

56 15. September 1575

57 *Der König von Navarra hatte Urlaub erhalten, bei Senlis zu jagen. Kaum war die Jagd vorüber, als zwei seiner Freunde im stärksten Galopp zu ihm gesprengt kamen und ihm berichteten: Der König argwohne etwas anders noch hinter dieser Jagdpartie, vielleicht wäre in diesem Augenblick schon der Befehl gegeben, ihn zu arretieren. Die Furcht bemeisterte sich seines Vertrauten und seines Gefolges; das unglückliche Ende von La Molle und Coconnas schwebte ihnen noch vor Augen, außerdem waren sie auch noch überzeugt, es sei Katharinas Grundsatz, die Günstlinge der Prinzen aufzuopfern, wenn sie sich der Prinzen versichern wollte. Sie bereden also den König von Navarra, diese gute Gelegenheit zu benutzen, um sich aus den Händen des Königs zu retten und wieder in alle seine Rechte zu treten. Er entschließt sich auf der Stelle dazu, schickt St. Martin, der ihm zur Aufsicht gegeben war, nach Paris, unter dem Vorwand, den Argwohn des Königs durch Versicherungen der Unterwürfigkeit zu zerstreuen. Dann ging er noch in der Nacht, von seinen Anhängern begleitet, über die Seine nach Poissy und bis nach Saumur. Von Senlis bis Saumur hatte der König von Navarra das tiefste Stillschweigen beobachtet; als er aber bei Maille über die Loire ging, rief er tief seufzend: «Gelobt sei Gott, der mich befreit hat! Meine Mutter hat man zu Paris sterben lassen, den Admiral daselbst ermordet, so wie alle meine treuen Diener, und mit mir würde man es nicht besser gemacht haben, aber Gott hat mich beschützt; ich gehe nicht wieder nach Paris, man müßte mich hinschlep-*

*pen.» Dann setzte er scherzend nach seiner Weise hinzu:
«Zwei Dinge nur bereue ich, die ich in Paris zurücklassen
mußte: die Messe und meine Frau. Die erste will ich suchen
zu entbehren; aber meine Frau will ich wieder haben, diese
kann ich nicht entbehren.» Er ging mit seinen treuen Protestanten in sein Land nach Nérac, um von dort aus die Bewegungen des französischen Hofs zu beobachten.*

58 3. Februar 1576

59 Margarethas Zimmerarrest dauerte gut zweieinhalb
Monate.

60 Fünfter Religionskrieg 1575–1576.

61 Beim «Buch der Natur», der «Leiter» und der «Kette
Homers» handelt es sich um neuplatonische Vorstellungen vom Plan und Aufbau der Welt, die eine lük-
kenlose Verbundenheit aller Naturwesen vom Größten bis ins Kleinste voraussetzen. Margaretha bezieht
sich hier auf Bildungsgut, das das ganze Mittelalter
hindurch bis ins späte 18. Jahrhundert von den meisten
Gebildeten geteilt wurde.

62 Friede von Beaulieu oder von Sens, 6. Mai 1576. Margarethas Bruder, der Herzog von Alençon, erhielt hier
so viele Zugeständnisse, daß man auch vom Frieden
des Monsieur sprach; unter anderem wurde er auch
Herzog von Anjou.

63 *Von Guast ward 1575 ermordet. De Thou beschuldigt die
Königin Margaretha, seine Ermordung veranlaßt zu haben.
L'Etoile in seinem Tagebuche Heinrichs III. behauptet: Anton du Prat, Baron von Vittcaux, der Guast ermordete, habe
es auf Anstiften des Herzogs von Anjou getan. Andre Geschichtsschreiber der Zeit schreiben es der Königin Mutter zu.*

64 *Bei einem der Feste, die auf diesen Frieden folgten, sah Dom
Juan von Österreich zuerst die Königin Margaretha. Er war*

in der Blüte der Jugend und schon wegen der Schlacht bei Lepanto und wegen der unzähligen Siege über die Türken berühmt. Er war auf der Reise von Mailand nach Flandern begriffen, wo er auf Befehl seines Bruders, Philipps II., das Gouvernement antreten sollte. Philipp fürchtete irgend eine Falle vom Könige von Frankreich, obgleich dieser auf seiner Rückreise von Polen in Wien vom Kaiser sehr wohl war aufgenommen worden; Dom Juan durfte also auf seiner Durchreise in Paris nur incognito und in einer Verkleidung erscheinen. Er war einer der vorzüglichsten Fürsten seiner Zeit, von schöner Gestalt und von ausgezeichneten Geistesgaben. Er hätte wohl gewünscht, in vollem Glanz eines Kaisersohns an dem französischen Hof erscheinen zu können; mehr noch trug er Verlangen, mit der Königin Margaretha bekannt zu werden; aber der Befehl seines Bruders verhinderte ihn daran. Er mußte eine Verkleidung wählen; er nahm die eines Mohren, um sicher unerkannt zu sein, ließ sich das Gesicht schwärzen und die Haare kraus machen und gab sich für den Sklaven des Octavio von Gonzaga, Bruder des Prinzen Amalfi, aus, der ihn auf dieser Reise begleitete. Denselben Abend, als er zu Paris ankam, war ein Ball im Louvre; die Königin Mutter beschäftigte den Hof mit Festen und Ergötzlichkeiten, damit die Staatsgeschäfte ihr in Händen blieben. «Wo die Königin Mutter hingeht», sagt Monluc, «folgt ihr ein Ball auf der Ferse nach.» Dom Juan ging hin als Mohr gekleidet und sah die schöne Königin von Navarra mit ihrem Bruder Heinrich III. tanzen. Er bewunderte die seltne Schönheit und erhob sie über alle Schönheiten Spaniens und Italiens. Er sagte zu Gonzaga, der ihn begleitete: «Aunque la hermosura desta Reyna sea mas divina que humana, es mas para perder y damnar los hombros que salvar los. (Ob-*

*gleich die Schönheit dieser Königin mehr göttlich als mensch-
lich ist, so wird sie die Menschen doch eher zur Verdammnis
als zur Seligkeit verleiten.)» Die Bewunderung, welche
Margaretha bei Dom Juan erregte, blieb nicht ohne Vorteil
für sie; die Wirkungen erfuhr sie nachmals auf ihrer Reise in
Flandern.*

65 *Philipp II., der seinen Bruder Dom Juan zum Tode verur-
teilt hatte, fand unter den Papieren des jungen Helden eine
Original-Handschrift der Liga oder eine Vereinigung zwischen ihm und dem Herzog von Guise, die für Frankreich
und für Spanien gleich gefährlich war. Philipp II. benutzte
zu seinem Vorteil, was ihn verderben sollte, und tat dem
Herzog von Guise den Vorschlag in seinem eignen Namen.
So war Dom Juan die indirekte Ursache jener berüchtigten
Liga, dieser Quelle so vieler Übel! Die erste Idee dazu kam
eigentlich vom Herzog von Lothringen; er hatte sie in Tri-
dent gefaßt; der Tod seines Bruders, der von Poltrot ermordet
ward, hatte die Ausführung verschoben; er nahm sie wieder
vor, als sein Neffe Heinrich in dem Alter war, daran teilzu-
nehmen; und der Tod des Kardinals verhinderte den Herzog
nicht, sie wirklich auszuführen.*

*Heinrich III. blieb ganz ruhig und müßig mitten unter den
Unruhen. Statt die Zügellosigkeit des Hofes abzuschaffen,
um seiner und um der Religion willen, stiftete er Brüder-
schaften und stellte sich selber öffentlich bei unanständigen
Prozessionen zur Schau. Das Volk ließ sich davon nicht
blenden, seine Andacht ward allgemein für eine Mummerei
gehalten. Man trug sich sogar mit folgender Schrift herum:
«Heinrich, durch seiner Mutter Gnaden träger König von
Frankreich und in der Einbildung von Polen; Aufseher des
Louvre; Küster von St. Germain; Hansens Schwiegersohn;
Halskrausenfältler und Haarkräusler seiner Frau; Krämer*

am Gerichtshof; Besichtiger der Badestuben; Guardian der vier Bettelmönchsorden und Protector der Weißmäntel.»

66 Die Einberufung der Generalstände, die Versammlung von Geistlichkeit, Adel und Drittem Stand (Bürger und Bauern), erfolgte am 6. Dezember 1576. Die Generalstände waren zwischen 1484 und 1560 nie zusammengetreten, dagegen zwischen 1560 und 1614 sechsmal. Dies deutet auf die kritische Situation des Königtums in der Zeit der Glaubenskriege.

67 Sechster Religionskrieg 1577.

68 König Philipp II. von Spanien (1527–1598). Er erbte von seinem Vater Karl V. unter anderem die Niederlande. Seine Siege über Frankreich (1559 Friede von Cateau-Cambrésis) und die Türken (Seeschlacht von Lepanto 1571) verschafften Spanien eine hegemoniale Stellung in Europa. Philipp II. war ein entschiedener Vorkämpfer des Katholizismus und der Gegenreformation. Symbol seines Machtwillens ist der Escorial, die Residenz, das Kloster und die Grabstätte der spanischen Könige.

69 *Mondoucet wollte damit die Oberherrschaft von Frankreich über Flandern wieder herstellen. Frankreich hatte in den Traktaten von Madrid und von Cambray darauf Verzicht getan.*

70 Don Juan d'Austria (1547–1578) war ein Halbbruder König Philipps II. von Spanien und stand in dessen Dienst. Er besiegte als Oberbefehlshaber der spanisch-venezianisch-päpstlichen Flotte 1571 die Türken bei Lepanto. Seit 1576 war er Generalstatthalter der Niederlande.

71 Margarethas Reise nach Flandern fand von Juni bis November 1577 statt.

72 Lamoral Graf von Egmont (1522–1568), niederländi-
    scher Freiheitsheld, war ein Gegner des absolutisti-
    schen Regierungssystems Philipps II. Er wurde 1567
    vom Herzog von Alba verhaftet und dann hingerich-
    tet, obschon er nicht an der Aufstandsbewegung betei-
    ligt war.

73 Wilhelm I., Prinz von Oranien (1533–1584) wandte
    sich mit Egmont und Hoorn gegen die spanische
    Herrschaft in den Niederlanden und war ein Vor-
    kämpfer des Calvinismus. Er vereinigte 1576 die nie-
    derländischen Provinzen und erwirkte 1581 die Unab-
    hängigkeitserklärung der sieben nördlichen Provin-
    zen.

74 *Eine Äbtissin haben sie eigentlich nicht, sondern eine Pröp-
    stin. Der Landesherr ist Abt dieser Stiftsdamen.*

75 *Elisabeth, Gemahlin Philipps II., der, nach mehreren Ge-
    schichtsschreibern, sie kurze Zeit nach dem Tode des un-
    glücklichen Dom Carlos vergiften ließ.*

76 Heinrich III. pflegte sich am Hofe mit stutzerhaften
    jungen Männern zu umgeben, den sogenannten Mi-
    gnons, die als Favoriten auf den König großen Einfluß
    ausübten; Dorothea Schlegel übersetzt den Begriff
    auch mit ‹Hofschranzen›.

77 *So entging die Königin von Navarra der größten Gefahr, die
    ihr jemals gedroht, allein durch ihren mutvollen Geist, der so
    von allen kleinlichen Rücksichten frei und so reich war an
    schnellen und glücklichen Ressourcen. Welche Talente hätte
    diese Frau entwickeln können, wären sie auf einer ihr würdi-
    gen Stelle erschienen! Ihr Schicksal hielt sie immer von den
    großen Geschäften entfernt und gab ihr nichts als die Intrige.
    Es ist sicher sehr zu bewundern, daß eine Fürstin in einem
    Alter von kaum 24 Jahren, die schönste Frau am französi-*

schen Hofe, die keine andre Beschäftigung hatte, als Feste
und Ergötzlichkeiten, daß diese auch einer recht tiefen Poli-
tik fähig war. Sie ergründet die Menschen, die sie für ihren
Bruder gewinnen will, macht Pläne zu seiner Unterneh-
mung, setzt einer unvorhergesehenen Gefahr die bewunde-
rungswürdigste Kühnheit entgegen und findet in der größten
Verlegenheit das sicherste und verständigste Mittel.

Diese von Mongez stammende Anmerkung fällt als
scharfsichtige und einfühlsame Würdigung manch andern Abwertungen gegenüber wohltuend aus dem
Rahmen. Die feministische Forschung kritisiert in solchen und ähnlichen Urteilen allerdings eine gewisse
Herablassung des Historikers dem «Objekt Frau» gegenüber.

78 *Der Lebhaftigkeit, mit welcher Margaretha von ihrem Bru-*
    der und ihrer Liebe zu ihm spricht, sind die verhaßten Ge-
    rüchte zuzuschreiben, welche ihre Feinde über ihr Verhält-
    nis verbreiteten. Dem Haß dieser Leute ist ebenso wenig
    unbedingter Glauben beizumessen als dem Lobe des Her-
    zogs von Anjou, von welchem Margaretha überfließt. Der
    Widerspruch in den Anklagen gegen sie zeugt uns für den
    Ungrund derselben; denn so wie ein Teil alles, was Marga-
    retha für ihren Bruder getan, einer unerlaubten Liebe zu-
    schreibt und in dieser allein den Grund zu ihrer Freude beim
    Wiedersehen findet, so fällten, nach des treuen Mézeray Be-
    richt, sehr viele über diese Reise ein ganz entgegengesetztes
    Urteil. «Viele behaupteten laut, sie wäre unter dem Vor-
    wand, für ihren Bruder zu arbeiten, bloß mit dem Vorteil des
    Herzogs von Guise beschäftigt gewesen, für den sie immer
    Anhänglichkeit behalten. Sie habe, behaupten sie, dem
    Dom Juan eine feste sichre Stütze zu verschaffen gesucht,
    damit der Herzog von Guise und die spanische Regierung

ihre Kräfte gemeinschaftlich zur Vertreibung der Protestan-
ten aus Frankreich und aus den Niederlanden anwenden
können; und alles das, setzen sie hinzu, um während den
Unruhen eine anständige Entschuldigung zu finden, nicht
zu ihrem Gemahl zu gehen, dessen Religion und mehr noch
dessen Person sie haßte.»

Man tut besser, diese weithergeholten Gründe nicht anzu-
nehmen; natürlicher ist es, da die scharfsichtigsten Hofleute
den Zweck und die wahre Absicht ihrer Reise nach Spa so
falsch beurteilten, ihrer simpeln naiven Erzählung zu
trauen; daß sie nämlich für ihren Bruder gearbeitet und daß
ihre Zuneigung zu ihm auf reine schwesterliche Zuneigung
gegründet war. Wenn ihre Verbindung mit Dom Juan von
der Art war, wie jene annehmen, was hätte sie dann abgehal-
ten, sich mit den Spaniern zu vereinigen und die Truppen
des Herrn von Barlemont in Dinant einzulassen?

79 Louise von Lothringen, Gattin Heinrichs III.

80 *Tanz und Festlichkeiten fingen bei Hofe wieder an, die we-*
gen des Kriegs, wegen der Reise des Königs nach Poitou und
vorzüglich wegen der Abwesenheit der Königin von Na-
varra aufgehoben waren; denn sie war die Zierde des Hofes,
die Seele der Feste und der Freude. Täglich kamen Fremde
eigentlich nach Paris, diese hohe Schönheit zu sehen, die,
wie sie sagten, in ganz Europa berühmt war. Unter andern
war auch ein Edelmann aus Neapel aus eben derselben Neu-
gierde nach Paris gekommen; und da die Königin grade auf
ihrer Reise nach Spa begriffen war, als er daselbst ankam, so
verschob er seine Abreise um zwei Monate, um sie zu sehen;
da er sie gesehen hatte, sagte er: «Ehemals hatte die Fürstin
von Salerno einen solchen Ruf der Schönheit in unsrer Stadt
Neapel, daß ein Reisender, der sich dort aufgehalten und
nach Hause ging, ohne sie gesehen zu haben, nicht sagen

*durfte, er habe Neapel gesehen. So würde auch ich weder
Frankreich noch den Hof gesehen zu haben mich rühmen
können, ohne den Anblick dieser Königin, seine Zierde und
seinen Reichtum. Nun ich sie aber so wohl betrachtet und
angeschaut, so darf ich wohl sagen, ich habe das Schönste in
der Welt gesehen, und unsre Prinzessin von Salerno ist gegen diese Königin für nichts zu achten. Ich gehe vergnügt
über einen so herrlichen Anblick von hier. Ihr glücklichen
Franzosen, die ihr täglich dieses Antlitz schauen dürft!» –*

*Brantôme hat uns das größte Detail erhalten über alles,
was ihren Anzug und ihre Lieblingsfarben, ihre Anmut in
der Anordnung der geringsten Zierraten betrifft, so auch den
Einfluß, den ihre Art, sich zu kleiden, bei Hofe hatte. Aus
den Memoiren ihrer Zeit erfährt man, wie sehr sie die Pracht
in Kleidungen und in Schmuck liebte. Sie hatte auch die
Mode aufgebracht, den Busen bloß zu tragen. Nach den Gemälden, die von ihr vorhanden sind, hat sie diese Mode bis in
ihr Alter beibehalten und bis zu einer Zeit, wo Maria von
Medici eine Sittsamkeit einführte, welche den Frauen unter
den Regierungen Heinrichs III. und Heinrichs IV. unbekannt war. Margaretha ist wohl zu entschuldigen, da sie an
dem Hof ihrer Mutter lebte, der das Beispiel des Prunks, der
Schwelgerei und aller Ausschweifungen gab, wenn sie Hang
zum Leichtsinn und zur Verschwendung verriet. Es schien
auch alles sich zu vereinigen, um sie zu diesen beiden Fehlern zu verleiten. Der Hof ihres Bruders bot jeden Augenblick ganz bewundernswürdige Dinge dieser Art dar. Am
heiligen Dreikönigstage, da Fräulein von Pons (nachmalige
Marquise von Guercheville) Bohnenkönigin geworden war,
ward sie von Heinrich III. vom Louvre bis zur Kapelle
Bourbon zur Messe geführt. Der König verzweifelt schön
gekräuselt und gepufft, seine Mignons (so nannte man da-*

mals spottweise seine Günstlinge) ebenso geputzt; Bussy war auch bei dieser Zeremonie im Gefolge seines Herrn, des Herzogs von Anjou, auf die einfachste und bescheidenste Weise gekleidet, und sagte ganz laut, da er die sechs Prinzen des Königs in Goldstoff gekleidet sah: «Es ist nun die Jahreszeit so; die größten Lumpenkerle sind am prächtigsten!» So suchten die Leute des Herzogs von Anjou und die Mignons des Königs sich gegenseitig zu necken; daher kam aller Streit und die Zwietracht, die Paris und den Hof so lange entzweiten, und die endlich an der Verbannung der Königin Margaretha schuld waren. Weil sie mit dem Herzog von Anjou einig war, suchte man, um ihn zu ärgern, sie aufs lebhafteste zu kränken. Der König von Navarra indessen suchte sich seinen Aufenthalt zu Agen durch galante Intrigen angenehm zu machen. Frau von Sauves war zur Zeit seiner Gefangenschaft im Louvre seine erste Geliebte; Fräulein von Tignonville, die Tochter der Oberhofmeisterin seiner Schwester, der Prinzessin Katharina von Navarra, ersetzte die Frau von Sauves bald bei ihm; nicht lange, so ward sie von der schönen Corisande verdrängt; dies war die Gemahlin von Philibert von Gramont, Graf von Guiche. Margaretha wußte sehr wohl um alle Liebeshändel ihres Gemahls.

81 *Über seine Figur ließ der Herzog von Anjou nicht mit sich scherzen. Bussy, sein erster Günstling, sein Freund, hat es mit dem Leben bezahlen müssen. Er spielte mit ihm und mit andern jungen Leuten aus seinem Gefolge ein Spiel, in welchem einer sich muß von den andern verspotten lassen. Der Herzog verschonte Bussy hiebei nicht; da er an die Reihe kam, forderte er Bussy zu ähnlicher Freimütigkeit auf; der Günstling benutzte diese Erlaubnis und zog den Herzog mit seiner häßlichen Gestalt auf. Dies ging aber über den Scherz, und der Herzog vergab es ihm niemals. Er versöhnte*

sich mit seinem Bruder Heinrich III., und hinterbrachte diesem die Liebeshändel von Bussy und besonders die Zusammenkünfte, die ihm die Gemahlin des Grafen von Montsoreau gestattete. Der König benutzte das nach seiner Gewohnheit sogleich, um Bussy zu verderben; entdeckte dem Grafen Montsoreau das Verständnis seiner Gemahlin mit Bussy; der Graf lockte ihn zu sich ins Haus und ermordete ihn.

82 Rehabeam, Sohn des Salomo, König von Juda (926–910 v. Chr.). Jesus Sirach schreibt über Rehabeam, Salomo habe einen starrköpfigen Sohn hinterlassen, reich an Torheit und arm an Einsicht, der für den Abfall des Volkes von Gott verantwortlich sei (Sir 47,27). Im Mittelalter gilt Rehabeam als abschreckendes Beispiel für ungerechte und strenge Staatsführung und erscheint zudem als Vertreter der hoffärtigen Könige.

83 *Dieser Heinrich, sagt ein Geschichtschreiber aus jener Zeit, kleidete sich wie ein Büßender, folgte den Prozessionen, geißelte sich zu gewissen Tagen, beobachtete das Stillschweigen wie ein Karthäuser; dann ging er auf einmal wieder bedeckt von reicher Stickerei und machte den Damen die Aufwartung, gab prächtige Feste und überließ sich der größten Ausgelassenheit und allen ersinnlichen Ausschweifungen.*

84 *Der Geschichtschreiber Dupleix, der aus dem Munde der Königin Margaretha selbst manchen besondern Umstand zu erfahren Gelegenheit hatte, versichert, sie oft sagen gehört zu haben: Sie könne die Tyrannei ihres Gemahls und des Königs nicht länger ertragen und habe ihr ganzes Herz und alle ihre Zuneigung dem Herzoge von Anjou geschenkt, für dessen Heil sie gern ihr Leben gebe.*

85 *Der eigentliche Zweck der Katharina zu dieser Reise war,*
   die Macht der Protestanten, ihre Verbindungen und den
   Geist und die Leidenschaften ihrer Anführer auszukund-
   schaften, um sie leichter zu entzweien und zu besiegen.

86 Die Reise begann im August 1578.

87 *Zu Bordeaux hielt Margaretha ihren Einzug mit allem*
   Pomp einer Monarchin. Sie trug ein Kleid mit orangefarb-
   nem Grunde (Orange war ihre Lieblingsfarbe), bedeckt mit
   Edelsteinen und reicher Stickerei. Sie ritt einen weißen Zel-
   ter, und ihre hohe Schönheit und königlicher Anstand wurde
   von dem zahlreichen Volke, das sich bei ihrem Einzuge ver-
   sammelt hatte, laut bewundert. Die Stände huldigten ihr,
   und sie beantwortete die verschiedenen Anreden des Erz-
   bischofs im Namen der Geistlichkeit, des Marschalls von
   Biron als Maire im Namen der Munizipalität, dann noch
   eine als Generalleutnant des Königs dem Präsidenten für sei-
   nen Stand und so jedem besonders mit einer Beredsamkeit,
   Zierlichkeit und Leichtigkeit, wodurch die Einwohner von
   Bordeaux an die Königinnen Margaretha und Johanna
   d'Albret erinnert wurden, denen sie an Kenntnissen gleich
   war und an Schönheit bei weitem überlegen.

88 *Die Vereinigung von Margaretha mit ihrem Gemahl schien*
   aufrichtig und herzlich; während die beiden Höfe zusammen
   waren, machten sie sich unaufhörlich Liebkosungen. Sie
   schienen die alten Zwistigkeiten während den Tänzen und
   Festlichkeiten vergessen zu wollen.

89 *Während die Königin Mutter den König von Navarra mit*
   Tänzen und Turnieren ergötzte, suchte sie zwischen ihm
   und dem Vicomte von Turenne Zwietracht zu stiften. Sie
   schien einzig mit den Lustbarkeiten beschäftigt und hörte
   doch nicht auf, Anschläge gegen die Protestanten zu schmie-
   den. Einen Beweis davon gab sie am zweiten Tag ihrer An-

kunft zu Auch. Ein alter Edelmann Namens Ussac kom-
mandierte die Protestanten in La Réole; sein Alter und sein
Gesicht voll Narben machten ihn ehrwürdig, und der Kö-
nig von Navarra hatte viel Zutrauen zu ihm. Während der
Hof sich zu La Réole aufhielt, verliebte sich der alte Mann
in eine der Hofdamen der Königin Mutter. Seine Leiden-
schaft war bald kein Geheimnis mehr, und seine Dame und
der Hof verspotteten ihn und lachten über seine unge-
ziemende Torheit. Er ward böse, daß man ihn auslache, be-
sonders geriet er sehr in Zorn, da der König von Navarra
und der Vicomte von Turenne ihn nicht verschonten. Aus
Rache ergab er sich und seine Festung der Königin Mutter.
Der König von Navarra war auf dem Ball, als sein Kam-
merdiener ihm diese verdrießliche Nachricht brachte. Ohne
sich irgend etwas merken zu lassen, ging er zu Rosny,
nachmaligem Herzog von Sully, und zu vier oder fünf sei-
ner übrigen Getreuen und sagte zu ihnen: «So geheim als
möglich bestellt alle meine Freunde vor das Stadttor, in
einer Stunde werde ich zu Pferde bei ihnen sein, mit dem
Harnisch unter dem Jagdkleide. Wer mich liebt und die
Ehre, der wird mir folgen!»

Sie gehorchten ihm so pünktlich, daß er sich mit Anbruch
des Tages schon vor Florence (einer Stadt in der Gascogne
in der Grafschaft Armagnac) befand; die Einwohner, we-
gen des Friedens unbewaffnet, mußten sich gleich ohne Wi-
derstand ergeben. Die Königin Mutter glaubte ihn noch
ganz ruhig in Auch und war sehr überrascht, als sie den
Morgen beim Erwachen die Nachricht erhielt. Sie rief la-
chend: «Das soll für Réole gelten; der König von Navarra
will Wurst wider Wurst, aber ich habe doch die fetteste!»

Diese Feindseligkeiten machten eine Zeitlang die beiden
Höfe kälter gegen einander, und die Königin Mutter ging

nach Agen. Von dort sandte sie Deputierte an den König von Navarra, um eine Aussöhnung zustande zu bringen. Der König war sehr leicht zu bereden, und sie vereinigten sich in Nérac, wo er sich mit seinem ganzen Hofe befand.

Der Kardinal von Bourbon, den die Liga nachmals zum Könige machte unter dem Namen Karls X., ermahnte eines Tages den König von Navarra, doch recht ernst und aufrichtig die katholische Religion anzunehmen. Der König merkte in seiner Anrede einigen Sauerteig von der Liga, die sich seit zwei Jahren bildete, und antwortete ihm scherzend: «Mein Oheim, hier behauptet man, Ihr würdet zu Paris zum Könige erwählt werden; ratet ihnen doch lieber, Euch zum Papst zu erwählen! Diese Rolle ziemt Euch weit besser und erhebt Euch nicht allein über Eure Wahlherrn, sondern auch über sämtliche Könige der Erde.»

90 Jaques Lallier, Herr von Pin.

91 *Der Frieden zwischen dem König von Navarra und Margaretha ward also wieder gebrochen und ist von dieser Zeit an nie wieder recht zustande gekommen. Von hier an enthält das Leben der Margaretha nichts als wiederholte Beweise ihrer Uneinigkeiten, bis der König von Navarra endlich sich von ihr scheiden ließ und dadurch die Freiheit erhielt, eine andre Gemahlin zu wählen; von da an begegnete er Margarethen mehr gleichgültig als feindlich.*

92 *Margaretha bildete sich damals ein, daß ihr Kanzler Pibrac in sie verliebt sei, und er wünsche deshalb, sie möchte sich von ihrem Gemahl trennen und nach Paris zurückkehren. Diese Beschuldigung war aber ganz ungegründet; Pibrac rechtfertigte sich hinlänglich deshalb in seiner Apologie, und Margaretha kam zuletzt auch davon zurück; zum Beweise trug sie ihm nachmals wieder die Führung des wichtigen Geschäfts mit dem Könige ihrem Bruder auf.*

93 Margaretha täuscht sich; diese glückliche Zeit dauerte
kaum zweieinhalb Jahre, nämlich von August 1579 bis
Januar 1582.

94 *Dieser augenblicklichen Versöhnung muß man die Gleich-
gültigkeit und den Unglauben zuschreiben, mit welcher der
König von Navarra die gehässigen Gerüchte aufnahm, welche über Margaretha und den Vicomte von Turenne verbreitet wurden. Philipp von Strozzi wollte die Schwester des
Vicomte von Turenne heiraten und bat deshalb bei Heinrich
III. um Urlaub, an den Hof von Navarra reisen zu dürfen.
Heinrich hatte aber diese reiche Partie für einen seiner Mignons bestimmt; jene Verbindung war ihm also verdrießlich;
da er jedoch an Strozzi den Urlaub nicht verweigern konnte,
suchte er wenigstens den Vicomte und Margaretha, die er
haßte, zu ärgern. Er gab also an Strozzi einen Brief für den
König von Navarra mit dem Befehl, ihn ihm zu eignen
Händen zu übergeben. In diesem Briefe nun gab er ihm
Nachricht von dem Verständnis der Margaretha mit dem Vicomte von Turenne. Er gab ihm den Rat, diesem Liebeshan-
del ein Ende zu machen, ohne sich über ihn etwas merken zu
lassen. Der König von Navarra gab diesen Brief mit der
größten Ruhe der Margaretha zu lesen und hernach dem
Vicomte. Dieser Schritt des Königs von Frankreich hatte
traurige Folgen; er hätte sie wohl voraussehen können! Margaretha war höchst aufgebracht, sie verschaffte sich eine glän-
zende Rache; sie zündete einen neuen Krieg an! – Man
glaubte die Unruhen durch die Zusammenkunft zu Nérac
gestillt, und Heinrich III. schien ganz unbesorgt wegen der
Guyenne. Er und seine Mignons erlaubten sich Spöttereien
über den König, seinen Schwager, dem er sehr verächtlich
begegnete. Der Herzog von Guise war während der Abwesenheit des Königs von Navarra allein im Besitz der Gunst*

*der Frau von Sauve geblieben und machte sich auch über ihn
wie über einen unglücklichen Liebhaber lustig. Margaretha
hatte vor ihrer Abreise vom französischen Hof sich Leute
bestellt, die ihr von allem dem sehr genau Nachricht gaben.
Da sie nun entschlossen war, sich an ihrem Bruder zu rächen,
konnte sie keine beßre Gelegenheit dazu finden, als die Protestanten wider ihn zu waffnen. Zu dem Ende erzählte sie der
Fosseuse alle jene Berichte von Paris und die Spöttereien, die
man sich über ihren Gemahl erlaube; die Fosseuse ermangelte
dann nicht, es sogleich ihrem Geliebten zu hinterbringen. Sie
war aber freilich noch zu jung zu einer solchen Intrige und
vernachlässigte manche Gelegenheit, den König von Navarra
gegen den französischen Hof aufzubringen; Margaretha
suchte also ein Fräulein Xainetet, der er auch günstig war, auf
ihre Seite zu bringen, hernach gewann sie die Geliebten der
Staatsräte, die am meisten Einfluß im Staatsrat hatten. Nachdem alles zu ihrem Vorteil stimmte, ließ sie die Mine springen. In einem Moment stand das ganze mittägliche Frankreich im Kriegsfeuer und die Völker wieder unter den kaum
niedergelegten Waffen. Durch die Intrige der Königin von
Navarra bekam dieser Krieg den Namen des Kriegs der Verliebten; denn alle, die Anteil daran nahmen, und die meisten
im Staatsrat waren verliebt und wurden durch ihre Geliebten
zum Kriege verleitet. Hier erkannte man die Tochter der
Katharina von Medici und ihre Lehren.*

Die hier erhobenen Vorwürfe und Einschätzungen
sind falsch; die heutige Quellenbasis widerlegt sie eindeutig. Sie gehen zurück auf die *Histoire universelle* von
Théodore-Agrippa d'Aubigné (1552–1630), die zwischen 1616 und 1620 erschien. D'Aubigné, ein strenger
Calvinist aus dem Gefolge Heinrichs von Navarra,
schrieb seine Geschichte der Religionskriege zur Recht-

fertigung und Entlastung Heinrichs IV. Er scheute
nicht davor zurück, zu diesem Zwecke Margaretha
von Valois mit falschen Anschuldigungen zu belasten.
Die Geschichtsforschung gelangte erst Ende 19. Jahrhunderts zur Richtigstellung der Sachlage. Insbesondere gibt es einen Brief vom 10. April 1580, in dem
Heinrich von Navarra sich bei seiner Frau dafür ent-
schuldigt, diesen Krieg hinter ihrem Rücken und
gegen ihren Willen initiiert zu haben. Anstatt von
Intrigen und Rache, welche wenig zu Margarethas
Charakter passen, wäre vielmehr von den Friedensbe-
strebungen der Königin von Navarra zu sprechen.
Margaretha nahm in jener Zeit – genau wie ihre Memoiren berichten – am Hof von Nérac sehr gewissenhaft die Aufgabe wahr, zwischen dem französischen
König und den Hugenotten, an deren Spitze ihr Mann
stand, zu vermitteln. Es ist also gerade das Gegenteil
von dem richtig, was in der Anmerkung behauptet
wird. – Auch die folgenden Anmerkungen sind dies-
bezüglich zu korrigieren.

95 Siebter Religionskrieg, sog. Krieg der Verliebten
   1580.

96 *Margaretha hätte es sehr ungern gesehen, wenn man am*
   französischen Hof von ihren Intrigen gewußt und sich durch
   Gegenanstalten geschützt hätte. Sie schrieb also an Pibrac,
   die Protestanten wären mehr als je entfernt von allen
   Kriegsgedanken; das Wohlwollen ihres Gemahls sei ihr
   Bürge für den Frieden und die Ruhe, – und diese Briefe be-
   fahl sie ihm dem König von Frankreich zu zeigen. Da diese
   friedfertigen Aussichten seiner Trägheit sehr angenehm wa-
   ren, merkte er die Falle nicht, machte sogar seiner Schwester
   ein Geschenk von fünfzigtausend Livres und schrieb ihr

schmeichelhafte Briefe voller Versicherungen seiner Freund-
schaft.

Er fing an, einigen Verdacht zu schöpfen, als man ihm aus
Toulouse und Guyenne schrieb, daß der Krieg wieder losbrä-
che, daß die Leute seiner Schwester öffentlich Waffen trügen,
bei den Plünderungen der Städte zugegen wären und täglich
sich mit den Katholiken schlügen. Er gab Pibrac Nachricht
davon, trug ihm auf, es der Königin Margaretha zu berich-
ten und ihr mit seinem ganzen Zorne zu drohen. Sie ließ
aber, ohne im mindesten zu erschrecken, durch Pibrac alles
ableugnen, und Heinrich schlummerte sorglos wieder ein. –
Wie sehr wurde er durch die Nachricht aufgeschreckt: der
König von Navarra habe Cahors belagert, erobert und ge-
plündert. Cahors gehörte eigentlich mit zur Apanage der
Königin Margaretha von Valois. Der König, ihr Bruder,
hatte ihr zur Mitgift die Quercyschen und Agenschen Land-
vogteien gegeben. Die Rechtsgelehrten Frankreichs waren
schon sehr erstaunt darüber, daß ihr Heiratsgut gegen den
Gebrauch in Ländereien angewiesen wurde; denn eigentlich
sollten die Töchter von Frankreich keine andere Mitgift er-
halten als Geld. Sie erstaunten aber noch weit mehr, da ihr
Bruder, um ihre Lage ehrenvoller zu machen, durch Di-
plome ihr alle von der Krone unzertrennliche Rechte über-
ließ; so wie die Ernennung der Bischöfe und Äbte. Man
hatte ihr sogar, wie schon erwähnt, einen besondern Kanzler
gegeben. Diese Teilung war den Einwohnern von Quercy
zuwider; sie waren geschworne Feinde der Protestanten,
hatten diese Feindschaft während dem letzten Kriege hin-
länglich gezeigt, sie waren also nichts weniger als geneigt,
dem Könige von Navarra zu gehorsamen. Überdies hielten
sich gerade zu Cahors mehrere von denen auf, die sich bei den
Massakern nach der St. Barthélemy sehr tätig gezeigt; Mar-

garetha hatte große Lust, diesen Ort als zu ihrer Apanage gehörig zu besitzen, sie arbeitete also unaufhörlich daran, den König ihren Gemahl zu dieser Belagerung zu überreden, und dieser brachte die andern Häupter der Protestanten auch bald dahin.

Da nun der Krieg nicht länger vor Heinrich III. verhehlt werden konnte, geriet er in heftigen Zorn; er bemächtigte sich der Güter der Revoltierten, besonders derer des Königs von Navarra; sie wurden in Sequestration in die Hände der Generaleinnehmer gegeben, um den Krieg damit zu bestreiten und das Volk um so viel von seinen Abgaben zu erleichtern; dann gab er, um die Protestanten zu veruneinigen, ein Edikt, nach welchem er alle vorigen Edikte zu Gunsten der Protestanten bestätigte, unter der Bedingung, daß jeder ruhig bei sich zu Hause bleibe; und zuletzt errichtete er drei Armeen und gab dem Marschall von Biron das Kommando der einen, die nach der Guyenne bestimmt war.

97 Gleich am Anfang dieses Kriegs entging der König von Navarra einer sehr großen Gefahr bloß durch einen Wink, den Margaretha ihm gab. Sie schrieb ihm, es läge ein Trupp Katholiken, die der Marschall von Biron gesendet, in der Gegend bei Mazères im Hinterhalte, um ihn zu fangen, es sei tot oder lebend. Der König von Navarra erkannte die Größe dieser Gefahr und rettete sich sogleich, indem er durch die Garonne ritt, nach Nérac, wo sich Margaretha befand. Dort ward auch sie von einer Furcht beunruhigt, die aber nicht ebenso gegründet war. Ihr Kanzler Pibrac hatte bei seiner Ankunft zu Paris sowohl durch die öffentliche Sage als durch Heinrich III. und die Königin Mutter erfahren: Die Königin Margaretha werde im Monat März von einer sehr großen Gefahr bedroht, vorzüglich zwischen dem 20.

*und dem 28. desselben Monats. Den Ursprung dieses Volks-
gerüchts fand Pibrac in der Weissagung des Astrologen Jun-
tin.* Er ließ ihn zu sich kommen und erfuhr von ihm, daß er
allen Fürsten, von denen er die Stunde der Geburt wisse, die
Nativität stelle; da er sich nun mit dem Schicksale der Königin Margaretha beschäftigt, habe er jene Gefahr gefunden.
Pibrac war vernünftig genug, um seine Fürstin nicht mit
einem solchen Volksgeschwätz zu beunruhigen. Da er aber
den König von Frankreich selbst und die Königin Mutter
dasselbe wiederholen hörte, fürchtete er eine Nachlässigkeit
zu begehen, wenn er es der Königin von Navarra nicht mit-
teilte. Er schrieb es ihr also, suchte sie über dergleichen törichte Weissagungen zu beruhigen, riet ihr aber dennoch,
indem er ihr von seiner Treue und seinem Diensteifer sprach,
sich auf einige Tage von Nérac zu entfernen, denn der Astro-
loge hatte hinzugefügt, sie werde von der Hand des Königs,
ihres Gemahls, getötet werden, und sich nach Agen oder
nach dem nah liegenden Port St. Marie begeben. Die Königin tat es aber nicht; nicht etwa, als ob sie die Weissagung des
Astrologen nicht gefürchtet hätte; sondern weil sie in ihrer
Verblendung das Ganze für eine Erfindung von Pibrac ansah, sie von Nérac zu entfernen und nach Paris zu ziehen.*

98 Friede von Fleix, Ende 1580. Margarethas Verdienste
bei diesem Frieden waren beträchtlich, denn sie nahm,
obwohl sie in ihren Memoiren nichts davon erwähnt,
vermittelnd an den Verhandlungen teil.

---

* *Aus Florenz; man hat verschiedene astronomische und
astrologische Werke von ihm. Er ward von den Trüm-
mern seiner Bibliothek erschlagen; er hatte sich aber eine
andere Todesart geweissagt.*

99 *Der Krieg der Verliebten dauerte kein volles Jahr. Hein-*
rich III., ein Feind aller Anstrengung und jeder Mühe,
sparte keine Mittel zum Frieden und nahm sehr gern die
Vorschläge dazu von seinem Bruder an. Dieser suchte unter
irgend einem honetten Vorwand die Niederlande wieder zu
verlassen; er war des Kriegs in Flandern überdrüssig gewor-
den, wo er sich mehr wie ein Abenteurer als wie ein Held
betragen, und alles, was Margaretha vorgearbeitet hatte, um
ihm den Weg zu bahnen, hatte er wieder zerstört.

100 An dieser Stelle ist Margarethas konsequentes Schweigen zu ihren eigenen Liebesverhältnissen doch auffallend. Sie hatte sich im Winter 1580 in Jacques von Har-
lay, Herrn von Champvallon, den Oberstallmeister
ihres Bruders, verliebt. Diese Liebe, die mehrere Jahre
dauerte, geht weit über ihre sonstigen galanten Beziehungen hinaus und ist in einer größeren Anzahl von
Briefen dokumentiert, in denen Margaretha mit ihrem
Geliebten leidenschaftlich eine höhere Liebe nach neu-
platonischem Muster praktiziert.

101 Die Rückreise nach Paris fand zwischen Januar und
Juni 1582 statt.

102 *Ihre häuslichen Leiden machten ihr den Aufenthalt zu Nérac*
dennoch nie zuwider und konnten sie nie bestimmen, nach
Paris zurückzugehen, denn sie ließ noch in demselben Jahre
das Haus dort verkaufen, das der König, ihr Bruder, ihr ehe-
mals geschenkt hatte; es war wegen seiner Größe und wegen
der Nähe des Louvres eins der ansehnlichsten in Paris. Sie
zwang ihren Kanzler, ohngeachtet seiner häufigen Gegen-
vorstellungen, es erst an sich zu kaufen und es hernach mit
Verlust an die Herzogin von Longueville zu verkaufen.
Vielleicht wollte sie ihre beträchtlichen Schulden damit
bezahlen, die sie sehr beunruhigten; sie war allein an Pibrac

an 35000 Taler schuldig, ohne ihre andren häufigen Ver-
schwendungen zu erwähnen. Niemals gab es eine freigebi-
gere Fürstin, sie schien in sich allein alle Prachtliebe und
allen Aufwand des Hauses Valois zu vereinigen.

103 Weshalb Margarethas Memoiren hier abbrechen, ist
nicht bekannt. Sicherlich haben sie das Ziel, das Margaretha einleitend umschreibt, an dieser Stelle noch
nicht erreicht. Denn nun folgen erst eigentlich die um-
strittenen Jahre, die Margaretha Brantôme gegenüber
in einem andern Licht hatte darstellen wollen. Für den
Abbruch des Textes hat man zwei Erklärungen: Margaretha hat ihr Vorhaben aufgegeben, oder der Text
ist infolge von Verlust oder Zensur unvollständig
überliefert.

Die hier folgende Fortführung von Margarethas
Lebensgeschichte durch einen unbekannten Verfasser
bildet einen Bestandteil der Schlegelschen Übersetzung. Sie dokumentiert das Bild Margarethas auf-
grund von Quellenlage und Forschungsstand des späten 18. Jahrhunderts und bleibt trotz zeitbedingten
Verzeichnungen von ihrem informativen Gehalt her in
manchem durchaus nützlich.

Auffallend an ihr sind die negativen Wertungen, die
Margaretha von Valois gegenüber verschiedentlich
eingenommen werden. Sie sind für das unfreundliche
Bild typisch, das die Historiker sowohl im 17. Jahrhundert wie auch vermehrt wieder im Vorfeld der
Französischen Revolution von der Königin zeichneten. Da die Fortsetzung indes genuin zum Schlegelschen Text gehört, wird sie hier vollständig und
unverändert mitabgedruckt. Wo die Geschehnisse zu
sehr verzerrt erscheinen oder Zusätze unerläßlich wer-

den, sind erläuternde Anmerkungen aus heutiger
Sicht beigefügt. Im übrigen sei auf das Nachwort und
die weiterführenden Literaturangaben am Schluß ver-
wiesen.

104 Diese Ausführungen zur Ermordung des Joyeuse, zu
den Vorwürfen Heinrichs III. sowie zur Abreise Margarethas von Paris im Sommer 1583 sind den Briefen
des Barons von Busbec entnommen, die 1632 erschienen. Busbec weilte als Gesandter Kaiser Ru-
dolphs II. am französischen Hofe. Man nimmt heute
an, daß seine Äußerungen, zumal sie die einzige
Quelle für diese Version der Geschehnisse darstellen,
wenig zutreffend sind. Wahrscheinlich besser infor-
miert war der englische Gesandte Cobham, der davon berichtet, daß Heinrich III. den Briefwechsel zwischen Margaretha und ihrem Bruder d'Alençon entdeckt hatte und über die politische Allianz seiner Geschwister so in Zorn geriet, daß er Margaretha vom
Hofe verbannte.

105 Margarethas Bruder Hercule/François, Herzog von
Alençon, später von Anjou, starb am 11. Juni 1584.
Da König Heinrich III. wie alle seine Brüder keine le-
gitimen Nachkommen hatte und mit seinem Bruder
der letzte thronberechtigte Valois tot war, wurde nun
Margarethas Mann Heinrich von Bourbon, König
von Navarra, designierter Thronfolger.

106 Achter Religionskrieg 1585.

107 Nach dem Fall von Agens vom 25. September 1585
floh Margaretha ins Ungewisse. Ihr kriegerisches
Engagement auf Seite der Liga war ein Fiasko, vom
französischen Königshof war sie durch ihren Bruder
Heinrich III. verstoßen und von ihrem Manne Hein-

rich von Navarra hatte sie sich abgewandt, nachdem
sie keinen Einfluß mehr auf ihn hatte ausüben können
und er sich definitiv mehr für seine Mätressen als für
sie zu interessieren pflegte.

108 Beim *Divorce satyrique* handelt es sich um eine sehr par-
teiische Quelle, der mit größter Reserve zu begegnen
ist. Vgl. dazu auch das Nachwort.

109 Auch dieses Geschehen rund um den Marquis von Canillac dürfte sich etwas anders zugetragen haben, als
hier berichtet wird. Brantôme, der es überliefert, bezieht seine Informationen aus dem parteiischen Umfeld
Heinrichs III. Wie man in den einleitenden Passagen
ihrer Memoiren nachlesen kann, schreibt Margaretha
ihre Lebensgeschichte wesentlich deshalb, weil sie
«Irrtümer» wie die über ihre Zeit in Agen oder über
den «Abzug aus dem Ort des Marquis von Canillac»
(vgl. a. a. O.) zu korrigieren gedenkt.

110 Ob der Herzog von Guise und die Liga tatsächlich in
dieser Sache mithalfen, ist heute umstritten. Tatsache
ist, daß der Marquis von Canillac Margaretha die Festung von Usson nach gut einem halben Jahr Gefangenschaft übergab, so daß Margaretha ab Mitte 1586
für die folgenden 19 Jahre in diesem Refugium relativ
frei und zurückgezogen residieren konnte.

111 5. Januar 1589.

112 Brantôme, der um 1580 am Hof in Ungnade gefallen
war und seitdem zurückgezogen auf seinen Gütern
lebte, nahm um 1590 mit Margaretha, die er als letzte
Valois sehr verehrte, wieder Kontakt auf und wechselte Briefe mit ihr. Durch die wohlwollende Zuwen-
dung der Königin ermutigt, verfaßte er in den Jahren
1591–92 eine Lebensbeschreibung von ihr, die dann

wiederum Margaretha Anlaß gab, ihre eigenen Memoiren zu schreiben. Sie begann mit der Abfassung in
Usson im Frühjahr 1594 – etwa zu derselben Zeit, als
Heinrich IV. die Annullierung ihrer Ehe zu betreiben
anfing.

113 Heinrich III. wurde am 1. August 1589 von dem fanati-
schen Mönch Jacques Clément erdolcht.

114 Die von Dorothea Schlegel nicht übersetzte Stelle lau-
tet im Original: «une telle descriée bagacée» (solch
eine verrufene Dirne).

115 Margarethas Schulden waren so beträchtlich, daß ihr
die Geschichtsschreiber Verschwendungssucht nach-
sagten. In jenen Zeiten der Bürgerkriege hatte indes
der gesamte Adel Schulden; bei Margaretha resultier-
ten sie aus ihrem standesgemäßen Lebensstil, aus den
mehrjährigen Reisen und ihrem Kriegsengagement.
Ihre Einwilligung in die Scheidung erlöste sie nicht
nur von einer politisch und menschlich längst überhol-
ten Ehe, sondern verschaffte ihr endlich auch finanziell
die Unabhängigkeit. Margaretha gelangte auf diese
Weise im Jahr 1599 richtiggehend zu einer neuen Iden-
tität. Von nun an war sie selbständig und frei von engeren politischen Verpflichtungen. Sie hatte die Mit-
glieder ihrer Familie und deren Kampf um die Macht
überlebt.

116 Maria von Medici (1573–1642), Tochter des Großher-
zogs Franz I. von Toskana, wurde 1600 Heinrichs IV.
zweite Gemahlin. Sie gebar am 27. September 1601
den Thronfolger Louis, den späteren Ludwig XIII.
(1614–1643), an dessen Stelle sie während seiner Un-
mündigkeit nach dem Tod Heinrichs IV. auch regierte. Unter ihr ist Richelieu zur Macht aufgestiegen.

117 Die Passage, in ihrer Gewichtung reichlich mißgün-
stig, deutet nur ungenügend an, was für Margarethas
letzten Lebensabschnitt in Paris 1606–1615 prägend
war: Margaretha, selbst äußerst gebildet, wurde zu
einer der großen Mäzeninnen ihrer Zeit und versammelte viele Künstler und Gelehrte um sich. Damit
nahm sie vorweg, was in späterer Zeit Salonkultur genannt werden sollte. Ihr Interesse für Dichtung, Musik und Philosophie führte zur nachhaltigen Förde-
rung der aktuellen Künste und Wissenschaften. Ihre
häufigen Feste haben ihre Bedeutung in diesem Zusammenhang und sind keinesfalls als verschwenderi-
sche Vergnügungen zu mißdeuten. Daneben wurde
Margaretha zur großzügigen Wohltäterin des Volkes,
dem sie an ihren Geburtstagen und bei weiteren Gelegenheiten hohe Summen spendete.

118 Heinrich IV. wurde am 14. Mai 1610 auf offener Straße
von Ravaillac, einem ehemaligen Anhänger der Liga,
niedergestochen. Margaretha reagierte auf diese Tat
sehr betroffen, denn im Verlaufe der letzten Pariser
Jahre hatte sie sich mit ihrem früheren Gemahl ver-
söhnt und stand in einem geschwisterlich-verbünde-
ten Verhältnis mit ihm und seiner Familie.

ZEITTAFEL

1509   Geburt von Calvin.

1517   Luthers 95 Thesen in Wittenberg: Beginn der Re-
        formation.

1553   14. Mai 1553: Geburt von Margaretha in Saint-Ger-
        main-en-Laye; Geburt von Heinrich von Navarra.

1556   Philipp II. wird König von Spanien.

1559   Friede von Cateau-Cambrésis zwischen Frankreich
        und Spanien; Unfalltod Heinrichs II.: Franz II. wird
        König von Frankreich; Diktatur der Guisen: Be-
        ginn der Hugenottenverfolgungen.

1560   Tod Franz' II.: Karl IX. wird König von Frankreich;
        die Königin Mutter Katharina von Medici regiert
        im Namen ihres unmündigen Sohnes.

1561   Kolloquium von Poissy zwischen Katholiken und
        Protestanten.

1563   Erster Religionskrieg: Ermordung des Herzogs
        Franz von Guise; Friede von Amboise.

1564   Tod von Calvin.

1564–66 «Große Reise» durch Frankreich: Katharina
        von Medici stellt ihren Sohn Karl IX. den Reichsfür-
        sten vor.

1567   Zweiter Religionskrieg.

1568–70 Dritter Religionskrieg: protestantisches Bünd-
        nis zwischen Condé, Coligny, Jeanne d'Albret und
        Heinrich von Navarra.

1569 Niederlagen der Protestanten bei Jarnac und Moncontour: Margaretha im Dienst ihres Bruders von Anjou.

1570 Exkommunikation Elisabeths I. von England; Friede von Saint-Germain.

1571 Don Juan d'Austria besiegt die türkische Flotte bei Lepanto.

1572 Tod von Jeanne d'Albret; Heirat Margarethas mit König Heinrich von Navarra; Massaker der Bartholomäusnacht.

1573 Vierter Religionskrieg und Friede von La Rochelle; Heinrich von Navarra unter Aufsicht am französischen Hof; Heinrich von Anjou wird König von Polen.

1574 Verschwörung der Malcontents unter de La Molle, Coconnas und dem Herzog von Alençon; Margaretha redigiert für ihren Mann das *Mémoire justificatif*; Tod Karls IX.: Heinrich III. wird König von Frankreich; Margaretha verbindet sich mit Bussy d'Amboise.

1575 Krönung Heinrichs III.; Flucht des Herzogs von Alençon vom französischen Hof; Margaretha im Louvre unter Hausarrest; Tod des Herrn von Guast; fünfter Religionskrieg.

1576 Flucht Heinrichs von Navarra vom französischen Hof; Margaretha im Louvre unter Hausarrest; Friede von Beaulieu; Einberufung der Generalstände.

1577 Sechster Religionskrieg und Friede von Bergerac; Margarethas Reise nach Flandern.

1578 Margaretha im Dienst ihres Bruders von Alençon-Anjou für die Niederlande; Margaretha zieht zu ihrem Mann in die Gascogne; Zusammenkunft in Nérac.

1580 Siebter Religionskrieg oder «Krieg der Verliebten» und Friede von Fleix; Margaretha begegnet Champvallon; Montaigne veröffentlicht seine Essays.

1581 Der Herzog Franz von Alençon-Anjou begibt sich wegen seiner Verlobung mit Königin Elisabeth nach England.

1582–83 Margaretha lebt am Hof Heinrichs III.

1584 Rückkehr Margarethas nach Nérac nach der Verstoßung vom französischen Hof; Tod des Herzogs von Alençon-Anjou; Heinrich von Navarra wird erster Thronanwärter.

1585 Die Liga greift zu den Waffen; achter Religionskrieg; Margaretha befestigt sich in Agen und flieht dann nach Carlat.

1586 Margaretha wird für einige Monate in der Festung von Usson gefangen gehalten und richtet darauf dort ihren Wohnsitz ein.

1587 Die Armee Heinrichs III. wird in Coutras von Heinrich von Navarra geschlagen.

1588 Revolte in Paris gegen Heinrich III.; Untergang der Armada; Ermordung des Herzogs von Guise.

1589 Tod Katharinas von Medici; Bündnis gegen die Liga zwischen Heinrich III. und Heinrich von Navarra; Ermordung Heinrichs III.: Heinrich IV. wird König von Frankreich.

1593 Heinrich IV. konvertiert zum Katholizismus («Paris ist eine Messe wert»); mit Margaretha werden Verhandlungen zur Annullation ihrer Ehe aufgenommen.

1594 Heinrich IV. zieht in Paris ein und wird in Chartres
gekrönt; Margaretha beginnt mit ihren Memoiren.

1598 Das Edikt von Nantes regelt die religiösen Rechte
von Hugenotten und Katholiken und führt zur Be-
endigung der Religionskriege.

1599 Annullation von Margarethas Ehe; sie behält den
Titel «Königin Margaretha».

1600 Heirat Heinrichs IV. mit Maria von Medici.

1605 Rückkehr Margarethas nach Paris.

1607 Margaretha bezieht ihren Palast an der Rue de Seine
und setzt den Dauphin Ludwig als ihren Universal-
erben ein.

1610 Ermordung Heinrichs IV.; Maria von Medici wird
für den unmündigen Dauphin Regentin von Frankreich.

1615 27. März: Tod Margarethas von Valois.

LITERATUR

a) Historische Darstellungen zum Leben
Margarethas von Valois

Lauzun, Philippe: Itinéraire raisonné de Marguerite de Valois en Gascogne d'après ses livres de comptes, 1578–1586. Paris 1902.

Mariéjol, Jean-Hippolyte: La Vie de Marguerite de Valois, reine de Navarre et de France, 1553–1615. Paris 1928.

Merki, Charles: La Reine Margot et la fin des Valois, 1553–1615. Paris 1905.

Ratel, Simone: La Cour de la reine Marguerite. In: Revue du XVIᵉ siècle 11, 1924, S. 1–29, 193–207; 12, 1925, S. 1–43.

Saint-Poncy, Léo, comte de: Histoire de Marguerite de Valois, reine de France et de Navarre. 2 Bde. Paris 1887.

Viennot, Éliane: Marguerite de Valois. Histoire d'une femme, histoire d'un mythe. Paris 1993.

Williams, Hugh Noel: Queen Margot, wife of Henry of Navarre. New York 1907.

b) Historische Darstellungen zum
Frankreich der Renaissance

Berriot-Salvadore, Evelyne: Les Femmes dans la société française de la Renaissance. Genf 1990.

Cazaux, Yves: Henri IV ou la Grande Victoire. Paris 1977.

Cazaux, Yves: Henri IV, les Horizons du Règne. Paris 1986.

Cocula-Vaillières, Anne-Marie: Brantôme, amour et gloire au temps des Valois. Paris 1986.

Delumeau, Jean: La Civilisation de la Renaissance. Paris 1967.

Haase-Dubosc, Danielle / Eliane Viennot (Hgg.): Femmes et pouvoirs sous l'Ancien Régime. Paris 1991.

Le Roy Ladurie, Emmanuel: L'État royal, 1460–1610. Paris 1987.

c) Margaretha von Valois in literarischen Werken, geordnet nach Erscheinungsjahr

Shakespeare: Love's Labour's lost. (Liebes Leid und Lust). 1598.

Urfée, Honoré d': L'Astrée. Paris 1607.

Anonym (oft fälschlich Margaretha von Valois selber zugeschrieben): La Ruelle mal assortie. In: Nouveau Recueil des pièces les plus agréables de ce temps. Paris 1644, S. 95–101.

Gédéon Tallemant des Réaux (1619–1692): Historiettes. Paris (Bibliothèque de la Pléiade) 1960. Bd. 1, S. 59: «La Reyne Marguerite».

Mérimée, Prosper: Chronique du roi Charles IX. Paris 1829.

Stendhal: Le Rouge et le Noir. Paris 1830.

Dumas, Alexandre: La Reine Margot. Paris 1852.

Mann, Heinrich: Die Jugend des Königs Henri Quatre. Amsterdam 1935.

Mann, Heinrich: Die Vollendung des Königs Henri Quatre. Amsterdam 1938.

d) Filme (nach dem Roman von Alexandre Dumas)

La Reine Margot. Regie: Jean Dréville. Mit Jeanne Moreau als Marguerite de Valois. Italien / Frankreich 1954.

La Reine Margot. Regie: Patrice Chéreau. Mit Isabelle Adjani als Marguerite de Valois.
Frankreich / Deutschland / Italien 1994.

REGISTER

kursiv: Örtlichkeiten

Die Deutsche Bibliothek – CIP-Einheitsaufnahme

Marguerite ⟨*France, Reine*⟩:
Geschichte der Margaretha von Valois,
Gemahlin Heinrichs IV.: von ihr selbst beschrieben;
nebst Zusätzen und Ergänzungen
aus anderen französischen Quellen /
übers. von Dorothea Schlegel.
Zsgest. und mit einer Vorr. vers. von Friedrich Schlegel.
Hrsg. und mit einem Nachw. vers. von
Michael Andermatt. –
Zürich: Manesse Verlag, 1996
(Manesse-Bibliothek der Weltgeschichte)
Einheitssacht.: Mèmoires ⟨dt.⟩
ISBN 3-7175-8222-4 Gewebe
ISBN 3-7175-8223-2 Ldr.

Umschlag und typographisches Konzept:
Hans Peter Willberg, Epstein